CHILDCARE TEACHER HUMANITY

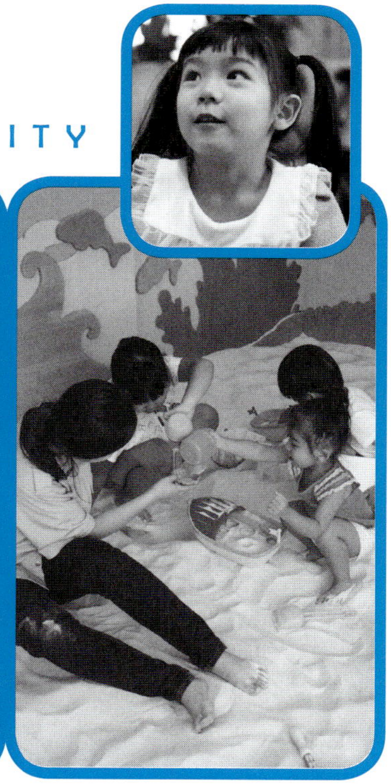

보육교사인성론

정희정 박주현 모아라 박은미 이소현 조아라 공저

양성원

머리말

정부는 인간으로서의 존엄과 가치를 보장하고 건전하고 올바른 인성(人性)을 갖춘 국민을 육성하여 국가 사회 발전에 이바지하기 위해 「인성교육진흥법」을 만들었다. 이 법에 따라 유치원, 초 · 중 · 고등학교 교사는 의무적으로, 자신의 내면을 바르고 건전하게 가꾸고 다른 사람 · 공동체 · 자연과 더불어 살아가는 데 필요한 인간다운 성품과 역량을 기르는 것을 목적으로 하는 인성교육을 받아야 한다. 그러나 어린이집, 놀이방 등 보육시설이나 아동복지시설에서 위탁 영유아를 교육 · 보호하는 보육교사는 「인성교육진흥법」상의 교원에 포함되지 않아 인성교육 의무이수 대상이 아니다.

최근 보육현장에서 발생하는 아동학대는 사회적으로 큰 반향(反響)을 일으키고 있다. 따라서 아동학대 예방을 위해 보육교사에 대한 인성교육 필요성이 줄기차게 제기되고 있다. 인성 함양 및 업무 스트레스 관리가 이루어지면 아동학대 예방 효과를 기대할 수 있기 때문이다. 그런데 한국보육진흥원 자료에 따르면, 최근 2년간 한국보육진흥원 자체 인성교육 프로그램을 이수한 보육교사는 전체의 약 5%에 불과하다. 유치원 교사는 「인성교육진흥법」에 따라 연 60시간(서울시 기준)의 직무연수 이외에 4시간의 인성교육을 의무적으로 이수하도록 하고 있다.

이처럼 보육교사의 전문성 강화는 어제오늘의 이슈가 아니다. 보육교사의 전문성을 높이기 위해서는 대학에서 보육 관련 전문지식은 물론 인성 함양으로 영유아의 인권에 대한 확고한 신념을 갖추어야 한다. 왜냐하면, 보육교사는 영유아가 건강하게 성장하도록 그들의 권리를 존중해야 할 책임과 의무가 있기 때문이다. 따라서 이 책에서는 보육교사의 역할, 인성과 윤리, 딜레마와 갈등관리, 역량 등에 대해 다루고 있다. 이는 보건복지부·육아정책연구소의 『보육교사 양성과정 및 보육실습 매뉴얼 연구』 지침을 최대한 반영한 결과다.

이 책을 통해 보육현장에 나갈 예비 보육교사의 전문성 함양에 보탬이 되기를 기대한다. 이를 위해 집필진은 현장과 학계에 있는 분으로 구성하였다. 그러나 공동 집필은 많은 장점에도 불구하고 약간의 단점도 있을 수밖에 없다. 따라서 장점은 살리고 단점은 독자들의 몫으로 돌린다. 출간을 위해 애써준 양성원 직원들의 노고에 감사드린다.

2019년 3월

저자 일동

차례

| PART 1 | 보육교사직의 특성

| PART 2 | 보육교사의 직무수행

| PART 3 | 보육교사의 역량개발

PART 1

보육교사직의 특성

Chapter

01

보육교사의 역할과 권리

학습목표

1. 교사와 보육교사의 개념을 이해할 수 있다.
2. 영유아 연령별 보육교사의 역할을 이해할 수 있다.
3. 권리의 개념과 보육교사의 권리를 이해할 수 있다.
4. 보육교사의 의무를 이해하고, 그 중요성을 인식할 수 있다.

현대사회에서 맞벌이의 증가 등 사회 변화로 말미암아 영유아 보육에 대한 수요가 급증하며, 영유아기 발달을 책임지는 보육교사의 역할이 날로 중요하게 인식되고 있다. 보육은 영유아를 건강하고 안전하게 보호와 양육을 하며, 영유아의 발달 특성에 맞게 최적의 교육을 제공하는 것이다. 보육교사는 대리양육자로서 영유아를 돌봄뿐만 아니라 발달에 적합한 교육을 수행함으로써 영유아의 발달과 성장에 큰 영향을 미친다.

권리와 의무는 동전의 양면과 같다. 보육교사의 권리와 의무는 보육교사직이 가지는 직업 특성에 따른 법적 권리와 의무를 말한다. 보육교사의 권리는 보육에 대한 전문가적 권리뿐만 아니라 보육교사가 역할 수행 시에 보장받는 신분과 생활안정, 사회환경 등의 제반 조건을 포함한 직업인으로서의 권익을 말한다. 보육교사의 의무는 보육교사직을 성실히 수행하고, 교육과 연구를 충실히 진행하며, 직무 수행에 필요한 전문성 유지를 위해 각종 연수 등을 성실히 받고 직업윤리를 따르는 것을 포함한다.

1 보육교사의 역할

1) 교사의 개념과 중요성

교사(敎師)란 교원(敎員)이라고도 하며, 어린이집 · 유치원 · 초등학교 · 중학교 · 고등학교 등에서 소정의 자격을 가지고 원아나 학생을 돌보거나 가르치는 사람을 가리킨다. 교사는 일반적으로 국가에서 정한 법령에 따라 자격증을 갖추고 학생에게 국가에서 지정한 과목, 종목의 교육 이수과정에서 이끌어주거나 도움을 주거나 설명을 하는 사람을 말한다. 좁게는 교육공무원으로 임용된 자 또는 교사자격증(교원자격증 2급)을 소지한 자, 국공립학교의 교원과 사립학교의 교원을 부르며, 넓게는 이들을 비롯하여 대학교와 전문대학, 대학원의 교수(敎授) 등을 포함한다. 대한민국에서는 유교적인 사고관(思考觀)에 의해 교사를 임금, 국가, 부모와 같은 위치로 간주하기도 했다. 대한민국에서는 1960년대부터 교사도 일종의 노동자라는 의견이 제기되었고, 1990년대 이후에는 전문 직업인, 평생 안정된 직장(또는 직업)이라고 말하기도 한다.

교사는 인간의 성장과 발전, 개인의 자아실현을 돕고 바람직한 사회 구성원으로 적응할 수 있도록 그들을 도와야 한다. 교사는 무한한 가능성을 지닌 개인의 전인적 성장을 도모한다는 점에서 중요한 역할을 한다. 그뿐만 아니라 개인의 성장을 통해 그가 성숙한 사회 구성원으로서 성장할 수 있도록 돕는다는 점에서 사회적·공공적 중요성을 지닌다. 교육의 질은 이를 수행하는 교사의 질에 좌우된다. 이는 배우는 사람의 성장은 교사가 올바른 가치관을 가지고 자신의 직무를 정확하게 이해하며, 교육의 본질적 목적을 달성하기 위해 얼마나 노력하느냐에 달려 있음을 의미한다(이순형 외, 2013).

2) 보육교사의 역할

역할(役割, Role)은 사회관계에서 개인이 다른 사람에 대해 차지하는 위치에 맞게 행동하고 수행하도록 사회적으로 기대되고 요구되는 행동양식을 말한다. 사회적 인간인 개인은 사회생활을 하는 동안 일정한 사회집단에 속하게 되며 그 속에는 일정한 규제가 따르게 된다. 이러한 일정한 구속에 따라 개인에게 기대되는 역할이 부여된다. 예컨대, 교사와 학생의 경우 교사는 교사로서 기대되는 역할이 있고 학생은 학생으로서 기대되는 역할이 있다. 따라서 보육교사의 역할이란 보육교사의 지위를 가진 개인이 수행할 것으로 사회에서 기대되고 요구되는 책무이다.

(1) 보육교사의 일반적 역할

보육교사의 일반적인 역할은 학자에 따라 다양하게 분류한다. 여기서는 영유아의 실제적인 상호작용에서의 기능을 중심으로 대리양육자 역할, 모델링(modeling) 역할, 교수자 역할로 구분하여 살펴본다.

① 대리양육자 역할

영유아의 보호와 양육은 양육자의 주된 역할이다. 아기가 태어나면 부모는 밤낮 구별 없이 아기를 먹이고 입히고 재우며 온 정성을 다한다. 아기 돌보기만으로도 하루가 짧으므로, 부모는 자신을 위한 시간을 낼 틈이 없다. 여러 가지 이유로 우울증에 시달리는 부모도 간혹 있지만, 하루가 다르게 자라는 영유아의 사랑스러운 모습은 부모 노릇의 고담함을 잊게 한다.

보육교사는 영유아의 보호와 양육이라는 양육자 역할을 일정 시간 대신한다. 즉, 어떤 부모에게든 가장 소중한 영유아를 맡아 보호하고 양육하는 중요한 역할을 대리한다. 이는 보육 서비스가 제공된 시점부터 보육교사에게 요구된 주요 역할이었다. 초기 보육교사의 역할은 어머니의 역할과 크게 다르지 않았다.

1980년대와 1990년대에는 보육교사에게 가르치는 자로서의 역할이 더 드러났다. 그러나 일하는 여성들의 증가로 어린이집이나 유치원 종일반에서 지내는 영유아가 늘어남에 따라 보호와 양육 역할이 다시 강조되고 있다. 최근 우리 사회는 다양한 근로 형태가 등장하면서 부모의 근로시간 범위도 한층 넓어졌다. 그뿐만 아니라 부모 대신 영유아를 먹이고 씻기고 병원에 데려가는 등의 일을 보육교사가 해결해야 하는 경우도 많아졌다. 이러한 사회의 변화는 보육교사의 대리양육자로서의 역할 증가를 의미한다.

출근시간에 쫓기는 맞벌이 영유아의 아침밥을 제대로 챙겨 먹이지 못한 채 보육교사에게 맡기는 경우가 많다. "아침밥을 꼭 챙겨 먹자"는 것이 사회 이슈가 될 정도로 아침식사가 주는 장점은 많다. 하물며 성장기 영유아에게 미치는 영향은 더욱 클 것이다. 따라서 보육교사는 영유아가 오전 간식을 충분히 섭취할 수 있도록 지도하여야 한다. 또한, 점심식사 시간을 통해 영유아가 성장에 필요한 음식을 골고루 섭취하고, 함께 어울려 식사하는 기쁨을 느끼고 올바른 식사예절을 배울 수 있도록 지도해야 한다.

이처럼 어린이집이나 유치원은 가정을 대신하여 영유아를 보호하고 돌보는 울타리가 된다. 그리고 보육교사는 일정 시간 보호자를 대신하여 영유아의 건강과 안전 및 보호를 책임진다. 이탈리아 최초의 여의사요, 교육자인 마리아 몬테소리(Maria Montessori)가 노동자 자녀들에게 안정된 가정의 기능을 하도록 한다는 의미에서 자신의 학교 이름을 "어린이의 집"을 뜻하는 "카사 데이 밤비니(Casa dei Bambini)"로 지었다는 사실은 보육교사의 대리양육자 역할을 잘 보여준다(공인숙 외, 2013; 이순형 외, 2013). 몬테소리가 남긴 아래의 글을 음미해 보자.

> "어린이의 감춰진 힘을 알아내어 칭찬하고 그 힘의 성장을 돕고 보조하겠다는 의도를 가지고 겸손히 다가가야 한다. 그렇게 하면 어린이의 진정한 품성이 내면의 힘을 가지고 우리 앞에 드러날 것이다."

② 모델링(Modeling) 역할

영유아는 주변에 있는 성인들을 모방함으로써 다른 사람의 긍정적 관심을 얻으려 한다. 그러므로 보육교사는 올바른 행동을 함으로써 영유아에게 좋은 본보기가 되어야 한다(공인숙 외, 2003). 어린이집의 영유아는 실질적으로 부모와 함께 보내는 시간보다 보육교사와 함께 보내는 시간이 더 길다. 그래서 교사가 무심결에 한 사소한 행동조차 영유아에게 영향을 미칠 수 있다.

모델링(Modeling)은 영유아가 바람직한 행동을 배울 수 있는 행동 수정 방법의 하나이다. 예컨대, 영유아가 싫어하는 채소 반찬을 교사가 맛있게 먹는 모습을 보여주면, 영유아도 선생님을 따라 먹어 볼 수 있다. 또한, 다른 친구들과 잘 어울리지 못해 어려움을 겪는 친구와 함께 놀아주는 영유아를 교사가 칭찬해 주면, 또래관계 형성 및 배려할 줄 아는 마음을 가지는 데 도움을 줄 수 있다. 그뿐만 아니라 영유아의 말에 경청하고 감정을 읽어 주는 교사의 모습을 보면, 영유아도 다른 사람의 말에 대해 경청하는 태도를 기르게 된다. 왜냐하면, 이 시기의 영유아는 부모나 교사가 자신에게 해 준 반응을 그대로 배우는 경우가 많기 때문이다.

모델링(Modeling)

내담자가 획득해야 할 바람직한 행동의 실제적, 상징적, 본보기를 제공함으로써 모방 및 관찰을 통해 소기의 목표행동(사회 및 인지적 행동)을 학습하도록 하는 방법이다. 모델링의 유형은 묵시적인 것과 현시적인 것, 또는 직접적인 것과 대리적인 것으로 나눌 수 있다. 묵시적인 모델링은 학습자가 의식하지 못하는 사이에 본보기의 행동을 배우는 것이다. 가령 내담자의 문제가 다른 사람과의 대화 능력이 부족한 것이라면, 상담 장면에서의 상담자의 언어 행동을 모르는 사이에 학습하는 것이다. 이와 반대로 현시적인 모델링은 역할수행 연습과 같이 학습자가 스스로 모방하고 있음을 자각하는 것이다. 직접적인 모델링은 실제 환경장면에서 다른 사람의 행동을 관찰하고 모방하는 것이며, 대리적인 모델링은 학습자로 하여금 필름(film)이나 비디오테이프(videotape)를 통해 본보기가 되는 제3자의 행동을 관찰하고 본뜨게 하는 것이다. 남의 행동을 보고 이와 똑같은 행동을 취하는 현상의 총칭이다. 의식적 모방은 어린이가 어른이 쓴 글씨를 본떠서 쓰는 것과 같은 경우로서 이것은 고등동물에서도 볼 수 없는 전혀 인간적인 것이다. 인간에 있어서 모방의 영향은 극히 크므로, 프랑스의 사회학자 장 가브리엘 타르드(Jean-Gabriel de Tarde, 1843~1904)가 모방을 사회의 기초라고 한 것은 이 때문이다. 무의식적으로 이루어지는 동적 모방은 하품의 전염과 같은 것이다. 이것을 본능이라고 보는 생각도 있었으나, 후천적인 것으로서 학습된 것이라고 주장하는 이가 많다.

③ 교수자 역할

주로 양육자 역할이 요구된 초기의 보육 서비스는 이후 교육과정을 계획하고 실행하며 평가하는 교수자로서의 역할이 더 부가되는 변화가 있었다. '에듀케어(educare)'라는 용어의 등장에서 알 수 있듯이, 보육교사의 역할이 영유아의 돌봄(care)에만 머무르는 것이 아니라, 교육(education)까지 포함됨을 보여 준다.

보육교사는 영유아의 교육을 위해 진단자, 교육과정 설계 및 조직자, 평가자 역할을 한다. 영유아기의 교육은 교과서 없이 영유아-교구, 영유아-영유아, 영유아-교사 간의 상호작용이나 활동을 중심으로 이루어진다. 그러므로 교실의 환경을 마련하고 영유아의 활동을 적극적으로 지원해 주는 교사의 역할이 대단히 중요하다(백혜리, 1990).

첫째, 진단자로서의 보육교사는 프로그램 계획에 앞서 영유아에 대한 정보를 수집하여 영유아의 현재 수준을 판단한다. 아무리 좋은 교육 프로그램도 영유아의 수준에 적합하지 않다면 효과를 발휘하기 어렵기 때문에 현재 수준의 지식이나 준비도를 점검하는 과정을 거쳐야 한다. 영유아는 연령에 따른 발달 정도와 그 특성의 차이가 있으므로, 보육교사는 역할을 수행할 때 반드시 발달에 적합한 실제를 고려해야 한다(심영희 · 성서영, 2013).

둘째, 교육과정 설계 및 조직자로서의 교사는 영유아의 발달 수준을 고려해 교육활동을 준비하고, 이에 적합한 환경을 조직한다. 초 · 중등교육과 비교할 때 영유아기의 교육은 보육교사 개인의 역량과 열정에 영향을 받는 부분이 상당히 많다. 또한, 영유아의 특성상 보육교사가 예상하지 못한 돌발변수가 일어나는 경우도 많다. 따라서 보육교사가 교육과정을 미리 다각도로 설계하고 조직화하여 준비하지 않으면 예상한 교육활동이 흐지부지될 수도 있다. 교사가 많이 생각하고 다양하게 준비하면 영유아의 예상치 못한 반응과 질문을 통해 교육의 확장이 이루어질 수 있는 부분도 더 많아진다. 영유아의 반응에 귀를 기울이고, 그들의 흥미에 관심을 가져 보육교사가 미처 생각하지 못했던 부분을 수용하고, 계획을 새로이 조정해 나갈 때 교육효과는 증진될 것이다.

셋째, 평가자로서의 보육교사는 영유아의 발달 정도를 평가할 수 있어야 한다. 보육교사가 여러 가지 평가법을 활용하여 영유아의 발달 수준 및 특성에 대해 알고 긍정적 상호작용으로 영육아의 사고를 확장시킬 때 효과적인 교육활동이 가능하다. 또한, 평가결과는 보육교사가 부모에게 영유아의 특성을 알릴 때 근거자료로 제시될 수 있다. 보육교사는 영유아에 대한 평가뿐만 아니라 자신의 교육활동에 대해서도 보육교사 자신과 동료교사의 평가를 통해 더 향상된 교육활동을 추구할 수 있다(이순형 외, 2013: 60-63).

(2) 영유아 연령별 보육교사의 역할

보육교사의 역할은 대상이 되는 영유아에게 직접적인 영향을 미치기 때문에 대상의 특성에 따라 그 역할은 달라진다. 여기서는 영유아의 연령별 특성, 즉 영아와 유아로 구분하여 살펴본다.

① 영아 담당 보육교사의 역할

영유아란 6세 미만의 취학 전 아동을 말하고(「영유아보육법」 제2조 제1호), 보통 2세 이하(혹은 3세 미만)를 영아라고 부른다. 따라서 영아 담당 보육교사란 2세 이하 영아를 담당하는 보육교사를 뜻한다. 영아 담당 보육교사의 역할은 다음과 같다(성미영 외, 2015).

가. 건강하고 안전한 환경 제공

영아기는 생존을 위한 기술의 발달이 미흡한 시기로서 양육을 담당하는 성인의 도움이 절대적으로 필요하다. 따라서 보육교사의 가장 기본적이면서도 중요한 역할은 영아의 생존을 위한 기본조건으로서 안전하고 쾌적한 환경에서 의식주를 제공하고 돌보는 것이다.

영아는 무엇이든 입으로 가져가 탐색하는 경향이 강하므로 각종 세균에 감염될 가능성이 높다. 따라서 교사는 손 씻기 등 영아의 위생관리에 철저해야 한다. 또한, 신체 발달을 통해 여러 가지 운동기술을 획득·숙달시켜 나가는 과정에 있는 영아는 일상생활에서 각종 안전사고에 노출되어 있다. 특히, 영아의 왕성한 호기심은 신체 발달로 말미암은 이동 능력 확보와 맞물려 크고 작은 안전사고를 유발할 수 있다. 그러므로 교사는 영아의 안전을 확보하면서도 탐색욕구를 채워 줄 수 있는 환경을 만들어야 한다.

나. 안정된 애착 형성

영아기는 사회성의 기초가 되는 애착이 형성되는 결정적 시기다. 여성의 취업이 늘어남에 따라 영아가 어머니와 보내는 시간은 줄어들었고, 영아는 예전보다 훨씬 어린 연령부터 어린이집에 다니게 되었다. 또한, 하루 중 보육교사와 함께 있는 시간도 증가하였기 때문에 애착이 주 양육자와 영아 간의 정서적 유대관계라는 맥락에서 봤을 때, 보육교사와 영아 간에 형성되는 애착의 중요성이 드러나고 있다.

보육교사와 영아 간의 애착은 부모와 영아 간의 애착과는 별개의 것으로, 부모와 불안정한 애착을 형성한 영아도 교사와의 안정된 애착 형성을 통해 부모와의 관계 개선 및 사회성 증진에 도움이 될 수 있다. 영아가 애착 대상인 교사에 대해 신뢰감을 형성하면 낯선 상황에 대해 두려움을 덜 가지게 되고, 탐색활동을 더욱 적극적으로 할 수 있다(민성혜 외, 2012). 보육교사와 안정된 애착을 형성한 영아는 사회·정서 발달뿐만 아니라 언어 및 인지 발달에서도 긍정적 결과를 보여 준다.

다. 건강한 신체 발달의 도모

영아기를 가리켜 제1성장급등기라고 한다. 따라서 영아를 대상으로 하는 보육교사의 역할은 영아의 신체 발달을 최적화하도록 노력하는 것이 중요하다. 특히, 영아는 아직 발달이 분화되지 않고 통합적으로 이루어지기 때문에 이 시기의 영양 부족은 영아의 신체 발달을 지연시킬 뿐만 아니라, 인지 발달이나 정서 발달에도 나쁜 영향을 미칠 수 있다. 따라서 규칙적으로 균형 잡힌 영양소를 섭취할 수 있도록 해야 하며, 이때 교사는 영아의 개별적인 수유 및 수면 등 개인적인 신체리듬을 고려하여 일과를 개별적으로 운영해야 한다.

라. 원활한 의사소통을 위한 노력

영아기에 가장 큰 발달을 보이는 영역 중 하나가 언어 발달이다. 영아는 2세경이 지나면서 어휘 폭발을 경험하며, 자신의 의사를 언어로 표현할 수 있게 된다. 아직 언어 발달이 미숙하여 언어로 자신을 표현하지 못하는 영아도 몸짓 등을 통해 자신의 의사를 표현한다. 이는 의사소통의 기초적 형태로 의사소통 방식을 배우는 중요한 기제가 된다. 영아가 표현하는 언어를 교사가 이해하는 것도 중요하지만, 영아에게 언어를 통해 교사의 의사를 전하는 것도 중요하다. 교사가 영아의 의사를 이해하여 의사대로 행동해 주거나, 영아가 표현하고자 하는 바를 교사가 이해했음을 언어로 표현해 줄 때, 영아는 의사표현에 대한 자신감을 얻음과 동시에 다른 사람과의 적절한 상호작용의 기초를 익히게 된다.

영아의 언어발달은 말하기 능력에 앞서 듣기 능력이 먼저 발달한다. 교사는 이러한 언어 발달의 특징을 이용하여 영아의 발달 수준에 맞게 쉬운 언어를 사용하여 상세한 설명을 해 준다. 그리하여 영아가 의사소통의 즐거움을 느낄 수 있게 하여야 한다. 언어적 상호작용의 즐거움과 편리함을 영아가 인식함으로써 언어 발달이 촉진되도록 하는 것이 교사의 역할이다.

마. 바른 기본생활습관 형성

"세 살 적 버릇이 여든까지 간다."는 유명한 속담이 있듯이, 영아기에 형성되는 기본생활습관은 평생 지속된다. 영아기에 기본적인 생활습관을 형성하는 것은 본래 개별 가정에서 행해지는 과업이었으나, 어린이집에 다니는 영아의 연령이 점차 낮아지고 영아의 어린이집 재원이 보편화되면서 영아기의 기본생활습관 형성이 중요한 교사의 역할로 자리 잡았다.

▲ 어릴 적 버릇 늙어서까지 간다!

영아기에 형성되어야 할 올바른 기본생활습관에는 식사와 수면, 배변훈련 등 기본적인 생활을 영위하는 데에 필수적인 생활습관과 인사하기, 고운 말, 존댓말 사용하기 등 기본적인 예절과 관련된 생활습관이 있다. 이를 위해 교사는 일상생활에서 자연스럽게 바른 생활습관이 몸에 배도록 돕는 역할을 해야 한다.

② 유아 담당 보육교사의 역할

영아 담당 보육교사의 역할과 유아 담당 보육교사의 역할을 비교할 때, 가장 큰 차이점은 양육과 교육의 비중에서 점차 교육의 비중이 커지는 것이 유아 담당 보육교사의 역할이다. 유아 담당 보육교사의 역할은 다음과 같다(성미영 외, 2015).

가. 또래관계 형성 돕기

유아기에는 다른 사람에 대한 정서를 조망할 수 있는 인지가 발달하며, 점차 다른 사람을 이해하고 수용하는 과정을 거치면서 상호작용을 통한 또래관계를 발달시킨다. 이와 함께 또래동조성이 강해지고 또래의 영향을 많이 받게 되는 시기이기도 하다. 이처럼 또래관계가 중요해지는 시기이기 때문에 보육교사는 유아가 또래관계를 통해 자존감 발달 및 생활의 즐거움이 긍정적 영향을 받고 있는지 등을 면밀히 살펴야 한다. 만약 또래관계가 원만히 이루어지지 않거나 이로 말미암아 부정적 영향을 받을 때, 보육교사는 유아가 원만한 또래관계를 형성할 수 있도록 돕는 역할을 해야 한다.

특히, 또래관계에서 가장 관건이 되는 것은 또래관계에 진입하는 과정이다. 따라서 또래관계 형성이 어려운 유아에 대해서는 보육교사가 눈에 띄지 않게 그 유아와 잘 어울릴 수 있는 또래와 또래집단을 형성해 주고, 그 안에서 원활한 또래관계가 이루어질 수 있도록 지원해야 한다. 또한, 사회성 발달이 뒤처지는 유아는 또래와의 상호작용보다 성인과의 상호작용 훨씬 수월하므로, 보육교사와의 상호작용을 통해 적절한 대인 간 상호작용 기술을 연습할 수 있도록 보육교사가 더 많은 상호작용을 함께 해주고, 좋은 모델이 돼주는 역할을 수행해야 한다.

또래관계와 함께 또래 간에 발생하는 갈등을 다루는 문제가 대두되는데, 유아기에는 이러한 문제 상황에서 스스로 해결책을 찾고, 여러 해결책 중에서 가장 좋은 방안을 선택하여 스스로 문제를 해결해 나가는 과정을 경험하도록 해야 한다. 이때 보육교사는 최소한의 개입을 통해 이를 돕는 역할을 해야 한다. 다른 사람의 정서에 대한 이해를 돕기 위한 활동이나 협동활동 등 친사회적 행동을 배우고 연습할 수 있는 활동을 계획·실행하는 것도 이를 위한 중요한 보육교사의 역할이다.

나. 상징놀이 등 인지 발달 자극

유아기는 인지가 발달하여 정신적 표상이 가능해지는 시기로서, 영아기의 구체적인 경험 위주의 활동에서 벗어나 사고과정을 통한 활동이 가능해진다. 이때 유아가 가장 즐기게 되는 놀이가 가작화놀이(pretend play)라고도 하는 상징놀이(symbolic play)다. 활발한 상징놀이는 유아기의 발달 특성을 보여 주는 한 예로서, 보육교사는 유아가 상징놀이를 활발하게 할 수 있도록 다양한 표상거리를 제공해 주고, 상징놀이를 활성화할 수 있는 환경을 제공하는 역할을 해야 한다. 유아의 표상을 도울 수 있는 다양한 역할에 따른 의상을 배치해 주거나, 유아의 상상을 자극할 수 있는 환상동화를 배치하는 것, 자신의 상상을 자유롭게 표현해 볼 수 있는 여러 가지 공작 도구를 배치해 주는 것 등 다양한 방안을 적극적으로 활용한다.

다. 정교화된 신체기술을 활용한 신체활동 제공

유아기는 영아기 때부터 발달해 온 신체조절 능력이 정교화됨으로써 다양한 신체조절 활동에 도전하는 시기이다. 유아는 신체조절 능력의 향상으로 말미암아 더욱 활동적이 되는 경향이 있다. 이러한 활동성을 억제했을 때, 오히려 안전사고 위험도 커지게 된다. 그러므로 유아가 마음껏 활동성을 분출할 수 있는 안전한 환경을 제공하고, 신체활동을 일과에 포함시키는 것이 바람직하다.

적절한 신체활동놀이는 신체 각 부분의 조화로운 발달을 도와주며 순환, 배설, 호흡 등 신체기관의 기능을 향상시키고, 바른 자세를 가지는 데에도 도움이 된다.

유아가 대(大)근육뿐만 아니라 소(小)근육도 잘 발달할 수 있도록 관련 교구나 활동을 통해 유아를 돕는 것도 보육교사의 중요한 역할이다. 이를 위해 점토 공작이나 작은 블록을 활용한 조형물 만들기, 가위로 오리기 등의 활동을 제공함으로써 유아는 자연스럽게 정교한 소근육이 발달한다.

(3) 학부모에 대한 보육교사의 역할

아동을 양육하는 일은 보육교사 혼자만의 일이 아니라, 학부모와 함께 하는 일이므로 부모와의 원활한 상호작용은 매우 중요하다. 이를 위해 보육교사는 학부모를 자신과 함께 같은 목표를 가지고 나아가는 동역자로 인식하고 서로 도와야 한다(성미영 외, 2015: 53-54).

① 조언자 역할

보육교사는 보육이라는 업무를 담당하기 위해 아동의 발달과 지도법, 가족 관련 학문 등 다양한 분야를 공부하고 자격증을 취득한 전문가이다. 젊은 초임 보육교사는 자녀를 출산하고 기른 경험이 없기 때문에 양육에 관해서는 학부모가 더 전문가라고 느끼는 경우도 많다. 실제로 개별 영유아에 대해서는 해당 학부모가 가장 전문가라고 할 수도 있다.

그러나 영유아에 대한 전반적인 이해나 부적응 행동을 수정할 수 있는 능력에 있어서는 보육교사가 전문가이다. 그러므로 보육교사는 해당 영유아에 대한 학부모의 이해도가 높음을 인정하되, 자신의 지식과 경험에 대해서도 자신감을 가지고 학부모와 원활히 상호작용하면서 학부모에게 유용한 양육 관련 조언을 할 수 있어야 한다.

② 상담자 역할

영유아를 양육하는 과정에서는 수시로 문제가 발생한다. 바로 영유아의 발달이 지체됐을 때, 또래관계에서 반복해서 문제가 발생할 때, 생활습관이 잘못됐을 때 등에서다. 이 문제는 때로는 일시적이지만, 때로는 지속적이다. 학부모와 교사는 서로 협력하여 해당 영유아가 자신의 능력을 십분 발휘하여 최적의 발달을 이룰 수 있도록 하기 위한 공동의 목표를 가지고 의견을 공유해야 한다.

이때 보육교사는 전문가적 견해로 학부모에게 상담자 역할을 수행한다. 상담자로서 자격을 소유한 전문가적 상담은 아니라 하더라도 학부모의 처지에서 학부모에게 공감해 주고, 적극적으로 경청해 주며, 함께 해결책을 모색해 보는 과정만으로도 학부모에게는 큰 힘이 될 수 있다. 보육교사는 자신의 능력에 맞게 학부모와 함께 문제를 공유하고, 전문가적 도움이 필요하면 전문가에게 의뢰하여 더 효율적인 해결책을 찾을 수 있도록 도와야 한다.

2 보육교사의 권리와 의무

1) 보육교사의 법적 지위

우리나라에는 보육교사의 지위를 규정하는 별도의 법은 없다. 보육교사의 법적 지위와 관련이 있는 법으로는 「영유아보육법」과 그에 따른 「영유아보육법 시행령」, 「영유아보육법 시행규칙」 및 지방자치단체의 자치법규인 보육조례가 있다.

「영유아보육법」의 목적은 "영유아(嬰幼兒)의 심신을 보호하고 건전하게 교육하여 건강한 사회 구성원으로 육성함과 아울러 보호자의 경제적·사회적 활동이 원활하게 이루어지도록 함으로써 영유아 및 가정의 복지 증진에 이바지"한다(「영유아보육법」 제1조). 보육교사는 보육사업의 내용인 어린이집 영유아의 보육, 건강관리 및 보호자와의 상담과 그밖에 어린이집의 관리·운영 등의 업무를 담당하는 보육교직원에 속한다. 「영유아보육법」은 영유아와 그 부모를 위한 법으로서, 보육업무 담당자인 보육교사의 법적 지위를 기본적으로 규정하고 있다.

「영유아보육법」 이외에 「근로기준법」, 「유엔아동권리협약(Convention on the Rights of the Child)」, 「아동복지법」 등이 관련법이다. 「근로기준법」은 보육교사의 일반적 근로조건, 처우 등에 관한 규정을 따라야 하는 법으로서 관련 법규이다. 아동인권 관련 국제조약인 「유엔아동권리협약」은 아동을 단순한 보호대상이 아닌 존엄성과 권리를 지닌 주체로 보고 이들의 생존, 발달, 보호, 참여에 관한 기본권리를 명시한 협약이다. 이 협약은 1989년 11월 20일 유엔총회에서 만장일치로 채택돼 대한민국(1991년 가입)과 북한(조선민주주의인민공화국)을 포함하여 세계 193개국이 비준했다. 한편, 어린이집은 「아동복지법」에 의한 건강 및 안전관리 대상 기관이며, 보육교직원은 아동학대 신고의무자이다. 따라서 「아동복지법」에 의거 보육교사에게는 신고의무자라는 의무와 책임이 뒤따른다(이순형 외, 2013: 80-88).

(1) 「영유아보육법」 제3장에 나타난 보육교사의 법적 지위

보육교사의 법적 지위는 「영유아보육법」 '제3장 보육교직원'에서 기본적으로 제시되고 있다. 구체적으로 보육교직원의 배치, 직무와 책무, 임면 등과 결격사유, 어린이집 원장과 보육교사의 자격과 자격증 교부, 어린이집 원장과 보육교사의 보수교육 등에 대한 규정을 포함하고 있다.

보육교사의 자격 기준과 임면절차 등 조항은 보육교사직을 수행할 수 있는 권리가 주어지는 기준과 절차를 규정하고 있다. 보육교사의 자격 기준은 「영유아보육법」 제21조에 의거하여 학력 및 경력에 따라 1·2·3급으로 구분하고, 보건복지부장관이 검정·수여하는 전문적인 자격증을 받은 사람이어야 한다. 또한, 같은 법 제19조 보육교직원의 임면 등에 의거하여 보육교사의 권익 보장과 근로조건 개선을 꾀하며, 동시에 보육교사가 결격사유에 해당되면 그 권리가 제한될 수 있다.

같은 법 제18조 보육교직원의 직무에 의거 보육교사는 영유아 보육을 수행할 권리가 있는 사람이다. 다른 한편으로 보육교사는 법에 명시된 것처럼 직무 수행 시 원장의 지도 감독을 받을 의무도 있다. 같은 법 제20조와 22조의2에 의거 보육교사는 직무를 수행할 수 없는 결격사유가 발생하지 않도록 하여야 하며, 명의를 대여하지 않아야 할 의무가 있다. 같은 법 제23조의2에서는 보육교사가 보육의 질적 표준 유지를 위해 보수교육을 이수해야 할 의무가 있다.

향후 보육교사의 전문성을 향상하기 위해서는 「영유아보육법」에 보육교사의 전문성 향상을 위한 조항을 신설하여야 할 것이다. 구체적으로, ① 보육교사 윤리강령을 두어 보육활동에 자율성을 부여하되 엄격하게 관리할 필요가 있다. ② 보수교육의 내용을 일정 기간 단위로 변경하는 등 커리큘럼 운영이 요구된다. ③ 보수교육의 운영을 지원하고 평가할 수 있는 전담기구가 필요하다(이순형 외, 2013: 82).

■ 「영유아보육법」 제3장 보육교직원

제17조(보육교직원의 배치)

① 어린이집에는 보육교직원을 두어야 한다.

② 어린이집에는 보육교사의 업무 부담을 경감할 수 있도록 보조교사 등을 둔다.

③ 휴가 또는 보수교육 등으로 보육교사의 업무에 공백이 생기는 경우에는 이를 대체할 수 있는 대체교사를 배치한다.

④ 보육교직원 및 그 밖의 인력의 배치기준 등에 필요한 사항은 보건복지부령으로 정한다.

제18조(보육교직원의 직무)

① 어린이집의 원장은 어린이집을 총괄하고 보육교사와 그 밖의 직원을 지도·감독하며

영유아를 보육한다.

② 보육교사는 영유아를 보육하고 어린이집의 원장이 불가피한 사유로 직무를 수행할 수 없을 때에는 그 직무를 대행한다.

제18조의2(보육교직원의 책무)

① 보육교직원은 영유아를 보육함에 있어 영유아에게 신체적 고통이나 고성·폭언 등의 정신적 고통을 가하여서는 아니 된다.

② 보육교직원은 업무를 수행함에 있어 영유아의 생명·안전보호 및 위험방지를 위하여 주의의무를 다하여야 한다.

제19조(보육교직원의 임면 등)

① 특별자치도지사·시장·군수·구청장은 보육교직원의 권익 보장과 근로여건 개선을 위하여 보육교직원의 임면(任免)과 경력 등에 관한 사항을 관리하여야 한다.

② 어린이집의 원장은 보건복지부령으로 정하는 바에 따라 보육교직원의 임면에 관한 사항을 특별자치도지사·시장·군수·구청장에게 보고하여야 한다.

제20조(결격사유)

다음 각 호의 어느 하나에 해당하는 자는 어린이집에 근무할 수 없다.

1. 제16조 각 호의 어느 하나에 해당하는 자
2. 제46조나 제47조에 따라 자격정지 중인 자
3. 제48조 제1항에 따라 자격이 취소된 후 같은 조 제2항에 따른 자격 재교부 기한이 경과되지 아니한 자

제21조(어린이집의 원장 또는 보육교사의 자격)

① 어린이집의 원장은 대통령령으로 정하는 자격을 가진 자로서 보건복지부장관이 검정·수여하는 자격증을 받은 자이어야 한다.

② 보육교사는 다음 각 호의 어느 하나에 해당하는 자로서 보건복지부장관이 검정·수여하는 자격증을 받은 자이어야 한다.

1. 「고등교육법」 제2조에 따른 학교에서 보건복지부령으로 정하는 보육 관련 교과목과 학점을 이수하고 전문학사학위 이상을 취득한 사람

1의2. 법령에 따라 「고등교육법」 제2조에 따른 학교를 졸업한 사람과 같은 수준 이상의 학력이 있다고 인정된 사람으로서 보건복지부령으로 정하는 보육 관련 교과목과 학점을 이수하고 전문학사학위 이상을 취득한 사람

2. 고등학교 또는 이와 같은 수준 이상의 학교를 졸업한 자로서 시·도지사가 지정한 교육훈련시설에서 소정의 교육과정을 이수한 사람

③ 제2항에 따른 보육교사의 등급은 1·2·3급으로 하고, 등급별 자격기준은 대통령령으로 정한다.

④ 제2항 제2호에 따른 교육훈련시설의 지정 및 지정 취소, 교육과정 등에 필요한 사항은 보건복지부령으로 정한다.

제22조(어린이집의 원장 또는 보육교사 자격증의 교부 등)

① 보건복지부장관은 제21조 제1항 및 제2항에 따라 어린이집의 원장 또는 보육교사의 자격을 검정하고 자격증을 교부하여야 한다.

② 보건복지부장관은 제1항에 따른 어린이집의 원장 또는 보육교사의 자격증을 교부받거나 재교부(이하 "보육자격증 교부 등"이라 한다)를 받으려는 사람에게 보건복지부령으로 정하는 바에 따라 수수료를 받을 수 있다.

③ 삭제

④ 삭제

⑤ 제51조의2 제1항 제2호에 따라 보육자격증 교부 등에 관한 업무를 위탁받은 공공 또는 민간 기관·단체는 제2항에 따라 납부받은 수수료를 보건복지부장관의 승인을 받아 보육자격증 교부 등에 필요한 경비에 직접 충당할 수 있다.

⑥ 보육자격증 교부 등에 필요한 사항은 보건복지부령으로 정한다.

제22조의2(명의대여 등의 금지)

어린이집의 원장 또는 보육교사는 다른 사람에게 자기의 성명이나 어린이집의 명칭을 사용하여 어린이집의 원장 또는 보육교사의 업무를 수행하게 하거나 자격증을 대여하여서는 아니 된다.

제23조(어린이집 원장의 보수교육)

① 보건복지부장관은 어린이집 원장의 자질 향상을 위한 보수교육(補修敎育)을 실시하여야 한다. 이 경우 보수교육은 집합교육을 원칙으로 한다.

② 제1항에 따른 보수교육은 사전직무교육과 직무교육으로 구분한다.

③ 삭제

④ 제1항에 따른 보수교육에는 다음 각 호의 사항에 관한 내용을 포함하여야 한다.

1. 성폭력 및 아동학대 예방
2. 실종·유괴의 예방과 방지

3. 감염병 및 약물의 오남용 예방 등 보건위생 관리

4. 재난대비 안전

5. 교통안전

6. 어린이집 원장의 인성함양(영유아의 인권보호 교육을 포함한다)

7. 그 밖에 보건복지부령으로 정하는 사항

⑤ 그 밖에 보수교육의 기간·방법 등에 필요한 사항은 보건복지부령으로 정한다.

제23조의2(보육교사의 보수교육)

① 보건복지부장관은 보육교사의 자질 향상을 위한 보수교육(補修敎育)을 실시하여야 한다. 이 경우 보수교육은 집합교육을 원칙으로 한다.

② 제1항에 따른 보수교육은 직무교육과 승급교육으로 구분한다.

③ 제1항에 따른 보수교육에는 다음 각 호의 사항에 관한 내용을 포함하여야 한다.

1. 성폭력 및 아동학대 예방

2. 실종·유괴의 예방과 방지

3. 감염병 및 약물의 오남용 예방 등 보건위생 관리

4. 재난대비 안전

5. 교통안전

6. 보육교사의 인성함양(영유아의 인권보호 교육을 포함한다)

7. 그 밖에 보건복지부령으로 정하는 사항

④ 그 밖에 보수교육의 기간·방법 등에 필요한 사항은 보건복지부령으로 정한다.

제23조의3(교육명령)

① 보건복지부장관은 「아동복지법」 제3조 제7호의2에 따른 아동학대 관련범죄를 저지른 사람이 제16조 제5호부터 제8호까지의 결격사유 및 제20조 제1호의 결격사유(제16조 제5호부터 제8호까지의 결격사유에 해당하는 경우에 한정한다)에 해당하지 아니하게 되어 어린이집을 설치·운영하거나 어린이집에 근무하려는 경우에는 그 사람에 대하여 사전에 아동학대 방지를 위한 교육을 받도록 명하여야 한다. 이 경우 교육 실시에 드는 비용은 교육을 받는 사람이 부담한다.

② 제1항에 따른 교육명령의 조치와 관련한 절차, 교육기관, 교육 방법·내용 등에 필요한 사항은 보건복지부령으로 정한다.

출처: 법률 제14597호, 공포일: 2017. 03. 14, 시행일: 2017. 09. 15.

(2) 「영유아보육법」 제3장 이외에 나타난 보육교사의 법적 지위

「영유아보육법」 제3장 이외 다른 장에서 보육교사의 법적 지위 관련 조항으로는 보육과정 및 평가인증, 영유아 건강관리, 보육교사의 자격정지 및 취소 관련 조항이 있다. 이러한 조항은 주로 의무와 관련이 있다. 사실 표준보육과정의 적용과 평가인증의 참여를 비롯하여 생활기록부 작성, 건강관리 및 응급조치, 예방접종 여부의 확인, 치료 및 예방조치, 급식 관리 등은 모두 어린이집 원장에게 법적 책임이 지워지는 사항이다. 그러나 보육교사는 원장의 지도와 감독 아래 이러한 법적 사항을 직접 영유아 및 부모를 대상으로 실행하는 당사자들이므로, 이와 관련하여 의무가 주어진다.

■ **「영유아보육법」 제3장 이외의 보육교사 관련 조항**

제29조(보육과정)

① 보육과정은 영유아의 신체 · 정서 · 언어 · 사회성 및 인지적 발달을 도모할 수 있는 내용을 포함하여야 한다.

② 보건복지부장관은 표준보육과정을 개발 · 보급하여야 하며 필요하면 그 내용을 검토하여 수정 · 보완하여야 한다.

③ 어린이집의 원장은 제2항의 표준보육과정에 따라 영유아를 보육하도록 노력하여야 한다.

④ 어린이집의 원장은 보호자의 동의를 받아 일정 연령 이상의 영유아에게 보건복지부령으로 정하는 특정한 시간대에 한정하여 보육과정 외에 어린이집 내외에서 이루어지는 특별활동프로그램(이하 "특별활동"이라 한다)을 실시할 수 있다. 이 경우 어린이집의 원장은 특별활동에 참여하지 아니하는 영유아를 위하여 특별활동을 대체할 수 있는 프로그램을 함께 마련하여야 한다.

⑤ 제1항에 따른 보육과정, 제4항에 따른 특별활동 대상 영유아의 연령 및 특별활동의 내용 등에 필요한 사항은 보건복지부령으로 정한다.

제29조의2(어린이집 생활기록)

어린이집의 원장은 영유아 생활지도 및 초등학교 교육과의 연계 지도에 활용할 수 있도록 영유아의 발달상황 등을 종합적으로 관찰·평가하여 보건복지부장관이 정하는 기준에 따라 생활기록부를 작성·관리하여야 한다.

제30조(어린이집 평가인증)

① 보건복지부장관은 보육서비스의 질적 수준을 향상시키기 위하여 어린이집 설치·운영자의 신청에 따라 어린이집의 보육환경, 보육과정 운영 및 보육인력의 전문성 등을 평가하여 해당 어린이집에 대한 평가인증을 실시할 수 있다.

② 보건복지부장관은 제1항에 따른 평가인증을 받으려는 어린이집 설치·운영자에게 보건복지부령으로 정하는 바에 따라 평가인증에 필요한 비용을 받을 수 있다.

③ 보건복지부장관은 제1항에 따른 평가인증의 결과에 따라 보육사업 실시에 필요한 지원을 할 수 있다.

④ 보건복지부장관은 제1항에 따른 어린이집 평가인증의 결과를 보건복지부령으로 정하는 바에 따라 공표할 수 있다.

⑤ 보건복지부장관은 제1항에 따라 평가인증을 받은 어린이집의 설치·운영자가 다음 각 호의 어느 하나에 해당하는 경우에는 그 평가인증을 취소할 수 있다. 다만, 제1호에 해당하는 경우에는 그 인증을 취소하여야 한다.

1. 거짓이나 그 밖의 부정한 방법으로 평가인증을 받은 경우
2. 어린이집의 설치·운영자가 이 법을 위반하여 금고 이상의 형을 선고받고 그 형이 확정된 경우
3. 제40조 제2호 또는 제3호에 따라 보조금의 반환명령을 받았거나, 제45조 또는 제46조부터 제48조까지의 규정에 따른 행정처분을 받은 경우(시정명령을 받은 경우는 제외한다)
4. 그 밖에 평가인증을 유지하기 어렵다고 인정되는 경우로서 보건복지부령으로 정하는 경우

⑥ 제51조의2 제1항 제4호에 따라 평가인증에 관한 업무를 위탁받은 공공 또는 민간 기관·단체는 제2항에 따라 납부받은 수수료를 보건복지부장관의 승인을 받아 평가인증에 필요한 경비에 직접 충당할 수 있다.

⑦ 제1항에 따른 어린이집 평가인증의 실시 및 유효기간 등에 필요한 사항은 보건복지부령으로 정한다.

제31조(건강관리 및 응급조치)

① 어린이집의 원장은 영유아와 보육교직원에 대하여 정기적으로 건강진단을 실시하고, 영유아의 건강진단 실시여부를 제29조의2에 따른 어린이집 생활기록부에 기록하여 관리하는

등 건강관리를 하여야 한다. 다만, 보호자가 별도로 건강검진을 실시하고 그 검진결과 통보서를 제출한 영유아에 대해서는 건강진단을 생략할 수 있다.

② 어린이집의 원장은 영유아에게 질병·사고 또는 재해 등으로 인하여 위급 상태가 발생한 경우 즉시 응급의료기관에 이송하여야 한다.

③ 제1항에 따른 건강진단의 구체적인 기준과 내용 등 필요한 사항은 보건복지부령으로 정한다.

제31조의3(예방접종 여부의 확인)

① 어린이집의 원장은 영유아에 대하여 최초로 보육을 실시한 날부터 30일 이내에 특별자치도지사·시장·군수·구청장 또는 영유아의 보호자로부터 「감염병의 예방 및 관리에 관한 법률」 제27조에 따라 특별자치도지사·시장·군수·구청장 또는 예방접종을 한 자가 발급한 예방접종증명서 또는 그 밖에 이에 준하는 증명자료를 제출받아 영유아의 예방접종에 관한 사실을 확인할 수 있다.

② 어린이집의 원장은 제1항에 따른 확인 결과 예방접종을 받지 아니한 영유아에게는 필요한 예방접종을 받도록 보호자를 지도할 수 있으며, 필요한 경우 관할 보건소장에게 예방접종 지원 등의 협조를 요청할 수 있다.

③ 어린이집의 원장은 영유아의 예방접종 여부 확인 및 관리를 위하여 제29조의2에 따른 어린이집 생활기록에 예방접종 여부 및 내역에 관한 사항을 기록하여 관리하여야 한다.

제33조(급식 관리)

어린이집의 원장은 영유아에게 보건복지부령으로 정하는 바에 따라 균형 있고 위생적이며 안전한 급식을 하여야 한다.

제47조(보육교사의 자격정지)

보건복지부장관은 보육교사가 다음 각 호의 어느 하나에 해당하면 1년(「아동복지법」 제3조 제7호에 따른 아동학대 행위로 제1호에 해당하게 된 경우에는 2년) 이내의 범위에서 보건복지부령으로 정하는 바에 따라 그 자격을 정지시킬 수 있다.

1. 보육교사가 업무 수행 중 그 자격과 관련하여 고의나 중대한 과실로 손해를 입힌 경우
2. 제23조의2에 따른 보수교육을 연속하여 3회 이상 받지 아니한 경우

제48조(어린이집의 원장 또는 보육교사의 자격취소)

① 보건복지부장관은 어린이집의 원장 또는 보육교사가 다음 각 호의 어느 하나에 해당하면 그 자격을 취소할 수 있다.

1. 거짓이나 그 밖의 부정한 방법으로 자격증을 취득한 경우
2. 자격 취득자가 업무 수행 중 그 자격과 관련하여 고의나 중대한 과실로 손해를 입히고 금고 이상의 형을 선고받은 경우
3. 「아동복지법」 제3조 제7호의2에 따른 아동학대 관련범죄로 처벌을 받은 경우
4. 제22조의2에 따른 명의대여 금지 등의 의무를 위반한 경우
5. 자격정지처분기간 종료 후 3년 이내에 자격정지처분에 해당하는 행위를 한 경우
6. 자격정지처분을 받고도 자격정지처분기간 이내에 자격증을 사용하여 자격 관련 업무를 수행한 경우
7. 자격정지처분을 3회 이상 받은 경우
8. 제46조 제4호에 해당하여 금고 이상의 형을 선고받은 경우

② 보건복지부장관은 제1항에 따라 자격이 취소된 사람에게는 그 취소된 날부터 다음 각 호의 구분에 따라 자격을 재교부하지 못한다.

1. 제1항 각 호의 사항 중 제3호 이외의 어느 하나에 해당하는 경우: 2년
2. 제1항 제3호에 해당하는 경우: 10년(다만, 「아동복지법」 제3조 제7호의2에 따른 아동학대 관련범죄로 금고 이상의 실형을 선고받고 그 집행이 종료되거나 집행이 면제된 날부터 20년이 지나지 아니한 사람 또는 「아동복지법」 제3조 제7호의2에 따른 아동학대 관련범죄로 금고 이상의 형의 집행유예가 확정된 날부터 20년이 지나지 아니한 사람에게는 자격을 재교부할 수 없다)

출처: 법률 제14597호, 공포일: 2017. 03. 14, 시행일: 2017. 09. 15.

2) 보육교사의 권리와 의무

보육교사의 법적 지위인 권리와 의무는 교직의 본질인 전문성과 함께 공공성·근로성에 따라 세부적으로 나눌 수 있다. 교직의 특성에 따른 보육교사의 권리와 의무의 내용을 관련 연구(김명숙, 1998; 김보영, 2011; 임승렬, 2007)를 참고하여 살펴본다(이순형 외, 2013).

(1) 전문성에서의 권리와 의무

전문성은 인간의 가치를 실현하고 사회개혁과 발전을 위해 학습자의 능력과 소질을 최대한으로 개발하는 데 필요한 가르치고 돌보는 것이다. 가르치는 것은 전문적인 성격이 확실하나, 이 전문성과 돌봄은 상충되는 것처럼 보인다. 이는 돌봄이 여성적인 영역에 속하므로 다분히 가부장적인 우리 사회에서 충분히 가치를 인정받지 못하기 때문이라는 해석이 있다. 그러므로 돌봄의 가치가 충분히 인정된다면 돌봄이 전문화의 중요한 요소라는 것을 인식하게 된다.

전문성에 있어 보육교사의 가장 두드러진 권리는 자율성으로서, 자신이 하는 일에 있어 외부의 간섭 없이 자율권을 가지고 의사결정을 할 수 있는 것이다. 그런데 만약 사회와 학부모의 요구가 커지면 어떻게 될까? 보육교사의 자율권이 축소되어 결국 교권 침해로 작용할 수도 있다. 전문성에 있어 보육교사의 의무는 직무 수행을 적절히 수행하기 위해 갖추어야 할 지식과 능력을 지속적으로 유지·발전하기 위해 노력하는 것이다.

(2) 공공성에서의 권리와 의무

공공성은 신분상 권리, 재산상 권리, 신분 및 직무상 의무로 나누어진다. 신분상 권리는 보육교사는 법이 정하는 사유와 절차에 의하지 않고는 그 신분과 직위로부터 일방적으로 배제되거나, 그 직위에 속하는 직무의 집행을 방해 당하지 아니하는 권리를 말한다. 「영유아보육법」에서 보육교사의 자격기준과 임면 절차 등을 명시한 것은 보육교사의 신분 보장이 된다는 것이다. 신분이 보장된다는 것은 보육교사가 법에 의하지 않고 함부로 쫓겨나거나, 불이익을 당하지 않는다는 것을 의미한다.

공공성에 따른 또 다른 권리는 공공성을 갖는 전문적 직무에 상응하는 사회적인 지위와 경제적 보상이 될 수 있다. 우리나라 보육교사의 사회적 지위와 경제적 보상은 국공립유치원 교사를 제외하고는 열악한 편이다. 사회적 지위가 보장된다는 것은 보육교사직을 우대하는 사회적인 여러 조치가 있다는 의미이다. 사회적 지위가 보장되려면 일차적으로 보육교사의 자격요건이 강화되어야 한다.

(3) 근로성에서의 권리와 의무

근로성(勤勞性), 즉 부지런히 일하는 품성은 개인으로서의 지위와 집단을 통한 지위로서의 권리와 의무를 말한다. 따라서 보육교사의 노동조건과 신분보장은 인간으로서의 생활조건이라 할 수 있다.

Chapter 02

보육교사의 인성

학습목표

1. 인성의 개념을 이해할 수 있다.
2. 보육교사직을 수행하기에 적합한 인성의 특성을 이해할 수 있다.
3. 영유아를 보육하는 교사로서 갖추어야 할 자질과 특성을 이해할 수 있다.
4. 보육교사로서 자신의 특성을 파악할 수 있다.

동서고금을 막론하고 교육 관련 담론(談論, discourse)에서 인성을 강조하지 않은 시대는 없었다. 고대 그리스 학자들로부터 근현대 철학자, 심리학자, 교육학자 등에 이르기까지, 아울러 기독교, 유교, 불교, 도교의 기본이념에 이르기까지 그 저변에는 모두 인성 함양을 통해 행복한 삶을 영위하고자 하였다. 이제 우리 사회도 영유아를 성인의 돌봄을 받아야 하는 수동적인 존재에서 주체적인 인격체로 인식하고 있다. 영유아도 성인과 마찬가지로 기본적인 인권을 존중받으며 생활해야 한다.

영유아는 발달 특성상 자신의 욕구 및 권리를 주장할 능력이 거의 없기 때문에 보육교사는 반드시 영유아의 인권을 존중하는 태도와 직무 능력을 갖추어야 한다. 보육교사의 인성은 자신의 삶과 영유아의 삶 모두에게 매우 중요한 영향을 미친다. 특히, 영유아기는 인성 형성에 대단히 중요한 시기이다. 영유아기는 교실에서 보육교사의 행동, 말투, 성격, 태도와 외모 등을 동일시하고 모방하려는 경향이 강하게 나타나는 시기이다. 그러므로 보육교사의 인성은 살아 있는 인적 환경이다. 따라서 보육교사가 바른 인성을 가지고 있어야 한다.

1 인성과 보육교사의 인성

1) 인성의 개념

인성(人性, Personality)이란 무엇인가? 인성은 매우 포괄적이고 추상적인 개념이어서 한마디로 정의하기는 어렵다. 특히, 우리 사회는 동양적 전통에서 보는 인성의 이해와 서구적 전통에서 보는 인성의 이해가 혼재되어 있어, 인성의 개념

정의가 더욱 어려운 것이 사실이다. 그러나 단어 그대로 보면, 인성은 사람의 성품이다. 즉, 인성이란 자신만의 생활스타일로서 다른 사람들과 구분되는 지속적이고 일관된 독특한 심리 및 행동 양식이다.

동양철학적 관점에서 볼 때, 유교·도교·불교는 인성이 외부에서 주어지는 것이 아니라, 인간이 타고난 본성이며 인간의 내재된 본성이라고 보는 점에서 공통점을 찾을 수 있다. 서양철학적 관점에서 볼 때, 플라톤(Platon, BC 428/427~BC 348/347)·아리스토텔레스(Aristoteles, BC 384~BC 322)·칸트(Kant, 1724~1804) 등의 인성 이해는 다른 시각과 강조점에도 불구하고 인간의 심원한 내면성을 계발 및 형성해 나가려는 견해로 수렴된다(정창우, 2016: 65).

인성은 내적 동기나 욕구와 이들의 표현을 조절하거나 제한하는 내외적 통제 간의 화해를 나타내는데, 이는 개인과 그의 환경 간에 안정적이고 호혜적인 관계를 유지하기 위해 기능하기 때문이다. 달리 표현하면, 인성은 일상생활을 유지하기 위한 개인의 방법을 특색지우는 일련의 습관이라 할 수 있다.

몇 가지 요점을 살펴보면, 먼저 인성 개념은 심리학자들이 행동을 관찰하고 측정하기 위한 방법에 동의하기 위해 허용한 용어이며, 이는 모든 인간에게 공통적인 기능 속성뿐만 아니라 개인에게 독특한 속성을 나타낸다. 인성은 더욱 안정적이고 변화하지 않는 측면의 개인 기능(구조)과 더욱 유동적이고 변화하는 측면(과정)을 둘 다 포함한다. 인성은 개인의 인지와 정서, 그리고 외현적 행동과정 사이의 복잡한 관계에 관여한다.

인성의 개념이 추상적이며 사회적·학문적으로 합의되지 않은 채 사용되고 있다는 것은 인성을 함양하기 위해서 무엇을 어떻게 해야 하는가에 대한 실천적 구체성을 찾을 수 없다는 문제로 이어진다. 인성 함양의 중요성을 아무리 강조한들 그 어떤 변화도 기대하기 어려운 것이다. 따라서 바람직한 인성의 함양을 실현하기 위해서는 구체적인 실천 지침이 있어야 하며, 실천 지침을 수립하려면 보편적

동의를 구할 수 있는 인성의 개념 정립이 요구된다(조혜경 외, 2017: 182-184).

2) 인성의 요소

인성의 개념 정의가 학자들에 따라 다른 것처럼 인성의 구성 요소에 대한 견해도 다양하다. 다양한 이론을 크게 분류하면 인성의 요소를 덕목으로 보는 관점과 덕목과 역량의 통합체로 보는 관점으로 구분할 수 있다(조혜경 외, 2017).

(1) 덕목으로서의 인성

플라톤이 4주덕(主德: 윤리학 또는 덕론으로 지혜 · 용기 · 절제 · 정의)을 겸비한 정의로운 개인의 양성을 통해 정의로운 국가를 실현하고자 한 이래로 많은 철학자와 교육자가 덕목의 함양을 통해 인성을 완성하고자 노력해왔다. 특히, 미국의 인격교육을 주도하는 학자인 리코나(Lickona)는 인성을 도덕적 인성(moral character: 정직, 정의, 배려, 존중, 협력)과 수행적 인성으로 구분하고, 수행적 인성(performance character: 인내, 근면, 진취성, 자제력, 용기)과 관련된 덕목의 중요성을 강조하였다.

수행적 인성은 주어진 지지환경 안에서 지금 처한 수행환경(예컨대, 교실이나 바깥놀이터 등)에서 끌어낼 수 있는 최대한의 가능성을 성취할 수 있도록 해 준다. 다른 말로는 옳은 것을 행하지 않도록 유혹하는 상황을 잘 견딜 수 있도록 하는 내적인 강인함을 의미하는 것이기도 하다(Lickona, 2004, 유병열 외 역, 2006; Lickona & Davidson, 2005, 조혜경 외, 2017: 187 재인용).

긍정심리학의 아버지라 불리는 셀리그먼(Seligman)과 『*A Primer in Positive Psychology*』의 저자 피터슨(Peterson)은 6개 덕목 범주(virtue categories)와 24개 인성 강점(character strengths)으로 구성된 VIA(Virtues In Action) 분류체계를 구축

하였으며, 6개 핵심 덕목으로 지혜, 용기, 인간애, 정의, 절제, 초탈(超脫)을 선정하였다. 여기에서 지혜는 지식의 획득과 사용을 수반하는 인지적 강점이고, 용기는 내적 혹은 외적 반대에 직면하여 목표달성을 위해 의지를 행사하는 정서적 강점이고, 인간애는 다른 사람을 배려하고 친구가 되어주는 대인간 강점이고, 정의는 건강한 공동체 생활의 기초가 되는 시민적 강점이고, 절제는 지나침을 방지하는 강점이고, 초탈은 더욱 큰 경험세계로의 연결을 구축하고 삶의 의미를 제공하는 강점이다. 각 덕목 범주에 포함되는 강점은 〈표 2-1〉과 같다(www.viacharacter.org).

〈표 2-1〉 VIA 덕목 범주와 인성 강점

덕목 범주	인성 강점
지혜(wisdom & knowledge)	창의성, 호기심, 판단력, 학구열, 식견
용기(courage)	용감성, 인내심, 정직성, 열정
인간애(humanity)	사랑, 친절, 사회지능(SI)
정의(justice)	팀워크, 공정성, 리더십
절제(temperance)	용서, 겸손, 신중함, 자기조절
초탈(transcendence)	아름다움과 탁월함에 대한 공감, 감사, 희망, 유머, 영성

출처: www.viacharacter.org

(2) 덕목과 역량의 통합체 인성

최근 우리 사회는 인성의 개념을 덕목과 역량을 포괄하는 통합적 관점에서 보려는 경향이 강하다. 덕목과 역량이 상호보완적·상호촉진적 관계를 가질 때 진정한 의미의 인성 함양이 가능하기 때문이다.

정창우(2016)는 예를 들어 성실이나 절제와 같은 덕목의 실천은 도덕적 자기관리 능력이나 도덕적 자기성찰 능력과 같은 개인 인성 역량에 의해 뒷받침될 때 그 실천력(혹은 수행력)과 행위의 일관성 및 지속성이 더욱 높아질 수 있다고 설명한다. 마찬가지로, 바람직하고 합리적인 갈등해결 능력을 포함한 도덕적 대인관계 능력은 다른 사람 존중, 배려, 정의(공정성) 등의 덕목에 의해 뒷받침될 때 행위의 방향성 혹은 지향성이 더욱 뚜렷해지고, 대인관계에서 행위자의 마음가짐과 태도가 어떠해야 하는가를 더욱 분명하게 인식할 수 있게 된다는 것이다.

이러한 관점에서 천세영 등(2012)은 미래 사회의 핵심 역량으로 요구되고 있는 사회성과 감성 능력을 기르는 데 초점을 맞추고, 여기에 실제적 삶 속에서 겪게 되는 옳고 그름에 대한 윤리적 판단 능력과 책임 있는 의사결정 능력을 기를 수 있는 핵심 윤리적 가치(덕목)를 인성의 구성 요인으로 설정하였다. 그리고 도덕성, 사회성, 감성의 각 차원에 대한 인식 능력과 수행 능력에 해당되는 6개 핵심 역량, 즉 정직, 책임, 공감, 소통, 긍정, 자율을 선정하였다.

3) 보육교사의 인성과 중요성

(1) 보육교사의 인성

지금까지 일반적인 인성의 개념에 대해서 살펴보았다. 지금부터는 보육교사의 인성은 어떠해야 하는지 함께 알아보자. 예로부터 교사에게 요구되는 핵심 역량은 시대를 불문하고 전문성과 인성, 이 두 가지로 집약되어 왔다. 그런데 최근에는 교사의 인성적 측면이 더욱 두드러지고 있다. 그러나 사실 보육교사의 인성에 대한 구체적 논의가 본격적으로 시작된 것은 그리 오래되지 않았다.

일반적으로 교사의 역량에 대하여 언급할 때, 적성과 인성이라는 개념이 함께 사용되어 왔다. 예를 들어 2013년 3월 1일 이후 졸업자는 유치원정교사 자격 무시험검정 합격조건으로 "교직 적성 및 인성 검사에 적격판정을 받아야 한다."는 조항이 추가되었다{「교원자격검정령」 제19조 제3항 관련 별표 1(무시험검정 합격기준)}. 인성이 적성과 연결되어 교사로서의 역할 수행 능력을 측정하는 기본 소양으로 간주되고 있는 것이다.

보육교사는 직무 특성상 다른 직업인이나 다른 학교 급별 교사와는 확연히 달라 일반적인 인성 요인과는 구별되는 독특한 인성적 특성이 요구된다. 그러나 실제로 보육교사에게 인성은 전문적 자질에 부수적인 것이며, 자격과 함께 주어지는 것으로 인식되는 경향이 있었다. 그래서 명확하게 어떤 인성이 필요하고 어떤 인성을 갖추어야 하는지에 대한 논의는 미흡하였다. 따라서 보육교사를 양성하는 교육과정 역시 지식과 기능을 중심으로 핵심적인 교수행동만을 평가하거나 교사가 되기 위한 효과적인 기술을 교육하는 데 급급하여 보육교사 인성에 대한 고려는 턱없이 부족하였다(조혜경 외, 2017).

최근 유치원교사와 관련된 여러 가지 사회문제의 발생으로 말미암아 교사의 인성적 자질이 사회적 이슈가 되었다. 그리하여 2015년 7월부터는 「인성교육진흥법」이 시행되었다. 이 법은 "건전하고 올바른 인성(人性)을 갖춘 국민을 육성하여 국가사회의 발전에 이바지"하는 것을 목적으로 한다(같은 법 제1조). 인성교육이란 "자신의 내면을 바르고 건전하게 가꾸고 타인·공동체·자연과 더불어 살아가는 데 필요한 인간다운 성품과 역량을 기르는 것"을 목적으로 하는 교육이다(같은 법 제2조 제1호). 이 법에 의거 교원양성기관에서는 인성 관련 과목을 개설하여 운영하여야 하고, 교사로 임용된 이후에는 매년 학생들의 인성 함양을 위한 교육계획 및 교육과정을 운영하여야 한다. 그러나 보육교사는 「인성교육진흥법」 상의 교원에 포함되지 않아 인성교육을 의무적으로 받지 않아도 되는 것이 개선되어야 할 점이다.

(2) 보육교사의 인성이 중요한 이유

신혜원 등(2016)은 영유아를 가르치는 보육교사의 인성이 중요한 이유를 다음과 같이 제시하였다.

첫째, 영유아를 대신하여 권리를 주장하고 주변 사람이 영유아를 존중하도록 해야 하기 때문이다. 자신을 독립된 인격체로 인식하는 능력이 부족한 영유아를 돌보는 보육교사는 영유아를 대신하여 이들의 권리를 주장하여 가족 및 주변 사회 구성원들이 영유아를 존중할 수 있도록 해야 한다.

둘째, 영유아에게 바람직한 모델이 되어야 하기 때문이다. 영유아는 발달 특성상 자신에 중요한 성인을 모방하면서 일상생활에서 필요한 많은 지식과 기술을 습득한다. 즉, 영유아는 자신에 중요한 성인인 보육교사가 질서와 규칙을 지키는 행동, 교사가 다른 사람을 배려하는 태도와 행동, 교사가 이해하는 사회적 상황에 대한 이해 등을 지속해서 관찰하면서 이를 모방하여 좋은 행동을 내면화하기 때문이다.

셋째, 발달적으로 민감한 영유아 시기의 교사이기 때문이다. 생애 발달 초기 경험의 중요성은 이미 널리 알려졌다. 영유아의 건강한 성장과 발달을 위해 하루 종일 영유아와 상호작용하는 보육교사의 영향력이 중요하기 때문이다. 올바른 인성을 갖춘 보육교사이어야만 영유아를 배려하고 존중하는 상호작용을 할 뿐만 아니라, 영유아의 욕구 및 필요에 민감하게 반응하고 충족시켜 줄 수 있기 때문이다.

(3) 보육교사 인성의 특징

대체로 바람직한 인성은 도덕적 지식, 도덕적 정서, 도덕적 행위로 구성된다. 그러나 보육교사는 어린 연령의 영유아를 대상으로 하기 때문에 정의적인 측면을 더 강조하여 인간애, 긍정적 자아개념, 창의, 사회관계, 직무수행 능력 등을 보육교사 인성의 특징으로 제시한다. 이는 보육교사에게는 다른 직업과 달리 영유아의 무한한 가능성을 인정하고, 전인적인 성장을 돕는 책임이 있기 때문이다(신혜원 외, 2016).

① 인간애

인간애(人間愛)란 인간에 대한 사랑을 의미한다. 개인적인 특성으로 인간과 영유아를 존중하고 이해하며, 애정적 관계를 형성하는 것이다. 이타심, 봉사, 용서 등의 속성이 필요하다. 또한, 누군가를 가르치기 위해서는 가르치는 대상에 대한 인간지향성에 기초한 순수한 사랑이 있어야 한다. 따라서 보육교사는 영유아에 대해 관심을 가지고 건강하고 균형감 있는 사랑을 발달시킨다.

② 긍정적 자아개념

자아개념(自我概念, Self-concept)이란 개인이 가지고 있는 자신에 대한 견해를 의미한다. 주어진 시간에 자기 자신에 대하여 가지고 있는 생각을 의미하며, 이를 크게 긍정적 개념과 부정적 개념으로 나눌 수 있다.

"나는 어떤 사람인가?", "나의 능력은 어느 정도인가?", "나는 지금 어떤 처지에 있는가?" 등의 질문에 대하여 스스로 자신에게 답을 제시하는 것이 자아개념이다. 그러므로 자아개념 속에 포함되는 요소는 자기 자신의 능력에 대한 견해만이 아니라, 성격·태도·느낌 등을 모두 포괄한다. 따라서 긍정적 자아개념을 형성한 보육교사는 자신이 담당한 보육 업무를 좀 더 발전적이 되도록 연구할 뿐만 아니라, 적극적인 실천력으로 더욱 건강하고 효율적인 보육을 제공할 수 있을 것이다. 이처럼 자아개념은 어린이집에서 적응 상태에 밀접하게 관련되어 있기 때문에 보육에서 중요하게 다루어야 한다.

■ 나의 자아존중감은 어느 정도 수준일까?

다음 문항을 주의 깊게 읽고, 자신을 잘 나타내는 번호에 ○표 하시오.

항	구분	전혀 아니다	약간 그렇다	보통 그렇다	대부분 그렇다	매우 그렇다
1	나는 결심을 하고 그 결심대로 밀고 나갈 수 있다.	1	2	3	4	5
2	나는 내 또래의 친구들 사이에 인기가 있다.	1	2	3	4	5
3	부모님은 내 기분을 잘 맞춰 주신다.	1	2	3	4	5
4	나는 학교에서 실망하는 일이 가끔 있다.*	1	2	3	4	5
5	나는 나에게 주어진 일에 최선을 다하려 한다.	1	2	3	4	5
6	나에게는 친구가 많다.	1	2	3	4	5
7	부모님은 나를 잘 이해해 주신다.	1	2	3	4	5
8	내가 원하는 만큼 학교생활이 원만하지 않다.*	1	2	3	4	5
9	나는 주저하지 않고 결심할 수 있다.	1	2	3	4	5
10	누구든지 나를 좋아한다.	1	2	3	4	5
11	나는 집에서 상당히 행복하다.	1	2	3	4	5
12	나는 학교에서 가끔 화날 때가 있다.*	1	2	3	4	5
13	내 문제는 주로 내가 해결할 수 있다.	1	2	3	4	5
14	사람들은 나와 함께 있는 것을 좋아한다.	1	2	3	4	5
15	나는 부모님과 함께 즐거운 시간을 많이 가진다.	1	2	3	4	5
16	교수님은 나를 착하지 않다고 생각하시는 것 같다.*	1	2	3	4	5
17	나는 나 자신을 잘 알고 있다.	1	2	3	4	5
18	나는 남을 재미있게 해 주는 사람이다.	1	2	3	4	5
19	나는 가족들과 함께 있을 때 기분이 좋다.	1	2	3	4	5
20	나는 학교생활에 실망이 든다.*	1	2	3	4	5
21	나는 나 자신에 대해 매우 만족한다.	1	2	3	4	5

22	나는 남에게 좋은 친구이다.	1	2	3	4	5
23	우리 가족은 이 세상에서 제일 훌륭하다.	1	2	3	4	5
24	나는 학교에서 하는 일이 서툴다.*	1	2	3	4	5
25	내 친구들이 내 생각을 귀담아 들어 준다.	1	2	3	4	5
26	나는 좋은 자녀이다.	1	2	3	4	5
27	내가 좀 더 나은 학생이면 좋겠다.*	1	2	3	4	5
28	친구들은 주로 내 생각에 따른다.	1	2	3	4	5
29	부모님이 나를 자랑스러워하실 만하다.	1	2	3	4	5
30	교수님이 설명할 때 내가 좀 더 잘 이해할 수 있으면 좋겠다.*	1	2	3	4	5
31	나는 원하면 항상 친구를 사귈 수 있다.	1	2	3	4	5
32	나는 우리 가족 중 중요한 사람이다.	1	2	3	4	5

주: *표시는 역채점 문항이다.

〈결과 해석〉

각 하위에 속하는 문항의 점수를 모두 합산한 후 평균을 내시오.

하위 영역	문항 번호	문항수
총체적 자아존중감	1, 5, 9, 13, 17, 21	6
사회적 자아존중감	2, 6, 10, 14, 18, 22, 24, 28, 31	9
가정에서의 자아존중감	3, 7, 11, 15, 19, 23, 26, 29, 32	9
학교에서의 자아존중감	4, 8, 12, 16, 20, 24, 27, 30	8

각 하위 영역의 평균점수가 중간점수인 3점보다 높은 경우에는 해당 영역의 자아존중감이 높은 것으로 해석할 수 있으며, 3점보다 낮은 경우에는 해당 영역의 자아존중감이 낮은 것으로 해석할 수 있다. 각 하위 영역 자아존중감에 대한 내용은 다음과 같다.

- 총체적 자아존중감은 자기 자신에 대한 좀 더 일반적인 평가이며, 자신의 모든 부분에 대한 전반적인 평가이다.

- 사회적 자아존중감은 다른 사람에 대한 친구로서, 자기 자신에 대해 느끼는 감정을 포함한다.
- 가정에서의 자아존중감은 가정생활에서 자신의 가치가 얼마나 인정되고 있으며, 부모와의 관계가 얼마나 원만한가에 대한 평가적 태도이다. 가족 구성원으로서의 자신에 대하여 느끼는 감정이다.
- 학교에서의 자아존중감은 학업적 평가는 물론 학교생활에서 자신이 느끼는 유능감을 포함한다. 즉, 학생으로서 자신에 대한 평가이다.

출처: 최보가 · 전귀연(1993), p. 54.

③ 창의

창의(創意)란 새로운 의견을 생각하여 내는 것을 말한다. 주변의 변화 및 상황에 능동적, 긍정적으로 대처하고 적응하는 능력이다. 보육교사는 일상생활에서 영유아의 발달 특성상 예측하지 못한 상황을 자주 접하게 된다. 이때 이를 긍정적으로 대처하고 적응하는 능력을 갖추어야 한다. 대처 능력(對處能力)이란 문제 상황에서 주관적인 안녕감을 유지하면서, 냉정하고 침착하게 그 위기를 타개해낼 수 있는 능력이다. 즉, 보육교사는 새로운 변화에 긍정적인 의미를 부여하고, 합리적으로 행동하고, 필요할 때는 도움을 요청할 줄 알고, 역경 속에서 분발하며, 문제 해결을 위한 대처 능력을 갖추어야 한다.

④ 사회관계

사회관계(社會關係)란 사회적 존재인 사람들의 상호관계, 즉 사회생활을 영위해 나가는 데 필요한 인간관계를 말한다. 보육교사는 영유아뿐만 아니라 부모, 보육교직원, 지역사회 구성원 등 다양한 사람과 관계를 맺고, 그 관계를 유지해야 하므로 원만한 대인관계 능력을 갖추어야 한다. 보육은 영유아뿐만 아니라 다양한 사람의 요구를 반영해야 한다. 또한, 어떠한 상황에서도 영유아가 존중받을 수 있도록 해야 한다. 따라서 보육교사는 영유아, 부모, 보육교직원 등 보육현장과 관련된 모든 사람의 특성 및 욕구를 이해하여 효과적으로 사회관계를 유지하여야 한다. 물론 항상 영유아의 전인적 발달을 그 무엇보다 우선시하도록 유의해야 한다.

⑤ 직무수행 능력

직무수행 능력(職務遂行能力)이란 일을 하는데 있어 필요한 능력을 말한다. 말 그대로 일을 해나가는 능력이다. 보육교사는 자신의 역할에 깊은 애정과 책임을 가지고, 교사의 다양한 역할에 최선을 다하려는 태도를 가져야 한다. 직무수행 능력이 있는 보육교사는 영유아의 무한한 가능성을 인정하고, 이상적인 인간으로 성장·발달하도록 교육하는 과정에서 보람을 경험하고, 교사 자신이 영유아에게 중요한 영향을 미치는 존재라는 것을 알게 되어 교사로서 맡은 역할에 최선을 다한다. 또한, 교사는 끊임없이 배우려고 하는 학습자 정신이 있어야 한다. 보육교사는 빠르게 변화되는 보육환경과 다양한 사회적 요구, 개인차가 큰 영유아의 발달적 특성 등에 끊임없이 배우고 연구해야 하기 때문이다.

2 보육교사의 자질

자질(資質)이란 타고난 성품이나 소질 혹은 어떤 분야의 일에 대한 능력이나 실력의 정도를 말한다. 그러나 자질에 대한 정의는 한 가지의 특성만으로 판단될 수 없다. 이는 그 사회의 가치관, 문화적 특성, 사회적 판단 등에 따라 그 정의가 달라질 수 있기 때문이다. 보육교사의 자질은 교사가 갖추어야 할 성품, 실력 정도를 무엇으로 보느냐에 따라, 그리고 교사의 역할에 대한 사회적 기대 및 교육에 대한 관점에 따라 다르게 정리될 수 있다.

일반적으로 교사의 자질에 대하여 영어로는 자격(qualification)과 질(quality)의 두 뜻을 의미하는 것으로, 교사에게 요구되는 교육수준, 그 이외 교사 역할수행을 위해 필요한 지식, 기술, 품성, 태도 혹은 기본태도, 전문적 자질, 인성적 특성 등을 의미한다. 여기에는 교사의 직무수행에 필요한 지식, 교육방법에 대한 지식, 교사로서의 모범된 인성 등이 포함된다. 또한, 교사의 자질은 비교적 영속성이 있는 교원이 갖추어야 할 개인적 특성 및 교직적 태도, 즉 교사의 지적·정서적·사회적·신체적인 개인적 특성과 그가 지닌 교직적 태도를 말한다.

예전에 보육교사는 영유아를 가정에서 양육하기 힘든 가정을 위한 보충적 역할을 담당하는 보호자의 역할을 담당하는 것으로 인식되어 왔다. 그래서 보육교사에게 사랑이나 온정, 그리고 인성적인 측면의 자질이 강조됐던 것이 사실이다. 그러나 최근 들어 보육 서비스의 개념이 모든 아동은 잘 자랄 권리가 있는 것으로 강조되었다. 따라서 보육교사는 전문직으로써의 교육자 역할이 강조되고 있다. 교육자 역할에서도 단순한 교수의 기술만 강조되는 것이 아니라, 교육에 대한 신념체제, 직업의식, 자아개념 역시 그 중요성이 인정되고 있으며, 이와 함께 당연히 인성적 측면도 강조되고 있다(백혜리, 2008).

1) 개인적 자질

개인적 자질이란 교직을 수행하면서 교사가 지니는 개인적 특성, 즉 정서와 성격, 세상에 대한 인식 등을 포함하는 것으로, 시펠트(Seefeldt, 1980)는 보육교사가 다음과 같은 자질을 가질 때 교사직을 수행하면서 그 효과를 최대한 발휘할 수 있다고 하였다(백혜리, 2008: 55 재인용).

"보육교사는 근본적으로 영유아를 좋아하여야 하며, 융통성이 있고 선입견을 가지고 있지 않아야 한다. 또한, 지적인 호기심과 함께 실제 자신의 경험이 수반된 훌륭한 수업을 할 수 있으며, 영유아뿐 아니라 부모에 대하여 이해할 수 있고, 애정을 가질 수 있어야 한다. 그리고 자신의 요구를 충족시키고 자신의 능력과 흥미, 계속 성장할 수 있는 능력도 갖추어야 한다."

(1) 인성적 자질

인성적 자질이란 영유아와 진정한 인간관계를 형성하고, 그들의 삶에 진정으로 영향을 미칠 수 있는 인성적 특성을 의미한다. 인성적 자질의 밑바탕에는 영유아에 대한 사랑이 기본으로 깔려 있으며, 인성적 자질은 인간에 대한 사랑을 바탕으로 다른 사람에 대한 친밀감과 다양성을 그대로 인정하고 수용할 수 있는 열린 마음까지를 포함한다.

영유아의 새로운 일에 대한 시도와 그들이 작업을 완수할 때까지 끊임없이 그들의 눈높이에서 기다려주기 위해 필요한 인내심과 영유아와의 관계에서 인정된 정서를 유지하는 자질도 인성적 자질에서 출발한다. 또한, 어린이집이라고 하는 공식적 교육기관에서 직장동료와의 원만한 관계 유지 기술과 개인 업무를 수행하면서 성실 · 책임 · 공정 · 봉사정신 등도 인성적 자질이라 할 수 있다.

■ 나의 인성적 자질은 어느 정도일까?

다음 문항을 주의 깊게 읽고, 자신을 잘 나타내는 번호에 ○표 하시오.

항	구분	전혀 아니다	약간 그렇다	보통 그렇다	대부분 그렇다	매우 그렇다
1	나는 영유아를 길에서 만났을 때, 매우 사랑스럽게 느끼고 친절하게 인사한다.	1	2	3	4	5
2	나는 나에게 싫은 일이 주어지더라도 최선을 다하며 성실하게 수행한다.	1	2	3	4	5
3	나는 기분이 좋다가 나쁘다가 하는 변화가 적고 마음이 항상 행복하다.	1	2	3	4	5
4	나는 영유아와 함께 놀이하는 것을 즐긴다(친척들의 모임에서 항상 아이들과 함께 놀이한다).	1	2	3	4	5
5	나는 영유아의 말을 그대로 받아주며 그들의 실수를 수용한다.	1	2	3	4	5
6	나는 친구들에게 협조적이고 그들이 힘들 때 도와주는 편이다.	1	2	3	4	5
7	나는 친구들과의 관계에서 사사로운 감정에 치우치지 않고 공정하게 처신한다.	1	2	3	4	5
8	나는 친구들과 대체로 원만한 관계를 유지하는 편이다.	1	2	3	4	5
9	나는 교사라는 직업을 매우 가치있고 자랑스러운 일이라고 생각한다.	1	2	3	4	5
10	나는 교사로서 소명을 가지고 있다.	1	2	3	4	5
11	나는 교사가 된 이후에도 대학원 진학 등 지속해서 공부하기를 원한다.	1	2	3	4	5

주: 채점 점수가 높을수록 인성적 자질이 높다고 할 수 있다.
출처: 한수진(2001), 백혜리(2008), p. 57을 저자가 임의로 수정.

(2) 지적 자질

지적 자질이란 적절한 교육적 판단, 선택할 수 있는 합리적인 사고 능력을 의미하는 것으로, 일반적으로 편견이나 선입견을 가지지 않을 뿐 아니라 다양한 사회변화 및 미래사회에 대한 예측이 가능한 능력을 뜻한다. 또한, 여러 가지 학급 내에서 영유아와 지내는 시간 동안 직면하게 되는 문제를 합리적으로 수용하고, 이를 해결할 수 있는 문제 해결의 자질을 의미한다.

이를 위해서는 영유아의 발달 특성에 관한 지식, 교육과정에 대한 지식, 영유아의 교육적 요구에 대한 지식 등을 갖추고 있어야 하며, 생활지도 및 상담기술은 물론이고 정보화 관련 지식뿐 아니라 통계방법 활용 지식 등도 있어야 한다.

2) 직업의 전문성에 의한 자질

전문적 자질이란 자신의 전문적 역할을 효과적으로 수행하는 데 필요한 전문적 지식과 기술에 관련된 자질을 말한다. 보육교사에게 전문적 자질이 요구되는 것은 보육교사가 단순히 영유아를 보호만 하는 역할을 담당하는 직업이 아니라, 영유아의 전인적 성장을 최우선으로 하는 고도의 전문직이기 때문이다.

보육교사로서 필요한 전문적인 지식과 기능을 포괄하는 보육교사의 전문적 자질은 일반적으로 직전 교육을 통해 습득되지만, 교사직을 수행하는 과정에서 현직교육을 통해 그 전문적 자질은 향상된다. 보육교사직도 교직이므로 일반적인 교사 자질은 물론 사회복지전문가 역할도 수행해야 한다. 따라서 보육교사는 사회복지 관련 전문지식과 실천기술도 갖추어야 한다.

(1) 교육·기술적 자질

교육·기술적 자질이란 교육과정을 운영하고 영유아의 전인적 성장을 지원하기 위하여 그들과 상호작용하며, 학부모와 상담하고 협력하는 교수 행위 및 상담의 전문적 자질을 말한다.

이를 위하여 보육교사는 영유아와 적절한 의사소통을 할 수 있는 의사소통 기술을 지녀야 하며, 의사소통 과정에서 영유아의 독특하고 창의적인 의견을 그대로 수용하고 확장·발전시켜줄 수 있는 융통성이 있어야 한다. 또한, 교수 매체를 제작하고 이를 활용하는 능력이나 지역사회에서 보육전문가 및 사회복지전문가로서 협력하고 함께 네트워크를 구성해 나가는 기술도 있어야 한다.

(2) 교사자질

교사자질이란 교직에 대한 태도 및 신념을 뜻한 것으로, 수업에서의 열의, 보육 현실의 직시, 자신에 대한 긍지, 교직에 대한 신념 및 영유아에 대한 긍정적인 지각, 전문성 신장을 위한 노력 등을 포함한다.

영유아의 성장과 발달에 대한 확고한 믿음을 바탕으로, 그들을 위한 매일매일의 보육계획을 수립하고, 그들을 위한 학습 모델이 되며, 그들의 발달 특성과 행동에 대해 지나친 고정관념을 가지지 않아야 한다. 또한, 영유아를 위하여 새로운 지식, 아이디어 및 교수 기술을 개발하기 위하여 계속 노력하며, 자신의 업무를 유능하고 효과적으로 수행하여야 한다. 그리하여 자신에 대한 만족감과 기쁨이 넘쳐나도록 노력해야 한다.

(3) 사회복지의 전문지식

전문적인 사회복지 서비스를 실천하기 위해서는 다양한 지식의 원천을 지녀야 한다. 이에 대해 존슨(Johnson, 1955)은 광범위한 인접 분야의 학문 기초에 대한 이해, 다양한 상황에 적합한 다양한 개입 전략, 특수한 클라이언트에 대한 특수한 지식과 활용을 위한 창조적인 능력을 전문지식에 포함시켰다(백혜리, 2008: 60 재인용).

사회복지는 인간의 기본적 욕구에 대응하기 위한 것으로, 각종 사회문제 해결을 목적으로 하는 가치배분 활동이다. 이는 근본적으로 인간의 존엄성을 보장하는 것이다. 따라서 이러한 사회복지 이념을 실천하기 위해서 사회복지전문가는 가장 근본적으로 인간에 대한 이해를 하여야 한다. 즉, 인간은 존엄하며, 인간의 권리가 무엇인지를 정확히 인식하여야 하고, 인간의 권리를 지키기 위해 사회정의는 무엇이며, 어떠한 문제로 말미암아 인간의 존엄성이 훼손당하거나 위협받을 가능성이 있는지 등에 대한 지식을 갖추어야 한다.

(4) 사회복지의 실천지식

다음으로, 사회복지전문가가 지녀야 할 전문적 자질에는 사회복지 실천기술이다. 이는 사회복지전문가가 지닌 전문지식을 사회복지사업의 목적과 잘 조화시켜 클라이언트 욕구에 적합한 행동으로 옮기게 하는 것을 의미한다.

이를 위해서는 크게 두 가지 실천기술이 있어야 한다. 하나는 클라이언트 욕구를 만족시키기 위한 직접적인 서비스 실천기술로, 대상에 대한 정보수집, 정보분석 및 적합 개입의 설계기술 등을 말한다. 다른 하나는 클라이언트의 문제 원인이 되거나 변화를 방해하는 사회적 편견과 제도, 정의로운 사회적 상황 등에 개입하여 거시적인 변화를 추구하는 데 이바지할 수 있는 간접적인 기술을 말한다(백혜리, 2008).

3 보육교사직의 이해

1) 보육교사와 보육교사직의 중요성

영유아 보육은 영유아에게 제공되는 돌봄과 교육을 의미한다. 「영유아보육법」 제2조 제1호에서는 보육을 "영유아를 건강하고 안전하게 보호·양육하고 영유아의 발달 특성에 맞는 교육을 제공하는 어린이집 및 가정양육 지원에 관한 사회복지서비스"라고 정의한다. 보육교직원은 "어린이집 영유아의 보육, 건강관리 및 보호자와의 상담, 그 밖에 어린이집의 관리·운영 등의 업무를 담당하는 자로서 어린이집의 원장 및 보육교사와 그 밖의 직원"을 말한다(같은 법 제2조 제5호). 따라서 보육교사는 영유아의 보호와 교육에 필요한 자질을 갖추기 위해 법적인 자격요건을 충족한 직업인이다.

역사적으로 영유아 보육은 복지적 차원에서 특정 대상에게 제공되는 수혜적(受惠的) 사업으로 시작되었다. 그러나 급속한 경제성장과 산업화, 이로 말미암은 여성의 경제활동 참여가 늘어남에 따라 보육에 대한 수요가 급격하게 증가하면서, 영유아 보육의 의미와 특성 역시 변화되어 왔다. 오늘날에 이르러 영유아 보육은 전체 영유아의 전인적 발달을 돕는 보편적인 것으로 인식되고 있으며, 그 중요성이 더욱 강조되고 있다. 보육이 가정이 아닌 기관에서 이루어지는 상황에서 어린이집은 가정과는 또 다른 양육환경으로 다양한 사회화 기능을 대행하고 있으며, 보육교사는 영유아 발달에 중요한 영향을 미치는 대리양육자로서의 역할을 수행하고 있다(이순형 외, 2013).

영유아 보육교사가 수행하는 일이 왜 중요한지는 영유아 보육이 가진 의미와 중요성에서 그 해답을 찾을 수 있다. 인간의 전 생애에 걸쳐 교육은 계속해서 이루어지며, 그것이 언제 어떻게 이루어지든 그 중요성을 생각하지 않을 수 없다. 그러나 영유아기 초기 보육 경험은 인간의 발달에 있어 특히 결정적인 영향을 미칠 수 있으며 중요한 의미를 지닌다. 영유아기 초기 보육 경험과 이를 수행하는 교사의 역할이 중요한 이유에 대해 자롱고와 아이젠버거(Jalongo & Isenberg, 2004)는 다음과 같이 말하고 있다.

첫째, 초기 보육 경험은 영유아의 전반적인 교육 경험에 대한 인식을 정의한다는 점에서 매우 중요하다. 영유아 보육교사는 단순히 영유아를 가르치고 보육하는 것이 아니라, 보육환경 내에서 영유아의 삶의 질을 결정한다. 보육교사의 행동은 보육과 교육에 대한 영유아의 개념을 형성하는 기준이 되므로 교사는 책임감을 가져야 한다.

둘째, 초기 보육 경험은 이후 경험에 영향을 미친다. 한 개인이 지금까지 배워 온 것은 이후 미래에 그가 배울 수 있는 것에 중요한 영향을 미친다. 영유아기는 지식 배경의 기반을 형성하는 중요한 시기이며, 이 시기는 학습의 결정적 시기이다.

셋째, 초기 보육 경험은 영유아의 학습자로서의 자아개념에 영향을 미친다. 영유아는 자신의 관점에서 사고하며, 다양한 관점을 잘 수용하지 못하는 발달적 특성을 지닌다. 이로 말미암아 불만족스러운 경험이 발생할 때, 이 문제에 대해 다른 사람을 탓하기보다 자기 잘못이라고 생각한다. 결국 이러한 경험은 영유아의 자아개념에 영향을 미치게 되므로, 영유아 보육교사는 영유아에게 주의를 기울이고 숙련된 태도로 영유아를 대하여야 한다.

넷째, 영유아기는 빠르게 성장하는 시기이며, 발달에 중요한 시기이다. 영유아기는 신체, 인지, 정서, 사회 등 전 영역에서 발달이 급속하게 이루어지는 시기이다. 이 시기의 발달은 생애 전반에 큰 영향을 미친다. 따라서 영유아가 자신이 가진 잠재력을 최대한 발달시키고 건강하게 성장하도록 적절하고 바람직한 보육환경이 제공되어야 한다.

이처럼 영유아 보육교사는 영우아 발달에 결정적인 영향을 미칠 수 있는 존재이며, 보육의 다양한 요소 중 그 어떤 것도 교사의 역할이 지닌 가치를 넘어서지는 못할 것이다. 보육교사는 자신이 영유아의 삶에 미치는 영향과 보육교사직의 가치에 대해 정확하게 인식하여야 하며, 이러한 인식을 바탕으로 영유아의 발달적 요구에 관심을 가지고, 영유아의 이익을 최우선적으로 고려하여 영유아가 전인적 발달을 이룰 수 있도록 도와야 한다. 보육교사는 영유아의 기본적인 욕구, 즉 자신을 둘러싼 모든 것에 대해 알고 싶어 하고, 격려받고 존중받기를 바라며, 이끌어 주기를 원하는 욕구를 민감하게 인식하여야 하여야 한다. 그리하여 이러한 욕구를 충족시켜 줄 수 있는 좋은 교사가 되도록 항상 노력해야 한다(Clark, 1996).

2) 보육교사직의 특성

보육교사직도 일반 교직과 비슷한 특성을 지닌다. 그러나 보육교사직은 영유아를 대상으로 하며, 교육뿐만 아니라 보호와 양육을 함께 제공한다는 점 등의 고유한 특성을 지닌다. 보육교사직의 특성을 구체적으로 살펴보면 다음과 같다(이순형 외, 2013: 20-22).

(1) 영유아를 대상으로 하는 직업

영유아는 고유의 발달 특성을 가지고 있는데, 일반적으로 영아와 유아의 발달 특성은 차이가 있다. 따라서 영유아를 올바르게 보육하려면 보육교사는 영아와 유아의 발달 특성과 양상을 정확하게 이해하고 있어야 한다. 연령별 발달 수준뿐만 아니라 개개인의 발달 수준을 파악해야 한다. 그리하여 영유아의 요구에 민감하게 반응하고, 이를 수용하여야 한다.

영유아에게 보육교사는 자신의 발달적 요구를 충족시켜 주는 존재임과 동시에 전적으로 의지해야 하는 대상이다. 보육교사는 영유아에게 자신이 어떤 존재이며, 자신이 영유아에게 어떠한 영향을 미칠 수 있는지 인식해야 한다. 또한, 보육교사는 긍정적이고 바람직한 방식으로 영향력을 행사할 수 있도록 항상 노력해야 한다.

(2) 전인적 발달을 돕는 직업

'표준보육과정'에서 보육의 목적을 "영유아의 심신의 건강과 전인적 발달을 도와 행복을 도모하며, 민주시민의 기초를 형성하는 것"으로 명시하듯이, 보육은 영유아가 신체적 · 인지적 · 정서적 · 사회적 발달을 통합적으로 이룰 수 있도록 돕는 것을 목적으로 한다.

보육교사는 영유아가 건강하게 성장할 수 있도록 쾌적하고 안전한 환경을 제공하여야 한다. 보육교사는 영유아와의 신뢰관계를 형성하여 정서적으로 안정된 환경을 구성하여야 하며, 통합적인 발달을 도모할 수 있는 창의적인 교육환경 구축을 위해 노력해야 한다.

(3) 돌봄과 교육이 함께 이루어져야 하는 직업

보육교사직은 단순히 영유아를 가르치는 것에 한정되지 않는다. 영유아의 발달은 물리적으로나 정서적으로 안전하고 안정된 환경을 전제로 한다. 또한, 영유아에게 학습은 단순히 지식을 배우는 것이 아닌, 주변 환경에 대한 탐색과 환경과의 상호작용을 통해 이루어진다. 따라서 영유아가 성인의 보호로 안전하게 세상을 탐색할 수 있도록 돕는 것이 무엇보다 중요하다.

갈수록 어린이집에서 머무는 시간이 길어지고 보육연령이 낮아지면서 돌봄의 중요성은 더욱 강조되고 있다. 영유아에게 돌봄과 교육은 그 경계를 명확하게 구분하기 어려우며, 어떤 것이 더 중요하다고 말하기도 어렵다. 보육교사는 영유아를 보호·양육·교육하는 모든 일이 각각의 가치를 지니고 있음을 명심하고 어느 것 하나 소홀히 함이 없어야 한다.

(4) 전문성이 요구되는 직업

전문직이 요구하는 조건을 고려할 때, 보육교사직은 현실적인 처우와 사회적 인식의 한계로 전문직으로 인정하기 어려운 부분이 있다. 그러나 보육교사직이 가진 본질적인 가치와 윤리성, 영유아의 발달을 책임지는 사회적 공헌성, 보육교사 직무 수행에 필요한 다양하고 깊이 있는 전문적 지식 등을 고려할 때, 보육교사직은 충분히 전문직으로서의 요소를 지니고 있다. 그러므로 보육교사는 전문성을 갖추고 있어야 한다.

(5) 공적 책임을 지닌 직업

보육교사직은 영유아 개인의 발달과 삶에 대한 책임을 지님과 동시에, 사회적 구성원 혹은 국가의 인력을 육성하는 공적 책임을 지닌 직업이다. 오늘날 보육의 책임은 개인이 아닌 모든 국민에게, 가족에게만이 아닌 국가에 있다고 본다. 따라서 보육교사의 공적 책임은 그 중요성이 더욱 강조되고 있다.

3) 전문성과 보육교사

(1) 전문성의 개념

전문성(Expertise)이란 어떤 영역에서 보통 사람이 흔히 할 수 있는 수준 이상의 수행 능력을 보이는 것으로, 전문성은 매우 장기적이고 체계적인 훈련을 통해 획득될 수 있다. 보육교사에게 전문성은 누군가 그들을 감시하거나 평가하지 않더라도 교사 스스로가 더욱 유능해지기 위해, 그리고 영유아를 잘 가르치기 위해 노력하도록 만드는 중요한 기준이다.

그렇다면 전문성은 어떠한 특성을 가지고 있을까? 그리고 전문직은 어떠한 특성을 가지고 있을까? 어떠한 자질과 자격을 갖추었을 때 전문가(specialist)라고 부를 수 있을까? 여기서 전문가란 가치 지향이나 지식의 특정한 목표가 문제에 집중되어 있고, 특정 활동에 대한 기술적인 전문성과 기법이 고도로 발달되고 세련된 사람을 말한다. 일반적으로 전문가로서의 역할 혹은 전문직이 다른 직업적 특성과 구분되는 측면은 다음의 네 가지로 제시할 수 있다(Saracho & Spodex, 2003; 이순형 외, 2013: 23 재인용).

첫째, 일반적인 수준과는 다른 전문화된 지식이 요구된다.

둘째, 면허증·자격증·입회 자격 등의 기준을 전문가 자신들이 감독하고 관리한다.

셋째, 전문가적 지식을 다양한 상황에 적용시키고, 의사결정을 하며, 업무를 수행하는 데 있어 자율성을 가진다.

넷째, 높은 사회·경제적 지위를 가진다. 이는 전문가가 자신들의 전문화된 기술과 훈련을 인정받고, 이에 대한 적절한 보수를 받는다는 것을 의미한다.

이와 비슷하게 캐츠(Katz)는 전문직의 요건을 다음과 같은 여덟 가지로 제시하였다(이순형 외, 2013: 23-24 재인용).

첫째, 전문직은 사회에 근본적으로 필요하다. 전문적 지식과 기술이 없으면 사회가 약화될 수 있다.

둘째, 전문직 수행의 동기는 이타적이어야 한다.

셋째, 전문가는 대상자와 고용주로부터 자율성을 인정받아 자율적으로 판단하고 행동할 수 있어야 한다.

넷째, 전문직은 윤리강령을 가지고 있으며, 이를 위반할 때 구성원들을 징계하는 제도를 가지고 있다.

다섯째, 전문가는 대상자와의 공정한 관계를 유지하기 위해 대상자와 적정한 거리를 유지한다.

여섯째, 전문직은 전문적 판단을 위한 실천 기준을 가지고 있다.

일곱째, 전문직에서는 계속적인 훈련이 요구된다. 인가받은 기관에서 훈련을 받고, 이에 대한 자격증이 부여되어야 하며, 체계적이고 정규적인 교육이 지속해서 이루어져야 한다.

여덟째, 전문직에서는 전문화된 지식이 요구된다. 전문적 지식은 구체적이기보다는 추상적이고, 실천과정에서 일반화될 수 있는 원리로 구성되어 있으며, 체계적 원리로 조직된다.

이처럼 전문직은 전문성을 충족시키는 특정 기준을 가지고 있으며, 전문화된 지식, 직업 수행에서의 자율성, 엄격한 자격 관리, 전문적 판단을 위한 기준, 높은 사회·경제적 지위 등이 이러한 기준에 해당됨을 알 수 있다.

(2) 보육교사의 전문성

보육교사는 전문가인가? 보육교사직은 전문직인가? 이러한 물음에 대해 여러분은 어떻게 대답할 것인가? 아마도 쉽게 대답하기 어려울 것이다. 영유아 보육이 가진 중요한 가치에도 불구하고 아이들을 돌보고 아이들과 함께 하는 것이 전문적인 직업이라기보다는 어머니 본능의 자연스러운 확장이라는 믿음으로 말미암아 보육교사직은 다른 교직과 비교할 때, 그 지위가 저평가되어 왔다. 특히, 영아반은 이러한 경향이 더욱 심각하다.

사회적으로 보육의 필요성이 증대되고 보편적 보육 이념이 강조되면서 영유아의 일생에서 보육 경험이 지니는 중요성과 보육교사의 지위에 대한 사회적 인식이 높아졌다. 그러나 아직 어린이집을 단순히 아이를 돌보는 장소나 초등학교 학습을 위해 준비하는 곳 정도로 보는 사람들이 많고, 현실적으로는 낮은 사회적 지위와 봉급 수준, 일원화되지 못한 교사 양성 과정 등으로 말미암아 보육교사의 전문성에 대한 논란은 계속 이어지고 있다. 또한, 과다한 업무와 근무조건은 교사 스스로 전문성 개발을 위해 힘쓰는 데 있어 방해 요인으로 작용하고 있다.

그렇지만 이러한 현실적 한계에도 불구하고 영유아기 발달의 중요성과 보육교사의 역할, 업무 수행 시 필요한 다양하고 깊이 있는 전문 지식, 사회·국가적 기여도, 보육의 다양한 영역에서 발휘되는 자율성, 보육교사직의 윤리강령 등을 고려할 때, 보육교사직이 전문직으로 인정받아야 하는 당위성은 분명하다. 그리고 보육교사의 자질이 보육의 질을 좌우한다고 할 때, 보육교사의 전문성 개발에 대해서도 그 중요성을 인식하여야 한다.

지금까지 전문직으로서 보육교사직의 위상을 높이기 위해 많은 노력을 기울여왔던 것이 사실이다. 그런데도 여전히 보육교사의 전문성에 대한 논란이 있는 이유가 무엇일까? 그것은 보육교사의 전문성을 발전시키기 위해 이루어진 노력이 뚜렷한 효과를 드러내지 못하고 있음을 보여주는 결과로 볼 수밖에 없다(유수경·황해익, 2009).

보육교사가 교육과정을 통해 교사가 되었다고 해서 전문성을 갖추었다고 말할 수 없으며, 보육교사는 전문가로 성장하기 위해 꾸준히 학습하고 노력해야 한다. 또한, 보육교사의 전문성을 향상시키기 위해서 교사의 능력과 행동을 고려한 준비 수준과 자격 및 전문성을 증명할 수 있는 기준을 향상시켜야 할 것이다. 보육교사의 전문성 수준을 향상시키기 위해서는 교육 프로그램의 학문적 내용을 강화하고, 교사들에게 그들이 무엇을 해야 하는지 생각해 보도록 함과 동시에, 실질적으로 수행 능력을 높일 수 있는 데 초점을 둔 교사 교육 프로그램을 제공해야 할 것이다(Saracho & Spodex, 2003; 이순형 외, 2013: 27 재인용).

전미유아교육협회(National Association for the Educational Young Children: NAEYC)에서는 보육교사가 갖추어야 할 전문적 지식과 기술을 다음과 같이 제시하고 있다(Goffin & Day, 1994; 조부경 · 이정미 역, 2001). 먼저, 보육교사는 개별 영유아에 대한 관찰 및 평가와 더불어 영유아 발달의 기초이론을 적용하고 이해할 수 있어야 하며, 영유아의 안전과 건강한 발달을 이룰 수 있는 학습 환경을 구성해야 한다. 또한, 발달에 적합한 교육과정을 계획하고 수행하며, 영유아와의 지지적 관계를 형성하여 적절하게 지도하고 학급을 원만하게 경영할 수 있어야 한다. 영유아뿐만 아니라 가족과도 지지적이며 생산적인 관계를 형성하고 영유아가 가족과 문화, 사회 속에서 가장 잘 이해될 수 있음을 인정해야 한다. 마지막으로, 보육교사는 보육의 전문성을 이해하고 자신의 전문성을 확장시켜 나가야 한다. 보육교사가 이러한 전문가로서의 자질과 기술을 갖출 수 있도록 다양한 방안을 마련해야 한다.

보육교사가 전문성을 신장시키기 위해 노력하기 전에 선행돼야 할 것은 보육교사 스스로가 보육교사직이 영유아의 발달에 중요한 역할을 하는 가치를 지닌 전문직임을 인식하고 자신의 전문성에 대해 고민하고, 전문가로서 보육교사가 지닌 중요성을 인식해야 한다는 점이다. 이러한 사고를 기반으로 보육교사는 전문성을 갖추기 위해, 보육교사로서 참된 전문가가 되기 위해 부단히 노력해야 한다. 물론 이 과정에서 사회 제도적 · 경제적 지원도 반드시 이루어져야 한다(이순형 외, 2013: 18-29).

Chapter

03

보육철학 및 윤리

학습목표

1. 영유아를 가르치고 돌보는 교사로서 철학적 가치를 이해한다.
2. 아동을 바라보는 관점이 시대적으로, 학자마다 어떻게 변화하였는지 이해한다.
3. 영유아를 가르치고 돌보는 보육교사로서 지켜야 할 윤리를 알고 실천할 수 있다.

철학은 인간에 대한 이해를 바탕으로 인간과 그를 둘러싼 세계를 바라보는 통찰력을 말한다. 즉 세계관, 인생관, 가치관이 이에 포함된다. 보육철학은 아동을 어떤 존재로 인식하느냐에 따라, 교육관, 아동을 둘러싼 환경 중요성, 돌봄의 의미가 다르게 적용되었다. 과거 성인의 축소판으로 인식한 아동의 관점이 현대는 아동을 독립된 인격체로, 인간이 가지는 권리의 주체로 아등을 인식한다. 따라서 아동은 그 자체로 존중받아야 하며, 그 어떤 종류의 차별, 즉 '자신이나, 보호자의 성, 재산, 장애, 인종 및 출생지역 등에 따른 그 어떤 차별도 받지 않을 권리를 갖는다(「영유아보육법」 제3조(보육이념) 개정 2011.8.4.). 성장이 이루어지는 아동에 대한 인식, 철학적 기초는 교사로서 윤리와 실천에 영향을 미치게 된다. 그러므로 본 장에서는 교사로서 보육철학을 이해하고, 교사로서 직무에 따른 윤리와 실천을 살펴보고자 한다.

1 보육사상

현대 사회는 다변화되고, 대융합을 이야기하는 사회로 발전하고 있다. 많은 사람은 다가오는 4차 산업혁명 시대를 준비해야 한다고도 이야기한다. 학문의 분야를 가로막던 시대를 넘어 학문과 학문이 융합하고 새로운 것을 창출하는 초연결 사회의 특징을 말한다(박우철, 2018). 빠르게 변화하는 사회에서 보육교사의 철학적 가치는 성장하는 영유아를 가르치고 돌봄을 하는 교사에게 매우 중요한 일이다. 보육철학은 아동을 어떤 존재로 인식하고, 가르치느냐에서 출발한다. 이러한 보육철학은 시대에 따라 변화해 왔으며, 학자마다 시대에 따라 변화하였다.

1) 서양의 보육사상가

중세는 기독교 세계관에 영향을 받아 인간은 원죄를 가지고 태어난 존재이며, 원죄, 즉 유일신을 거역하고자 하는 악한 본성을 제거하기 위해서는 어려서부터 신앙 훈련과 교육이 가장 중요하였다. 따라서 부모의 엄격한 신앙교육과 훈육, 절대적 진리, 가치를 암기하고, 순종하도록 가르쳐 신이 인간을 창조한 선한 존재로 성장할 수 있도록 종교 교육을 강조했다.

중세의 아동관은 아동을 성인의 축소판, 아동은 단지 성인과 비교하여 신체적으로 크기의 차이가 나는 것이라고 보았다. 따라서 아동을 성인처럼 취급할 수 있다는 관점에서 아동에 대한 배려나 보호는 고려되지 않았다. 이후 16세기에서 18세기 문예부흥, 산업혁명을 거쳐 근대 서양 보육 사상도 많은 변화를 맞는다. 현대 교육의 사조의 틀을 이룬 사상가들 교육사상, 방법을 살펴보면 다음과 같다.

(1) 코메니우스(Johann Amos Comenius: 1592~1670)

코메니우스는 1592년 3월 28일 보헤미아, 체코슬로바키아 모라비아주 동부에서 출생했다. 그는 교육의 뜻을 갖고 헤르본 대학에 입학하여 신학과 철학을 공부했다. 그는 김나지움(Gymnasium)의 교사를 거쳐 교장이 되었으며, 이곳에서의 교직생활의 경험을 배경으로 『대교수학』, 『어학입문』, 『세계도회』를 집필했다. 특히 최초의 체계적인 교육학서로 알려진 『대교수학(Didactica Magna)』(1632)은 모든 청소년을 효과적으로 교육하기 위한 합리적 교육방법을 확립한 교육대전이다. 이 책은 '세계 최초의 교육학서'로써 교육을 통해 진리에 이르도록 체계적 교육을 주장한 현대적 가치를 갖는다(안인희, 1987). 코메니우스의 『대교수학』에서는 모든 사람에게 "모든 사물은 가르쳐야 할 기술"이라 하였으며, 『세계도회(Orbis Sensualium Pictus)』(1658) 서문에서 "감각에 의하지 않고는 지성에 이르는 것은 하나도 없다"고 하였다. 이에 코메니우스는 아동을 위해 사물, 행동과 현상을 기록한 최초의 그림책을 보며 "기쁨으로 즐거워지는 책"을 편찬했다(현은자 외, 2009: 20. 재인용). 이는 교육을 통해 신의 진리에 이를 수 있으며, 교육은 감각적 직관에 따라 사물, 언어, 문자를 통합하여 감각에 의해 지식을 얻어가는 방법을 강조하였다.

코메니우스는 감각적 실학주의자로 알려져 있다. 그는 직접 볼 수 있는 사물, 표본, 사진, 모형 등 구체물을 제시하여 사물을 인식하게 하는 것을 강조하였다. 그의 교육 목적은 죽은 후 신과 함께 영원한 행복을 누리는 것이다. 코메니우스는 인생의 단계를 3단계로 보았는데 출생의 단계, 즉 어머니의 태내생활은 현생의 생활을 준비하는 단계이며, 현생의 단계는 죽은 후의 천국생활을 준비하는 것으로 신과 함께 영원한 행복을 누리기 위해 현생에서 교육을 통해 경건, 덕, 지식을 겸비하는 것이다. 따라서 어려서부터 자연의 질서에 따라 단계적으로 교육할 것을 강조하였다.

코메니우스의 교육방법은 '자연의 질서에 따른 객관적 자연주의', 즉 합자연(合自然) 원리에 따른 교수법이다.

- 직관의 훈련을 통해 기억하고, 판단하고, 쉬운 것에서부터 어려운 것으로 나아가는 방법이다.
- 언어 이전에 먼저 사물이나, 모형을 제시하고 다음에 언어를 가르친다.
- 자연은 비약하지 않는다. 따라서 교육도 단계적으로 기초부터 점진적으로 옮겨간다.
- 학습은 직관에서 출발하고, 감각을 통해 가르친다.

코메니우스의 교육사상이 잘 나타난 것이 『대교수학』이다. 이 책에서는 출생에서부터 24세까지 교육을 4단계로 나누어 제시하고 있다.

제1시기 '어머니 학교(School Materna)'. 1~6세 시기로 가정에서 부모, 특히 어머니의 교육을 통해 도덕적 습관, 신앙교육에 관한 기초 교육을 강조하였다.

제2시기 '모국어 학교(School Vernacula)'. 7~12세 아동기로 학교에서 읽기, 쓰기, 셈하기, 그밖의 일반적 기초 지식을 쉬운 단계에서 어려운 지식으로 발전시켜 가르친다.

제3시기 '라틴어 학교(School Latina)'. 13~18세 청소년 시기로 모국어, 라틴어, 희랍어, 히브리어의 4가지 언어와 자연, 과학, 역사, 윤리, 종교 등 전체적인 학문을 배우는 시기이다.

제4시기 '대학(Academia)과 여행기'. 19~24세 청년 시기로 이 시기에는 철학, 신학, 법학, 의학, 고전을 가르치고 그리고 난 후 여행을 통해 교양을 습득하도록 제시하였다.

코메니우스는, 어머니 학교는 가정에서, 모국어 학교는 마을마다, 라틴어 학교는 도시마다, 대학은 각 주(州)마다 설치하여 누구나 단계적 교육을 주장하였다.

(2) 로크(John Locke, 1632~1704)

17세기 영국의 경험론 철학자이며, 영국의 정치가로서 1632년 8월 29일 잉글랜드 서남부 링톤(Wrington)에서 태어났으며, 그의 가정은 당시 번창했던 상인의 집안이며, 청교도 집안이다. 그의 아버지는 매우 엄격한 교육을 했으며 그가 성장하면서 점차 친구 같은 사이로 변화하였다. 그의 아버지의 교육은 로크에게 큰 영향을 주었다. 로크는 15세에 웨스턴민스터(Westminster School)에 입학, 20세에는 옥스퍼드 대학에 국왕 장학생으로 입학하고, 이후 의학박사 학위까지 취득한다. 그의 저서로는 『인간오성론(*An Essay Concerning Human Understanding*)』(1671~1690), 대표적 교육저서인 『교육에 관한 고찰(*Some Thoughts Concerning*

Education)』(1683~1684)이 있다.

로크의 아동관은 『교육에 관한 고찰』에 잘 나타나 있다. '타블라 라사(Tabula rasa)'는 로크의 백지설, 즉 백지 위에 새겨져 가는 아동의 경험 하나 하나는 그 아동의 인간을 형성하는 중요한 요소가 된다는 것으로 유아기 경험의 중요성을 강조하는 그의 교육사상이다.

로크의 교육 목적은 지·덕·체를 잘 겸비한 영국 신사를 양성하는 것이다. 로크의 교육사상은 그의 교육 저서인 『교육에 관한 고찰』에 잘 나타나 있다. 그의 교육론은 "건전한 신체에 건전한 정신이 깃든다"(『교육에 관한 고찰』,(1))고 하였으며, 올바른 정신을 형성하기 위해서는 유아기부터 습관형성의 중요성을 강조하였다.

그의 교육방법에서는 유아기부터 엄격한 훈육을 강조하였으나 체벌은 반대하였다. 그의 저서에 보면 "체벌과 같은 노예적 훈육법은 노예적 기질을 만든다"(『교육에 관한 고찰』,(50)). 그의 교육방법은 체벌보다는 칭찬을, 이론보다는 실제를, 암기보다는 실천을 강조했으며, 좋은 습관을 몸에 익히도록 하는 것이 가장 좋은 교육방법이라고 역설하였다(안인희, 1987). 로크는 아버지의 영향을 많이 받았으며, 그의 교육사상에도 가장 훌륭한 교사는 아버지라고 하였다.

로크는 교육의 내용은 "모든 신사는 자신의 자녀에게 재산 외에도 덕성, 지혜, 훈육, 지식 이 네 가지가 포함되어 있어야 한다"고 그의 저서에 주장하였다. 이 중에 덕성을 가장 우위에 두었으며, 덕성은 신의 관념을 가르치는 신앙교육이며, 지혜는 세상의 일을 유능하게 처리하는 능력, 훈육은 신사로서 갖추어야 할 예절로 허례와는 구분하였다. 특히 지식은 덕과 지혜를 갖춘 사람에게 도움이 되는 것으로 좋은 성질, 좋은 습관, 훌륭한 정신을 확립시키는 보조로서 필요하다고 주장하였다. 지식교육 내용은 읽기, 쓰기, 성서 배우기에서 고전어, 수학, 기하, 논리학 등을 배우기 위해 당시 주입식 교육에서 벗어나 흥미로운 방법으로 스스로 지식을 탐구하는 방식을 제시하였다.

로크의 교육사상은 어려서 가정교육을 강조하였으며, 건강한 신체를 위한 체육교육, 훈육을 강조하였으며, 지식의 연마를 위한 흥미를 강조한 교육의 방법은 현대의 시사점이 크다.

(3) 루소(Jean Jacoues, 1712~1778)

루소는 1712년 6월 28일 스위스 제네바에서 태어난 프랑스의 사회계약론자이며, 계몽주의 철학자이다. 그는 태어난지 열흘만에 어머니가 세상을 떠났다. 그의 나이 열 살 때 아버지가 한 군인과 싸우고 떠난 후 마을 목사집에서 살게 되면서 그의 인생의 불운은 계속되었다. 그의 인생의 전환점은 16세 와랑부인(Madame de Warens)을 만나게 되며, 이후 그는 체계적으로 교육에 열중하게 되었으며, 그는 1750년에 「학문예술론(Discours sur les sciences et les arts)」에서 우수한 성적으로 수상하면서 그의 저술 활동은 본격화된다. 17662년에 민주주의 정치이론의 고전인 『사회계약론(*Contrat social*)』, 그의 교육론인『에밀(*Emile ou de l'éucation*)』을 저술하였다.

루소의 교육사상은 크게 아동존중 사상과 자연주의 사상이다. 그의 저서『에밀』은 에밀이라는 남자아이의 성장발달 단계에 따라 결혼하기 전까지 5단계로 나누어 교육론을 제시하였다. 이렇듯 아동을 주제로 책을 쓰고 그들의 교육을 저술한 그를 후대에서는 '어린이의 발견자'란 호칭을 붙였다. 먼저 루소의 자연주의 교육사상은 인간의 본성은 선하다고 보았으며, 인간은 신이 인간을 창조한 선한 상태를 잘 가꾸는 것이다. 루소는 선은 곧 자연이며, 선한 상태를 잘 가꾸어가기 위해서는 학교, 사회, 문화 등 인간에 의해 만들어진 악한 영향, 습성을 학습하지 않도록 하는 것이라고 보았다. 그의 교육관은 '자연으로 돌아가라', 즉 선한 상태를 가꾸어가도록 하는 것이 교육이라고 강조한다. 둘째, 아동존중 사상이다. 루소의 교육관은 전통적 관점에서 탈피하여 아동에게 외부의 간섭을 최소화하고 아동 자신의 내면의 가능성을 발견하고, 성장하도록 돕는 것이며, 성인은 사회의 악으로부터 아동을 보호하는 것이 그들의 역할로 보았다. 루소는 아동을 위한 교육방법으로 잠재적 가능성을 발현하도록 안내하는 것으로 지식에 이르게 하기 위해서는 직관적이고, 감각적 교육을 통한 방법을 강조하였다. 교육의 내용은 아동이 이해하지 못하는 말, 지식을 가르쳐서는 안 된다고 주장하였다.

루소의 교육사상은 선한 인간의 자연성을 회복하는 것이 교육의 궁극적 목적으로 아동 개개인의 발달에 따라 잠재적 가능성이 발현되도록 돕는 아동존중 사상은 19세기 이후 많은 사상가에게 영향을 주었다. 페스탈로찌(Johann H. Pestalozzi), 프뢰벨(Friedrich Froebel), 듀이(John Dewey)를 포함한 많은 교육 연구에 영향을 미쳤다.

(4) 프뢰벨(Friedrich Wilhem A. Froebel, 1782~1852)

프뢰벨(Friedrich Wilhem A. Froebel)은 1782년 4월에 독일 동부 오버바이스바하에서 태어났다. 그의 아버지는 목사였고, 어머니는 생후 9개월에 세상을 떠났으며, 1785년에 아버지가 재혼하였다. 그는 10살이 되어 외삼촌 집에서 살게 되었다. 프뢰벨은 20살이 되어 페스탈로찌가 운영하던 고아원에서 교육을 하게 되었다.

그의 교육사상은 신과 인간과 자연의 통일성을 깨닫는 것으로 루소 교육의 목적은 자연성이면, 프뢰벨은 신성(神性)으로 보았다. 프뢰벨은 모든 만물에는 신성이 내재되어 있으며, 자기 내부의 신성을 밖으로 표현하는 것을 교육의 목적으로 보았다. 이를 위해 창조적 자기활동의 원리, 노작의 원리를 강조하였다. 프뢰벨은 아동이 스스로 자기활동을 하는 것이 창조적인 것으로 보았으며, 교육은 스스로 경험하고 표현하도록 개화(開化, unfold)하는 것이며, 자기계발 하는 것으로 강조한다. 프뢰벨은 아이들이 자연스럽게 놀 수 있는 좋은 환경을 제공하기 위해 창조적 자기활동이 이루어지도록 놀이와 작업을 중시하고, 은물을 고안하고, 유치원(kindergarten)을 창설하였다. 프뢰벨의 교육방법으로 노작의 원리가 있다. 인간은 노동함으로써 자신의 내면에 있는 신성을 표현한다고 보았으며, 교육의 목적을 신성으로 본 프뢰벨은 노작을 인간 생명의 창조적이고 자발적인 활동으로 보았다. 그는 노동의 중요성을 강조하였으며, 어려서부터 근로나 생산활동을 교육해야 하며, 아동의 놀이(play)를 최초의 생산활동으로 간주했다. 프뢰벨은 그의 저서 『인간교육』에서 "놀이는 아동기의 가장 순수한 정신적 산물이다" 놀이를 통해 자신을 표현하고, 형성한다. 마지막으로 프뢰벨은 사회화의 원리를 주장했다. 교육은 사회화의 한 과정으로 예절과 협동을 강조하였다. 프뢰벨의 창조적 자기활동의 원리, 노작의 원리, 사회화의 원리의 교육사상은 듀이, 킬패트릭, 20세기 초 아동연구 운동에 많은 영향을 미쳤다.

(5) 듀이(John Dewey 159~1952)

20세기 미국을 대표하는 실용주의 철학자이며, 진보주의 교육사상가로 1859년 10월 20일에 미국의 버몬트(Vermont) 주의 벌링톤(Burlington)에서 태어났다. 듀이는 1875년 버몬트대학교을 거쳐 1879년 볼티모어에 있는 존스홉킨스대학에 입학하면서 헤겔(W. F. Hegel)의 관념철학을 부흥시킨 신헤셀주의의 대표적 사상가인 모리스(George Sylvester Morris)교수를 만나서 그의 사상적 기반에 영향을 주었다. 그는 미시건대학교 교수를 거쳐 1894년 시카고 대학교에 철학, 심리학, 교육학의 주임교수로 임명되었다. 그리고 1896년에 '듀이학교(Dewey school)' 실험학교를 그의 부인과 설립하여 열정적으로 운영하였다. 이 학교는 전통적인 교육방법이나 내용을 탈피한 심리적·교육적 가설을 실험하였다. 이 실험학교는 처음 개교 당시 16명의 아이들로 시작하였으나 1904년에는 100여 명으로 늘어날 정도의 발전을 이루었다. 그는 이곳에서 그의 저서 『나의 교육 신조(My Pedagogic

Creed)』(1897), 『학교와 사회(The School Society)』(1899), 『아동과 교육과정(The Child and the Curriculum)』(1902)를 출판한다. 이 책은 현대 영유아 교육·보육 철학과 교육심리에 많은 영향을 주고 있다. 1904년 시카고대학교를 사임하고, 컬럼비아 대학으로 옮겨 1930년 은퇴할 때까지 이곳에서 철학강의와 연구, 저술 활동을 하였다.

그의 교육이론의 중요한 특징은 삶과 교육을 동일시한다는 것이다. 즉 교육은 "삶의 과정 그 자체를 의미한다." 듀이는 성장을 "경험의 계속적인 재조직 또는 재구성"이라고 정의한다. 그러므로 듀이는 삶의 특징을 "성장은 그 자체가 목적이어야 한다"고하였다(박철홍(2016).

듀이의 사상은 그의 실험학교, 저서인 『민주주의와 교육(Democracy and Euucation)』(1916), 『경험과 교육(Experience and Education)』(1938) 등을 통해 그의 교육사상을 마련하였다. 듀이는 실용주의 진보주의의 아동중심사상의 구체적 교육원리는 다음과 같다(안인희, 1993).

첫째, 경험의 원리이다. 듀이는 아동의 성장 과정에서 흥미와 요구를 중시하였으며, 아동을 학습의 적극적이고 능동적인 문제해결자로 보았다. 그는 아동을 일상생활 속에서 환경과의 끊임없는 상호작용을 통해 성장하고 발달하는 주체로 인식했다. 그러므로 영유아를 가르치는 교사는 환경과의 상호작용의 경험을 줄 수 있는 교육적 공간의 조성자로서 역할을 강조했다.

둘째, 성장의 원리다. 성장의 힘은 외부로부터 가해지는 압력이 아니고 내면의 힘, 경험으로부터 학습되는 것이라고 한다. 따라서 영유아의 성장은 내면으로부터 힘을 억압하지 않는 자발적인 활동의 원리를 강조한다.

셋째, 지성의 원리이다. 지식은 경험을 통해서 재구성하는 것으로 지식을 형성하는 경험의 재구성, 반성적 사고의 과정을 중시하였다.

네 번째는 탐구하는 원리이다.

다섯째, 탐구하는 원리다. 듀이의 교육이론 중 가장 핵심이 되는 것으로 탐구의 결론이 아닌 결론에 이르는 과정을 중요시 하는 것이다. 그는 경험을 재구성하는 방법으로 '행함으로써의 학습(learning by doing)'을 강조한다.

듀이의 사상은 현대 보육사상의 아동중심, 경험중심, 생활중심의 중요한 영향을 미쳤으며, 그의 아동중심사상은 21세기로 넘어오면서 아동의 독립된 삶의 능동적이고, 자발적인 역할이 강조된다. 이러한 아동중심사상은 보다 적극적 삶의 주체로서의 아동권리 인식과 그 맥을 같이한다. 이는 보육교사의 매일 매일의 하루일과에서 도덕적이고, 윤리적인 판단기준이 더욱 높게 요구된다.

생각해보기

보육교사는 영유아를 가르치고 돌보고 다양한 역할을 요구한다. 또한 독립된 인간으로서 영유아에 대한 철학적 가치 기준을 생각해 보자

메타포(metaphor, 은유법)는 신념을 표현한다. 그러므로 자신의 교사로서의 신념은 무엇인가?

보육교사는 영유아를 가꾸는 정원사다.

보육교사는 다양한 물고기가 있는 호수다.

보육교사는 조각가다.

보육교사는 ______________________________다.

이유는 ______________________________다.

2 보육교사의 윤리

윤리란 사람으로서 마땅히 지켜야 할 도리이며, 윤리는 개인과 사회에 모두 적용되는 행동이나 가치 판단의 기준을 뜻한다(표준국어대사전, www.korean.go.kr). 그러므로 영유아를 가르치고 돌보는 보육교사로서 지켜야 하는 윤리는 개인뿐만 아니라 사회에서 함께 실천하고, 이해되는 공통의 가치 판단 기준이다. 보육교사의 직업윤리는 교사로서 갖는 직업의 특수성, 교직 윤리가 있다. 임승렬(2002)은 교직 윤리는 교사가 지켜야 할 것으로 기대되는 규범이며, 행동수칙이라고 정의하였다. 특히 보육교사는 아직 성장이 이루어지는 영유아기의 교직을 수행역할이므로 높은 윤리의식이 요구된다. 현대사회는 다원화, 정보화, 전문화될 뿐만 아니라 각 개인의 권리보장이 중요하다. 그러므로 영유아를 가르치는 교사는 역할수행에 있어서 개인의 구체적이고, 내면화된 도덕적, 윤리적 판단 근거에 따르는 행위가 요구된다. 따라서 아직 성장과 발달이 이루어지는 시기의 보육교사가 지녀야 하는 윤리는 어떤 것이 있을까? 보육교사의 매일의 일과 속에서 보육교사와 관계하는 대상, 즉 영유아, 부모, 동료와 지켜야 할 윤이, 가치 판단 기준이 요구된다.

Katz(1995)는 보육교사가 교직 역할수행에 있어서 구체적 윤리적 판단 기준의 필요성을 다음과 같이 말한다(Katz, L.,& Ward,E.(1978; 1991): Katz, L.,1995: 임승렬, 2002, 60~62,재인용)

첫째, 이시기는 상처받기 쉬운 특성이 있으며, 영유아는 교사보다 권력이 적어 교사가 영유아의 요구나 필요한 자원을 통제할 수 있으므로 윤리적 판단 기준이 필요하다.

둘째, 영유아기는 그들을 둘러싼 부모, 지역사회 등 다양한 집단과 상호작용한다. 그러므로 보육교사는 영유아도 중요하지만 부모나, 지역사회의 요구를 무시할 수 없어 교직 수행에서 선택의 윤리적 판단근거가 필요하다. 보육교사가 책임의 우선순위를 어느 집단에 두어야 하는가를 결정하는 중요한 근거가 필요하다. 즉 모든 선택의 기준은 '아동의 최선의 이익'을 말한다.

셋째, 보육교사의 역할이 가르치고 돌보는 다양하고 때로는 모호하여 유아와 그들의 가족, 동료교사, 어린이집과의 관계에서 어느 한쪽으로 치우치지 않는 역할을 수행하기 어려우므로 윤리적 판단 근거를 평가인증 등 국가 또는 정책에 윤리적 근거, 윤리강령을 명확히 하여 지시하는 것이 필요하다. 그러므로 보육교사는 역할수행에 윤리적 갈등에 직면할 때 윤리적 판단 기준을 명료히 하여 도움을 주는 것이 필요하다.

1) 영유아에 대한 윤리

보육교사는 영유아를 가르치는 직무를 갖는다. 영유아기는 신체적 · 정신적으로 급속한 성장이 이루어지는 시기로 주변의 부모나 교사의 영향력 있는 성인이 중요하다. 특히 교사는 부모 다음으로 영유아와 많은 시간 교육 · 돌봄을 제공하므로 높은 윤리의식이 요구된다. 최근에는 아동을 가르치는 보육교사의 아동권리에 대한 인식의 변화가 강조된다. 한 개인의 인식은 이전의 경험, 지식, 환경에 의해 형성된다. 과거 보육교사 직전 교육이나, 양육 경험, 문화에 의해 형성된 아동권리 인식은 많은 변화를 가져왔다. 그러므로 보육교사는 아동을 어떤 존재로 인식하고 있는지, 아동의 권리 인식은 어떠한지에 대한 정의가 필요하다. 본 장에서는 보육교사의 아동관뿐 아니라 아동을 가르치는 교사로서의 윤리이해 및 책무성을 인식하고 실천하도록 생각을 모아보고자 한다.

(1) 아동권리 인식

인권이란 '인간으로서 당연히 가지는 기본적 권리'를 말한다(표준국어대사전). 우리나라 「영유아보육법」 제3조 3항에서 '영유아는 자신이나 보호자의 성, 연령, 종교, 사회적 신분, 재산, 장애, 인종 및 출생지역 등에 따른 어떠한 종류의 차별도 받지 아니하고 보육되어야 한다'고 명시하였다. 따라서 영유아는 인간으로서 누구나 누리는 권리가 침해되지 않아야 한다. 1948년 12월 10일 UN 세계인권선언문의 내용을 살펴보면, 모든 사람은 태어날 때부터 자유롭고, 존엄하고, 평등하다. 모든 사람은 그 어떤 상황이나, 이유에 불문하고 모든 자유와 권리가 있다. 이는 성인이든, 영유아든 모두 동일한 권리를 갖는 것이다. 따라서 보육교사는 아동이 독립된 인격체이며, 인간으로서 갖는 모든 권리의 주체라는 인식이 보육교사 직무에 출발점이다.

(2) 아동 인권 존중을 위한 노력

세계적으로 아동의 권리에 대한 노력은 1924년 아동권리에 관한 제네바선언(Genava Declaration of the Rights of the Child)과 1959년 아동권리선언(Declaration of the Rights of the Child)을 거쳐 1989년 11월 20일 유엔총회에서 아동권리협약(Convention on the Rights of the child)을 채택했다. 따라서 우리는 보육환경, 즉 교실에서 영유아의 권리가 존중되고 있는지 보육교사는 매일의 일과에서 살펴야 한다.

■ **UN 아동권리협약(1989. 11. 20)**

- 생존권: 적절한 생활 수준을 누리고 안전한 주거지에서 살아갈 권리, 충분한 영양과 기본적인 보건서비스를 받을 권리 등 기본적인 삶을 누리는데 필요한 권리

- 보호권: 모든 형태의 학대와 차별, 폭력, 고문, 부당한 형사처벌, 과도한 노동, 약물과 성폭력 등 어린이에게 유해한 것으로부터 보호받을 권리
- 발달권: 잠재능력을 최대한 발휘할 권리, 여가를 즐길 권리, 문화생활을 하고 정보를 얻을 권리, 종교의 자유를 누릴 권리 등
- 참여권: 자신의 나라와 지역사회활동에 적극적으로 참가할 수 있는 권리로 자신의 의견을 표현하고 문제에 대한 발언권을 지니며, 단체에 가입하거나 평화적인 집회에 참여할 수 있는 권리

어린이집의 하루일과에서 교사는 아동의 일상의 권리가 충분히 고려되는가? 보육교사는 보육활동 시 아동에게 제공하는 선택의 출발은 '아동을 위한 최선의 선택인가?'의 물음이 필요하다. 다음의 사례를 통해 아동에게 최선의 선택이 무엇인지 생각해 보자.

생각해 보기

2세반의 담임인 김교사는 교실의 '물 마시는 영역'에서 준수가 흘린 물에 민식이가 넘어져 우는 것을 보고 달래 주었다. 김교사는 이곳에서 자주 영아들이 흘린 물로 인해 넘어지는 등 사고가 빈번히 발생하는 것을 알고 있다.
김교사는 물마시기 영역의 음용수 물을 영아들이 물 따르기 조절이 부족하여 발생한 것으로 2세 반 영아들이 직접 따라 마시는 행동이 다소 위험하다고 판단하여 영아들의 동의를 얻어 물과 물컵을 안전한 곳으로 옮겼다. 다만 물을 마시고 싶으면 선생님에게 도움을 요청하도록 지도하였다.

● 생각 모아보기

1. 2세반 담임인 김교사의 지도방법은 바람직한 선택이었을까요?
2. 다른 방법으로 지도한다면 어떤 방법이 있을까요?

3. 교사는 누구의 입장에서 선택한 것일까요? 영유아? 교사?
그렇다면 영유아의 입장에서는 어떤 방법을 선택하면 '최선의 선택'이 될까?
만약에 선생님에게 요청하지 않는 영아는 그날 물을 어떻게 마실까?

(3) 젠더적 관점에서 아동의 권리 존중

젠더(gender)는 사회문화적 환경에 의해 구성되어지고 학습되어지는 것으로 성차에 대한 평등한 환경은 인간의 권리이다.

영유아기는 젠더(gender: 사회적 성) 감수성 형성에 가장 중요한 시기이다. 젠더감수성 교육의 기본 방향은 인간의 기본권인 평등권의 보장이다. 젠더 감수성을 갖춘 보육교사는 성에 대한 고정관념에서 벗어나 누구나 성별에 관계없이 자신의 능력과 소질을 충분히 발휘할 수 있도록 기회를 평등하게 제공할 수 있다. 보육교사의 하루 일과 중 보육실에서 쉽게 볼 수 있는 예를 들어보자. 분홍색은 여자, 파랑색은 남자로 구분하여 이름표, 자리표시 등을 사용한다. 영유아가 색을 선택하고, 다양성을 존중하는 교실 환경 구성이 아니라 남녀를 이미 성별로 구분하는 젠더 이분법적 생각은 아동의 권리, 선택을 제한하는 것이다. 과거에 많이 듣고 자란 이야기 중에 넘어져 아픈 남자아이에게 '씩씩한 남자는 울지 않아'라는 말이 있다. 이 말은 '남자는 씩씩하다', '여자는 얌전하다'는 고정관념에서 인간으로 갖는 독특한, 무한한 잠재적 능력의 표현이 제한되는 것이다. 그러므로 영유아기에 중요한 영향력을 갖는 교사는 그의 직무수행에 있어서 젠더 감수성을 가져야 한다.

출처: 서울시여성가족재단(2016), 『세상 성평등, 세상을 바꾼다: 성평등 의식개선을 위한 교육가이드북』, p. 18.

● **토의해보기**

'남자는 ~, 여자는~ '라는 식의 성고정 관념에 관한 예를 들어 이야기를 나누어보자. 남자는 파란색, 여자는 분홍색으로 성을 구별하는 이분법적인 환경 구성이 아닌 다른 표현 방법은 무엇이 있을까?

2) 가족에 대한 윤리

현대는 다변화 사회이며, 가족의 형태도 매우 다양하다. 특별한 요구를 가진 가족에 대한 배려, 가족의 보육 공간에 대한 개방, 가족의 어린이집 운영에 대한 적극적 의사결정이 존중되어야 한다. 따라서 보육교사가 영유아의 성장을 위해 가족과 한 방향으로 소통하고 배려하며 존중하는 상호협력관계를 위해 가족윤리를 실천하기 위한 방법은 다음과 같다.

① 영유아 가족의 특별한 요구를 수렴하고, 다양한 가족의 문제를 이해하고 소통한다.

② 다양한 가족의 형태, 한부모 가정, 조손가정, 맞벌이 가정 등 가족이 겪는 어려움에 대한 서비스를 제공한다.

③ 영유아의 보육활동에 자원봉사로 재능기부, 일정한 시간에 자녀들의 놀이 참관 등의 개방, 영유아의 보육활동에 함께 참여하여 돕기(helper), 어린이집 운영에 의사결정자로서의 참여 등 다양한 형태의 참여를 제공한다.

④ 가족에 대해 존중하고, 어떠한 정보도 보호되어야 한다. 영유아를 포함하여, 부모, 형제 등에 대한 정보는 어떤 경우에도 존중되어야 한다.

3) 동료에 대한 윤리

보육교사의 직무는 다른 직업과 차별성을 갖는다고 혹자는 말한다. 최근 TV 드라마에서 오피스(office)를 소재로 한 드라마를 볼 수 있다. 보육교사의 직무와 달리 사무실은 개방된 공간에서 동료, 상·하 관계가 공존하며, 타 동료의 업무 능력을 보고 배우기도 한다. 그러나 어린이집은 제한된 공간에서 혼자, 또는 두 명의 교사가 업무를 수행한다. 따라서 혼자 모든 의사결정을 해야 하는 어려움, 동료 교사와 팀 티칭 할 때 갈등이 생기면 적절한 중재자가 없어 혼란을 겪는 시기도 있다. Katz(1976)는 영유아교사는 교사로서 생애주기별 발달단계가 있으며, 교사는 경력에 따라 관심사도 다르다. 그러므로 경력에 맞는 적절한 지원이 이루어질 때 성장한다고 하였다. 따라서 보육교사는 경력, 관심 등에 따라 필요한 지원이나, 상호존중과 배려가 요구된다. 경력교사가 초임교사에 대한 배려 멘토로서 역할 수행이 잘 이루어질 때 가장 직무 만족감을 갖는다. 따라서 동료교사에 대한 윤리실천을 위한 몇 가지를 생각해 보고자 한다.

① 어린이집에 보육교사는 경력, 학력, 연령 등이 다양하며, 교사로서의 가치관, 아동관, 신념에도 차이가 있다. 그러므로 영유아의 건강한 성장 발달을 돕는 모든 보육교사는 어린이집의 공통의 목표를 공유하고 교사로서 성장 발달하도록 상호존중되어야 한다.

② 보육교사는 영유아의 교육·돌봄에 필요한 역량 강화에 힘써야 한다. 경력이 많아짐에 따라 성숙과 발전이 이루어지도록 보육전문성 향상에 필요한 지식습득을 위해 노력한다. 또한, 경력에 따라 멘토의 역할을 지원할 수 있다.

③ 보육교사는 동료 및 아동의 인권 감수성을 높이기 위한 보육교사로서 윤리강령 등을 숙지하고 실천한다.

보육교사는 아동이 독립된 누구나 누리는 동등한 권리의 주체로서의 인식에 대한 이해가 중요하다. 그러나 성장하는 시기의 아동은 주변 환경과 밀접하게 연관되어 있으므로 그들의 가족, 어린이집 동료교사에 대한 윤리인식과 실천하는 노력이 요구된다.

PART 2

보육교사의 직무수행

Chapter

04

보육교직원의 임면과 복무

학습목표

1. 보육교직원의 자격기준에 대해 안다.
2. 보육교직원의 임면(임용과 면직)에 대해 이해할 수 있다.
3. 보육교직원의 복무관리에 대해 안다.

인간의 성장과 발달과정에서 영유아기의 중요성에 대한 인식 확산으로 어린이집의 전문성 확보와 영유아보육서비스에 대한 부모와 사회의 관심이 높아지고 있다. 또한 어린이집 아동학대 사건으로 보육교사의 인성 및 자질향상이 무엇보다 중요하다는 사회적 관심과 요구가 높아졌다(한국보육진흥원, 2016). 이에 보육교사의 인성과 자질을 향상시켜 전문성을 높이고 보육서비스의 질적 수준 향상을 위해 「영유아보육법 시행규칙」을 개정하여 대면교육 강화와 현장실습을 강화하여 보육교사 자격기준을 강화하였다(법제처 국가법령정보센터, 2016).

2018년 7월 1일부터 개정 「근로기준법」이 시행됨에 따라, 어린이집 보육교사의 휴게시간 중 발생할 수 있는 보육공백을 막고, 어린이집 이용 영유아들에게 안정적인 보육서비스 제공하기 위해 보건복지부는 보육교사 휴게시간 중 영유아 생활지도 등 보육서비스를 제공하는 보조교사를 전국에 추가 배치하는 등의 대책을 수립하여 시행하고 있다(보건복지부, 2018).

영유아보육서비스의 질적 향상을 위해서는 어린이집과 보육교직원의 전문성 향상을 위한 보육교직원의 노력과 함께 보육교직원의 복무관리와 처우 개선을 위한 정부의 노력이 더욱 필요하다.

1 보육교직원의 자격

영유아의 보호, 교육 및 가족서비스 등 포괄적인 서비스를 제공하는 전문가인 어린이집 원장과 보육교사는 국가자격증 제도가 도입되기 이전까지 어린이집 및 시군구청에서 「영유아보육법」의 자격인정기준에 따라 자격 인정 여부가 판단되어 자격기준에 대한 통일된 해석이 불가능하여 보육교직원의 전문성과 질적 수준에 부정적 영향을 미치게 되었다. 이에 보육서비스의 질적 수준을 제고하고 보육교직원의 전문성 향상 및 사회적 인식을 제고하기 위해 국가자격증 제도를 도입하였다.

어린이집 원장, 보육교사, 장애영유아를 위한 보육교사의 자격검정과 자격증교부에 관한 업무는 보건복지부에서 위탁받아 한국보육진흥원에서 수행하고 있으며 「영유아보육법 시행령」 제21조 [별표 1]에 의한 자격기준을 갖추었는지 여부를 신청자가 제출한 서류를 심사하여 무시험 서류검정으로 이루어진다(한국보육진흥원, 2018).

1) 어린이집 원장의 자격기준

어린이집 원장 자격 요건은 어린이집 원장 자격기준(시행령 제21조 [별표1])에 해당하는 자로서 보건복지부장관이 검정·수여하는 국가자격증을 받은 자이어야 한다.

(1) 어린이집 원장 자격의 일반 기준

어린이집 원장 자격의 일반 기준은 다음과 같다.

- 보육교사 1급 자격을 취득한 후 3년 이상의 보육 등 아동복지업무 경력이 있는 사람
- 「유아교육법」에 따른 유치원정교사 1급 자격을 취득한 후 3년 이상의 보육 등 아동복지업무 경력이 있는 사람
- 유치원 원장의 자격을 가진 사람

- 「초·중등교육법」에 따른 초등학교 정교사 자격을 취득한 후 5년 이상의 보육 등 아동복지업무 경력이 있는 사람
- 「사회복지사업법」에 따른 사회복지사 1급 자격을 취득한 후 5년 이상의 보육 등 아동복지업무 경력이 있는 사람
- 「의료법」에 따른 간호사 면허를 취득한 후 7년 이상의 보육 등 아동복지업무 경력이 있는 사람
- 국가 또는 지방자치단체에서 7급 이상의 공무원으로 보육 등 아동복지업무에 5년 이상 근무한 경력이 있는 사람

(2) 가정어린이집 원장의 자격 기준

가정어린이집 원장의 자격 기준은 다음과 같다.

- 일반기준에서 정한 자격을 갖춘 사람
- 보육교사 1급 이상 자격을 취득한 후 1년 이상의 보육업무 경력이 있는 사람

(3) 영아전담어린이집 원장의 자격 기준

영아전담어린이집 원장의 자격 기준은 다음과 같다.

- 일반기준에서 정한 자격을 갖춘 사람
- 간호사 면허를 취득한 후 5년 이상의 아동간호업무 경력이 있는 사람

(4) 장애아전문어린이집 원장의 자격 기준

장애아전문어린이집 원장의 자격 기준은 다음과 같다.

- 일반기준에서 정한 자격을 갖춘 사람으로서 다음의 어느 하나에 해당하는 사람

- 대학(전문대학을 포함)에서 장애인복지 및 재활관련학과를 전공한 사람
- 장애영유아 어린이집에서 2년 이상의 보육업무 경력이 있는 사람

(5) 「고등교육법」에 따른 대학(전문대학을 포함한다) 또는 법 제21조 제2항 제2호에 따른 규정에 의한 교육훈련시설이 운영(위탁 또는 부설운영을 말한다)하는 어린이집 원장의 자격 기준

「고등교육법」에 따른 대학(전문대학) 또는 교육훈련시설이 운영(위탁 또는 부설운영)하는 어린이집 원장의 자격 기준은 다음과 같다.

- 일반기준에서 정한 자격을 갖춘 사람
- 어린이집을 운영하는 대학의 조교수 또는 교육훈련시설의 전임교수 이상으로서 보육 관련 교과목에 대하여 3년 이상의 교육경력이 있는 사람

2) 보육교사의 자격기준

보육교사는 자격기준(시행령 제21조 [별표1])에 해당하는 자로서 보건복지부 장관이 검정·수여하는 국가자격증을 받은 자이어야 한다(「영유아보육법」 제21조).

〈표 4-1〉 보육교사 자격 기준

등 급	자격 기준
보육교사 1급	1. 보육교사 2급 자격을 취득한 후 3년 이상의 보육업무 경력이 있는 사람으로서 보건복지부장관이 정하는 승급교육을 받은 사람
	2. 보육교사 2급 자격을 취득한 후 보육 관련 대학원에서 석사학위 이상을 취득하고 1년 이상의 보육업무 경력이 있는 사람으로서 보건복지부장관이 정하는 승급교육을 받은 사람

보육교사 2급	1. 전문대학 또는 이와 같은 수준 이상의 학교에서 보건복지부령으로 정하는 보육관련 교과목 및 학점을 이수하고 졸업한 사람
	2. 보육교사 3급 자격을 취득한 후 2년 이상의 보육업무 경력이 있는 사람으로서 보건복지부장관이 정하는 승급교육을 받은 사람
보육교사 3급	고등학교 또는 이와 같은 수준 이상의 학교를 졸업한 사람으로서 보건복지부령으로 정하는 교육훈련시설에서 정해진 교육과정을 수료한 사람

출처: 보건복지부(2018). 2018년도 보육사업안내.

(1) 보육교사 2급 자격취득을 위한 보육 관련 교과목 및 학점 기준

보육교사 2급 자격취득을 위한 보육 관련 교과목 및 학점 기준의 적용대상은 「고등교육법」에 의한 전문대학, 대학 등에서 보육 관련 교과목 및 학점을 이수하고 전문학사학위 이상을 취득한 사람, 「학점인정 등에 관한 법률」에 따라 학점은행제로 보육 관련 교과목 및 학점을 이수하고 전문학사학위 이상을 취득한 사람, 다른 법률에서 졸업 시 전문대학 이상의 학력이 인정되는 시설에서 보육 관련 교과목 및 학점을 이수하고 전문학사학위 이상을 취득한 사람으로 영유아보육법 시행규칙 제12조 제1항 [별표 4]의 규정에 의한 보육 관련 교과목 중 총 17과목 51학점 이상 이수하고 졸업하는 경우 보육교사 2급 자격증 취득이 가능하다.

보육교사 2급 자격취득을 위한 보육 관련 교과목 및 학점 기준은 다음과 같다.

〈표 4-2〉 교육영역별 교과목 및 학점

구 분		교과목	이수과목 (학점)
교사 인성 영역	필수 교과목	보육교사(인성)론, 아동권리와 복지	2과목 (6학점)
보육 지식과 기술 영역	필수 교과목	보육학개론, 보육과정, 영유아발달, 영유아교수방법론, 놀이지도, 언어지도, 아동음악(또는 아동동작, 아동미술), 아동수	9과목 (27학점)

		학지도(또는 아동과학지도), 아동안전관리(또는 아동생활지도)	
	선택 교과목	아동건강교육, 영유아 사회정서지도, 아동문학교육, 아동상담론, 장애아 지도, 특수아동 이해, 어린이집 운영관리, 영유아 보육프로그램 개발과 평가, 보육정책론, 정신건강론, 인간행동과 사회환경, 아동간호학, 아동영양학, 부모교육론, 가족복지론, 가족관계론, 지역사회복지론	4과목 (12학점) 이상
보육 실무영역	필수 교과목	아동관찰 및 행동연구, 보육실습	2과목 (6학점)
전체		17과목 51학점 이상	

출처: 한국보육진흥원(2018).

(2) 대면교육 강화를 위한 대면교과목

사이버 교육만으로 보육교사 자격을 취득하는 데에 따른 부작용을 해소하고 보육교사로서의 전문성을 높일 수 있도록 대면으로 수업이 필요한 교과목(9개)을 지정하고 대면교과목당 8시간 출석 수업 및 1회 이상의 출석시험 의무화 등의 대면교육 기준을 마련하였다.

〈표 4-3〉 대면교과목

구 분	교과목
인성 영역	보육교사(인성)론, 아동권리와 복지
보육 지식과 기술 영역	놀이지도, 언어지도, 아동음악(또는 아동동작, 아동미술), 아동수학지도(또는 아동과학지도), 아동안전관리(또는 아동생활지도)
보육 실무 영역	아동관찰 및 행동연구, 보육실습

출처: 한국보육진흥원(2018).

(3) 보육교사 자격 취득을 위한 보육실습 기준

① 보육실습 교과목 및 학점 기준

보육실습은 '보육실습'이라는 교과목으로 이수하는 것이 원칙(보육실습은 현장실습과 이론수업으로 구성되어야 함)이며 성적증명서를 통하여 교과목 확인이 가능하여야 한다. 교과목 명칭이 다르더라도 보육현장실습, 교육실습, 학교현장실습 등의 유사교과목을 이수한 경우로서 실습기관과 실습기간의 조건을 만족하는 경우에는 보육실습 교과목을 이수한 것으로 인정한다. 보육실습 교과목은 반드시 3학점 이상으로 이수하여야 하고, 평가점수가 80점 이상(B학점)인 경우에만 실습을 이수한 것으로 인정하므로, 80점(B학점) 이상의 성적을 취득하여야 한다.

② 실습기관

정원 15인 이상으로 평가인증을 유지하는 어린이집 또는 교육과정과 방과후 과정을 운영하는 유치원(교육청에 방과후 과정 운영 유치원으로 등록되어야 함)에서 실시하여야 한다. 실습시작일 기준으로 평가인증 유지 기관이어야 하며 2회 분할 실습의 경우 각각의 분할실습 시작일 기준으로 평가인증 유지 기관이어야 한다(한국보육진흥원, 2018).

■ 평가인증 어린이집 확인방법

임신육아종합포털 아이사랑 홈페이지(http://www.childcare.go.kr) 내 "어린이집〉 어린이집 찾기" 또는 어린이집정보공개포털(http://info.childcare.go.kr) 내 "통합정보공시 〉 어린이집·유치원 찾기 〉 어린이집 검색"을 통해 확인

③ 실습기간

보육실습기간은 6주, 240시간 이상을 원칙으로 하되, 2회에 나누어 실시할 수 있다. 6주, 240시간 이상은 연속하여(월요일~금요일까지) 6주, 240시간 이상 실습을 실시하여야 하고, 1일 실습시간은 8시간(오전 9시부터 오후 7시 사이)이 원칙으로 주 1회 실습 또는 주말실습 등 특정 요일에만 보육실습을 실시한 경우 그 시간이 240시간 이상이 되더라도 보육실습을 이수한 것으로 인정할 수 없다(한국보육진흥원, 2018).

■ 2회에 나누어 실시하는 방법

- 하나의 보육실습 교과목을 개설한 경우 : 학기 내에 2회로 나누어 실시
- 학기를 달리하여 두 개의 보육실습 교과목(Ⅰ, Ⅱ)을 개설한 경우 : 각 학기에 1회씩 실시

④ 실습 지도교사

실습 지도교사는 실습지도 이전에 보육교사 1급 또는 유치원 정교사 1급 자격증을 소지한 사람이어야 하며 실습 지도교사는 동일한 실습 기간 내에 1명당 보육실습생을 3명 이내로 지도하여야 한다.

⑤ 실습관리 시스템을 통한 보육실습 관리

2013. 3. 1. 이후 어린이집에서 보육실습을 이수하는 경우, 어린이집지원시스템에 보육실습 내용을 등록·제출하여야 하며 보육교사 자격증을 발급받고자 하는 사람은 보육교사 자격증 발급 신청 시 보육실습 내용의 적절성을 증명하는 보육실습확인서를 제출하여야 한다.

3) 장애영유아를 위한 보육교사의 자격기준

(1) 장애영유아를 위한 보육교사 자격기준

「장애아동복지지원법」에 따른 장애영유아를 위한 보육교사의 자격기준은 다음과 같다.

- 「영유아보육법」 제21조 제3항에 따른 보육교사 2급 이상의 자격증을 소지한 사람
- 보건복지부령으로 정하는 특수교육 또는 재활 관련 교과목 및 학점을 「고등교육법」 제2조에 따른 학교에서 이수하거나 「학점인정 등에 관한 법률」 제7조에 따라 인정받은 사람(특수교육 또는 재활 관련 교과목 및 학점은 「장애아동복지지원법」 시행규칙[별표3] 참조)
  - 2012.8.4. 이전 편입하거나 입학한 사람은 8과목(16학점) 이상 이수
  - 2012.8.5. 이후 편입하거나 입학한 사람은 8과목(24학점) 이상 이수

(2) 장애영유아를 위한 보육교사 자격 확인

장애영유아를 위한 보육교사의 자격기준을 갖추고 자격검정에 합격한 사람에게는 '장애영유아를 위한 보육교사 자격검정을 위한 업무 위탁기관 지정 및 자격검정 절차 등에 관한 고시' 별지 제3호 서식에 따른 자격확인서 발급한다. 자격확인서 신청 및 발급절차는 어린이집 원장·보육교사 국가자격증 신청 및 발급절차와 동일하다(한국보육진흥원, 2018).

2 보육교직원의 임면

보육교직원 채용 및 임면보고 절차는 [그림 4-1]과 같다(보건복지부, 2018).

교직원 채용 및 임면보고 절차

보육교직원 채용 (원장, 보육교사, 특수교사, 조리원 등)	• 채용주체 : 어린이집 설치자 • 채용조건 : 자격기준을 갖춘 자 ※ 어린이집 원장 및 보육교사, 특수교사, 장애영유아를 위한 보육교사, 간호사, 영양사 등은 관련 자격증 소지자를 채용하여야 함
↓	
교직원 임면보고	• 임면보고 절차 : 어린이집 → 시 · 군 · 구청장(채용 후 14일 이내) • 임면보고 시 구비서류 • 인사기록카드, 채용신체검사서, 자격증사본, 성범죄경력조회결과서, 아동학대관련범죄 전력 조회 회신서 ※ 자격증 사본은 일정자격이 필요한 자(간호사, 영양사 등)에 한하며, 원장 및 보육교사는 보육통합정보시스템으로 확인 가능한 경우 제외 ※ 인사기록카드 서식 전산화로 "임신육아종합포털(아이사랑)", "보육통합시스템"을 통해 임면보고 가능('15.2.2~) ※ 어린이집 및 시 · 군 · 구에서는 교직원 임면보고를 시스템을 통해 실시하고 적극 지도
↓	
교직원 자격의 적격성 확인	• 확인주체 : 시 · 군 · 구청장 • 확인대상 : 어린이집 원장, 보육교사, 특수교사, 장애영유아를 위한 보육교사, 치료사, 간호사, 영양사, 조리원 중 조리사 • 확인방법 : 각 자격별 자격증명 서류 및 보육통합정보시스템
↓	
교직원 결격사유조회 및 범죄경력조회	• 결격사유조회 및 범죄경력조회 주체 : 시 · 군 · 구청장 • 내용 : 교직원 결격 사유(법 제20조)
↓	
경력관리시스템 입력 관리	• 교직원 임면 사항을 경력관리시스템에 입력 관리

[그림 4-1] 보육교직원 채용 및 임면보고 절차

출처: 보건복지부(2018), 2018년도 보육사업안내.

1) 보육교직원의 임면 절차

(1) 보육교직원 임면권자

국·공립 어린이집 원장은 시장·군수 또는 구청장이 임면권자이며 법인, 단체 또는 개인에게 위탁 운영하는 경우로서 교직원 임면권을 수탁자에게 위임한 경우에는 수탁자가 임면권자이다. 사회복지법인, 법인·단체 등, 직장, 가정, 민간 어린이집 등은 어린이집 설치자가 임면권자이며 부모협동어린이집 원장은 조합을 결성하여 설치·운영하는 대표자가 임면권자이다. 보육교사 등 기타 보육교직원은 원장의 제청으로 법인·단체의 대표자 또는 어린이집 설치자(교직원 임면권을 위임받은 수탁자 포함)가 임면권자이다.

(2) 보육교직원 채용

① 채용조건

어린이집 원장은 시행령 제21조 [별표 1]의 어린이집 원장 자격기준을 갖춘 자로서 어린이집 원장 국가자격증을 발급받은 자를 채용하고 어린이집 원장은 전임하여야 하므로 상근이 어려운 경우 채용대상에서 제외한다. 보육교사는 시행령 제21조 [별표 1]의 보육교사 자격기준에 해당하는 자로서 보육교사 국가자격증을 발급받은 자를 채용한다. 보육교사의 출산휴가, 육아휴직, 장기 병가 등의 사유 발생 시 채용하는 대체교사(임시교사)도 보육교사 자격기준을 갖춘 자이어야 한다. 장애영유아를 위한 보육교사, 특수학교 교사, 치료사, 간호사, 영양사는 자격증(면허증) 소지자를 채용하고 상시 1회 50인 이상에게 식사를 제공하는 어린이집의 조리원 중 1인 이상은 조리사 면허소지자이어야 한다(「식품위생법」 제51조 및 제53조).

② 채용방법

국가 또는 지방자치단체로부터 보육교직원의 인건비를 보조받는 어린이집의 경우 보육교직원의 채용은 공개경쟁을 원칙으로 한다. 국·공립어린이집의 경우 국가 또는 지방자치단체의 장이 선발고사 등을 통하여 별도로 보육교사를 채용·배치할 수 있다.

교직원 채용 시 임금, 근로시간 및 그 밖의 근로조건 등을 명시한 근로계약을 체결하여야 하되, 이 경우 근로계약과 관련하여 부당한 내용(결혼, 출산, 육아휴직 등으로 인한 퇴직요구 등)이 포함되어서는 아니 되며, 관할 행정기관은 이를 적극 지도·감독하여야 한다. 근로계약은 가능한 계약기간을 명시하지 않는 계약을 체결함을 원칙으로 한다. 임면권자는 보육교직원 결원 시 1개월 이내에 신규 교직원을 채용한다.

채용 시 구비서류는 임면권자가 보육교직원을 채용할 경우에는 반드시 인사기록카드〈시행규칙 별지 제7호 서식〉, 주민등록등본, 채용신체검사서(공무원 채용신체검사서 준용 가능), 보육교직원자격을 증명하는 서류 등의 구비서류를 제출받아 자격의 적격 여부를 판단하고, 관련 서류를 보관한다.

(3) 성범죄 경력 및 아동학대 관련 범죄 전력 조회 및 관리

① 성범죄 경력 조회 및 관리

「아동청소년의 성보호에 관한 법률」 제56조에 따라 어린이집에 취업하거나 사실상 노무를 제공하는 자 또는 취업하려 하거나 사실상 노무를 제공하려는 자(이하 "취업자 등")에 대해 임면권자는 성범죄 경력 조회를 경찰청 온라인시스템(명칭 : 범죄경력회보서발급시스템, http://crims.police.go.kr)을 통하여 신청하고 확인하여야 한다. 성범죄 경력 조회 결과 어린이집에 취업 또는 사실상 노무 제공이 제한되는 자는 배제하여야 하고, 근무 중인 자에 대해서는 해임하여야 한다.

어린이집을 설치 · 운영하고자 하는 자(대표자)에 대해서도 지자체에서는 성범죄 경력 조회를 실시하여야 하며 조회 결과 어린이집을 설치 · 운영 할 수 없는 자에 대해서는 어린이집 인가를 승인하지 않아야 하고 설치 · 운영 중인 자에 대해서는 인가를 취소하여야 한다.

② 아동학대 관련 범죄 전력 조회 및 관리

「아동복지법」 제29조의4에 따라 교직원으로 채용하기(사실상 노무를 제공하려는 경우 포함) 전에, 또는 채용 중(사실상 노무를 제공하는 경우 포함)인 경우에 임면권자는 아동학대 관련 범죄 전력 조회를 경찰청 온라인시스템(명칭 : 범죄경력회보서 발급시스템, http://crims.police.go.kr)을 통하여 신청하고 확인하여야 한다. 아동학대 관련 범죄 전력 조회 결과 어린이집에 취업 또는 사실상 노무 제공이 제한되는 자는 배제하여야 하고, 근무 중인 자에 대해서는 해임하여야 한다.

어린이집을 설치 · 운영하고자 하는 자(대표자)에 대해서도 지자체에서는 아동학대범죄 관련 전력 조회를 실시하여야 하며 조회 결과 어린이집을 설치 · 운영 할 수 없는 자에 대해서는 어린이집 인가를 승인하지 않아야 하고 설치 · 운영 중인 자에 대해서는 인가를 취소하여야 한다.

관할 시 · 군 · 구청장은 「아동복지법」 제29조의4에 따라 임면보고 된 보육교직원에 대하여 '아동학대관련범죄전력자의 취업 점검 · 확인(연간) 계획'을 수립하고 연1회(상 · 하반기, 부분 또는 전수조사 가능) 이상 점검 · 확인 실시하고 시 · 도에서 취합하여 보건복지부로 보고하여야 한다.

(4) 보육교직원 퇴직

보육교직원이 퇴직할 경우에는 임면권자는 사직서를 제출받아 퇴직처리하고 퇴직사실을 관할 시 · 군 · 구청에 보고하여야 한다. 특히 퇴직에 대하여 임면권자와 상호 합의가 되었음에도 불구하고 퇴직처리하지 않아 본인의 의사와 무관하게 어린이집 원장 또는 보육교사 자격증을 대여한 경우가 발생하지 않도록 한다.

2) 보육교직원 자격 정지 및 취소

(1) 보육교직원의 자격 정지

어린이집 원장의 자격 정지 개별기준은 〈표 4-4〉와 같다.

〈표 4-4〉 어린이집 원장 자격 정지 개별기준

위반행위	근거 법조문	처분기준		
		1차 위반	2차 위반	3차 위반
가. 어린이집의 원장이 업무수행 중 고의나 중대한 과실로 손해를 입힌 경우로서 다음의 어느 하나에 해당하는 경우	법 제46조 제1호			
1) 영유아에게 중대한 생명·신체 또는 정신적 손해를 입힌 경우		자격정지 1년 (「아동복지법」 제3조제7호에 따른 아동학대행위인 경우에는 2년)	자격정지 1년 (「아동복지법」 제3조제7호에 따른 아동학대행위인 경우에는 2년)	자격정지 1년 (「아동복지법」 제3조제7호에 따른 아동학대행위인 경우에는 2년)
2) 어린이집의 운영일 및 운영시간에 관한 기준을 고의적으로 위반하여 손해를 입힌 경우		자격정지 1년	자격정지 1년	자격정지 1년
3) 비위생적인 급식을 제공하거나 영유아 안전 보호를 태만히 하여 영유아에게 생명·신체 또는 정신적 손해를 입힌 경우		자격정지 6개월	자격정지 1년	자격정지 1년

위반행위	근거 법조문	처분기준		
		1차 위반	2차 위반	3차 위반
4) 그 밖의 경우		자격정지 3개월	자격정지 6개월	자격정지 1년
나. 보육교사·간호사 또는 영양사 등 해당 업무 수행에 필요한 자격이 없는 사람을 채용하여 해당 업무를 수행하게 한 경우	법 제46조 제2호	자격정지 3개월	자격정지 6개월	자격정지 1년
다. 법 제23조에 따른 보수교육을 연속하여 3회 이상 받지 아니한 경우	법 제46조 제3호	자격정지 1개월	자격정지 3개월	자격정지 6개월
라. 거짓이나 그 밖의 부정한 방법으로 보조금을 받거나 보조금을 유용한 경우	법 제46조 제4호			
1) 아동 또는 보육교직원을 허위로 등록하는 등 거짓이나 부정한 방법으로 다음의 어느 하나의 금액에 해당하는 보조금을 교부받은 경우				
가) 5백만원 이상		자격정지 1년	자격정지 1년	자격정지 1년
나) 3백만원 이상 5백만원 미만		자격정지 6개월	자격정지 1년	자격정지 1년
다) 1백만원 이상 3백만원 미만		자격정지 3개월	자격정지 6개월	자격정지 1년
라) 1백만원 미만		자격정지 1개월	자격정지 3개월	자격정지 1년
2) 보조금을 목적 외로 사용하는 등 거짓이나 부정한 방법으로 다음의 어느 하나의 금액에 해당하는 보조금을 유용한 경우				

위반행위	근거 법조문	처분기준		
		1차 위반	2차 위반	3차 위반
가) 5백만원 이상		자격정지 1년	자격정지 1년	자격정지 1년
나) 3백만원 이상 5백만원 미만		자격정지 6개월	자격정지 1년	자격정지 1년
다) 1백만원 이상 3백만원 미만		자격정지 3개월	자격정지 6개월	자격정지 1년
라) 1백만원 미만		자격정지 1개월	자격정지 3개월	자격정지 1년
마. 「공익신고자 보호법」 제2조제2호에 따른 공익신고를 한 보육교직원에게 같은 법 제2조제6호에 따른 불이익 조치를 한 경우	법 제46조 제5호	자격정지 1년	자격정지 1년	자격정지 1년

출처: 보건복지부(2018), 2018년도 보육사업안내.

보육교사의 자격 정지 개별기준은 〈표 4-5〉와 같다.

〈표 4-5〉 보육교사의 자격 정지 개별기준

위반행위	근거 법조문	처분기준		
		1차 위반	2차 위반	3차 위반
가. 보육교사가 업무 수행 중 그 자격과 관련하여 고의나 중대한 과실로 다음의 어느 하나의 손해를 입힌 경우	법 제47조 제1호			
1) 영유아에게 중대한 생명·신체 또는 정신적 손해를 입힌 경우		자격정지 1년 (「아동복지법」 제3조제7호에 따른 아동학대행위인 경우에는 2년)	자격정지 1년 (「아동복지법」 제3조제7호에 따른 아동학대행위인 경우에는 2년)	자격정지 1년 (「아동복지법」 제3조제7호에 따른 아동학대행위인 경우에는 2년)

2) 비위생적인 급식을 제공하거나 영유아 안전 보호를 태만히 하여 영유아에게 생명·신체 또는 정신적 손해를 입힌 경우		자격정지 6개월	자격정지 1년	자격정지 1년
3) 그 밖의 경우		자격정지 2개월	자격정지 4개월	자격정지 6개월
나. 법 제23조의2에 따른 보수교육을 연속하여 3회 이상 받지 아니한 경우	법 제47조 제2호	자격정지 1개월	자격정지 3개월	자격정지 6개월

출처: 보건복지부(2018), 2018년도 보육사업안내.

(2) 보육교직원의 자격 취소

보육교직원의 자격 취소 대상자는 어린이집 원장 및 보육교사이며 처분권자는 시장·군수·구청장으로 자격취소 사유(법 제48조)는 다음과 같다.

1. 거짓이나 그 밖의 부정한 방법으로 자격증을 취득한 경우
2. 자격 취득자가 업무 수행 중 그 자격과 관련하여 고의나 중대한 과실로 손해를 입히고 금고 이상의 형을 선고받은 경우
3. 「아동복지법」 제3조제7호의2에 따른 아동학대관련범죄로 처벌을 받은 경우
   * 보육교사와 어린이집 원장 둘 다 취득한 경우에는 두 자격 모두 취소(법제처 법령해석 총괄과–1310,'08. 8. 22)
4. 제22조의2에 따른 명의대여 금지 등의 의무를 위반*한 경우
   * 다른 사람에게 자기의 성명이나 어린이집의 명칭을 사용하여 어린이집의 원장 또는 보육교사의 업무를 수행하게 하거나 자격증을 대여한 경우
5. 자격정지처분기간 종료 후 3년 이내에 자격정지처분에 해당하는 행위를 한 경우
6. 자격정지처분을 받고도 자격정지처분기간 이내에 자격증을 사용하여 자격 관련 업무를 수행한 경우
7. 자격정지처분을 3회 이상 받은 경우
8. 제46조제4호*에 해당하여 금고 이상의 형을 선고받은 경우
   * 거짓이나 그 밖의 부정한 방법으로 보조금을 교부받거나 보조금을 유용한 경우

3 보육교직원의 복무관리

1) 보육교직원의 배치기준

보육교직원 배치기준(영유아보육법 제17조 및 시행규칙 제10조)의 일반기준은 〈표 4-6〉과 같다.

〈표 4-6〉 **보육교직원 배치기준(법 제17조 및 시행규칙 제10조)의 일반기준**

구 분	배 치 기 준	자격기준	비 고
원 장[1]	전 어린이집별 1인 ※ 다만, 영유아 20인 이하를 보육하는 어린이집은 어린이 집의 원장이 보육교사를 겸임할 수 있음	영유아보육법 시행규칙 제10조 [별표2]	정원기준
보육교사	• 만1세 미만 ⇒ 영아 3인당 1인 • 만1세 이상 만2세 미만 ⇒ 영아 5인당 1인 • 만2세 이상 만3세 미만 ⇒ 영아 7인당 1인 • 만3세 이상 만4세 미만 ⇒ 유아 15인당 1인 • 만4세 이상 미취학 유아 ⇒ 유아 20인당 1인 ※ 유아 40인당 1인은 보육교사 1급 자격자여야 함 • 취학아동 ⇒ 20인당 1인 • 장애아 3인당 1인 ※ 장애아 9인당 보육교사 1인은 특수교사 자격소지자여야 함	영유아보육법 시행규칙 제10조 [별표2]	현원기준
간호사[2]	• 영유아 100인 이상을 보육하는 어린이집	–	현원기준
영양사[3]	• 영유아 100인 이상을 보육하는 어린이집	–	현원기준
조리원[4]	• 영유아 40인 이상을 보육하는 어린이집	–	현원기준 (방과후 제외)

출처: 보건복지부(2018), 2018년도 보육사업안내.

주 1) 원장이 보육교사 겸직 시 원장 자격증과 보육교사 자격증을 모두 소지하여야 함
2) 간호조무사도 가능함
3) 어린이집 단독으로 영양사를 두는 것이 곤란한 때에는 동일 시 · 군 · 구의 5개 이내 어린이집이 공동으로 영양사를 둘 수 있으며, 영양사 채용시 현원을 기준으로 함
4) 영유아 40인 이상 80인 이하를 보육하는 어린이집의 경우 조리원 1인을 두며, 영유아 매 80인을 초과할 때마다 1인씩 증원, 영유아 현원은 방과후 아동을 제외한 영유아를 기준으로 함
※ 보육교직원 배치기준에 따라 근무하는 조리원의 경우에는 취사 업무에 지장을 주지 않는 범위 내에서 8시간 미만 근무도 가능함. 다만, 정부에서 인건비를 지원받는 경우에는 평일 8시간 근무를 하여야 함

2) 보육교직원의 근무시간과 휴게시간

(1) 보육교직원의 근무시간

어린이집 원장의 근무시간은 평일 8시간을 원칙으로 하며 어린이집의 운영시간(평일 12시간 원칙)을 고려하여 연장 근무할 수 있다. 어린이집 원장이 1일 8시간 근무하는 경우에는 보육교사 중 원장 업무를 대행할 자를 지정하여 어린이집 운영에 지장이 없도록 하여야 하며 어린이집 원장이 불가피한 사유로 직무를 수행할 수 없는 경우 보육교사가 그 직무를 대행할 수 있는 기간은 1개월(연속, 휴일 포함) 이내로 제한하며 1개월을 초과할 경우 대체원장을 배치하여야 한다. 보육교사 등 기타 교직원은 평일 8시간 근무를 원칙으로 한다. 보육교사 등 보육교직원의 근무시간 및 근로조건 등은 근로기준법 등 노동관계법령에 따라야 하며 이를 위반하는 경우가 발생하지 않도록 주의하여야 한다.

(2) 보육교직원의 휴게시간

휴게시간 특례업종이었던 어린이집은 근로기준법 개정으로 특례업종에서 제외되었다. 2018년 7월 1일부터 개정 근로기준법이 시행됨에 따라, 보건복지부는 보육교사 휴게시간을 보장하고 보육교사 휴게시간 중 발생할 수 있는 보육공백을

막고, 어린이집 이용 영유아들에게 안정적인 보육 서비스 제공하기 위해 보육교직원 복무규정에 휴게시간을 명시하고 보육교사 휴게시간에 한하여 보조교사가 보육업무를 전담할 수 있도록 개정하였으며 보조교사추가배치 등의 대책을 마련하여 시행하고 있다. 보육교사의 적절한 휴식을 통해 보육교사의 근로여건이 좋아지고 더 나은 보육 서비스를 영유아들에게 제공하는 기회가 될 수 있도록 보육교사의 휴게시간에 대한 다각적인 지원과 대책이 시급하다.

보육교사 휴게시간 보장을 위한 보건복지부의 대책은 다음과 같다(보건복지부, 2018).

첫째, 보육교사 휴게시간 중 영유아 생활지도 등 보육서비스를 제공하는 보조교사 6,000명을 전국에 추가 배치한다. 이미 근무 중인 보조교사 3만 2,300명을 포함하면, 총 3만 8,300여명*의 보조교사가 올해 하반기에 어린이집에서 근무하게 된다.

둘째, 보조교사 지원 대상을 민간·가정 어린이집에서 국공립, 사회복지법인 어린이집 등 모든 유형의 어린이집으로 확대한다. 휴게시간 보장은 모든 어린이집에 해당하므로, 대상을 확대하였다. 또한 취약보육에 대한 지원을 강화하기 위해 장애아 전문·통합어린이집에 우선 지원할 예정이다.

셋째, 보육교직원 복무규정에 휴게시간 부여를 명시하고, 보육교사 휴게시간에 한하여, 보조교사가 보육 업무를 전담할 수 있도록 개정하였다. 보조교사는 「영유아보육법」에 따라 보육교사와 동일한 국가자격 소지자로서, 근무시간이 4시간인 점을 제외하면 경력, 자격 등 보육서비스에 대한 전문성은 보육교사와 차이가 없다.

넷째, 휴게시간 사용은 원장과 보육교사 간 협의사항이나 종일 보육이 이뤄지는 어린이집의 특성을 고려하여, 특별활동 및 낮잠시간, 아이들 하원 이후를 주 휴게시간으로 하고, 보육교사 휴게시간에 한해 해당 시간대 교사 1인당 아동수를 완화하였다. 단, 아이들의 안전이 최우선인 만큼 보육교사 휴게시간에는 원장, 담임교사, 보조교사 등이 해당 시간대 순환 근무하여 아이들을 관찰, 보호할 수 있도록 지침에 명시하였다.

그 밖에, 보조교사 인건비 지원 연령을 기존 60세 → 65세로 개정하였다. 보조교사 인건비 지원 연령 상한은, 담임교사로 60세에 퇴직한 이후 충분히 4시간 시간제 근로가 가능한 인력에 대한 활용 필요성에 대해 꾸준히 문제 제기되던 사항을 반영한 것이다.

아울러 보건복지부는 제도시행 초기 꾸준한 모니터링을 통해 제도개선을 지속 추진하여 보육교사들의 휴게시간 보장이 정착될 수 있도록 적극 지원할 계획이다.

3) 보육교직원의 겸임제한

보육교직원(원장, 보육교사 등)은 전임이어야 하므로, 다른 업무를 겸임할 수 없으나 어린이집 원장이 간호사 또는 영양사 자격이 있는 때에는 간호사 또는 영양사를 겸임할 수 있으며 정원 20인 이하 어린이집의 원장은 보육교사를 겸임할 수 있다. 또한 도서 · 벽지 · 농어촌지역의 21~39인 이하 어린이집은 시장 · 군수 · 구청장의 승인이 있는 경우 원장이 보육교사를 겸임할 수 있다.

보육교직원은 다른 시설의 업무를 겸임할 수 없으며 어린이집 원장 및 보육교사는 휴일, 휴가 등으로 근무를 하지 않는 날을 제외하고는 근무시간 동안 어린이집에 상주하며 상시 해당 직무에 종사하여야 한다.

4) 보육교직원의 보수 및 4대보험 가입

보육교직원의 보수는 보건복지부가 정한 보육사업안내에서 그 기준을 정하고 있으며 기본급여(호봉)와 각종 수당을 합산한 금액을 말한다. 국고보조어린이집이 아닌 어린이집(미지원어린이집)은 다른 법령에서 특별히 규정한 경우를 제외하고는 호봉 기준을 달리 정하거나 인건비 책정 시 호봉을 적용하지 아니할 수 있다. 호봉은 근무경력의 기간에 따라 1년을 단위로 인건비 책정을 달리하는 기준을 말하며 호봉승급은 일정한 재직기간의 경과에 의하여 현재의 호봉보다 높은 호봉을 부여하는 것을 의미하며 호봉인정 근무경력은 호봉 산정 시 인정되는 어린이집 등에 종사한 경력을 말한다. 호봉인정 근무경력은 다음과 같다.

- 「영유아보육법」 제정 전 새마을유아원, 탁아시설에 근무한 경력
- 어린이집 보육교직원으로 근무한 경력
- 육아종합지원센터에 근무한 경력(대체교사 경력 포함)
- 2005년 1월 30일 이후 보육교사 자격을 가지고 방과후 과정을 운영하는 유치원에 근무한 경력
- 군 복무경력(병적증명서 상 실제 복무한 경력, 최대 3년)

출처: 보건복지부(2018), 2018년도 보육사업안내.

보육교직원이 1년 이상 같은 어린이집에 근무할 경우 원장은 퇴직금을 지급해야 하며 채용된 보육교직원은 국민연금, 국민건강보험, 고용보험, 산재보험 등의 4대 보험에 의무적으로 가입하여야 한다(문혁준 외, 2015).

5) 보육교직원 보수교육

보육교직원 보수교육은 보육교직원의 자질향상을 위해 보육에 필요한 지식과

능력을 유지 · 개발하기 위하여 보육교직원이 정기적으로 받는 직무교육과 보육교사가 상위 등급의 자격을 취득하기 위해 받아야 하는 승급교육 및 어린이집 원장의 자격을 갖추기 위하여 받아야 하는 사전직무교육 등이 있다. 원장 및 보육교사 일반직무교육에서 기본 및 심화교육과정은 보육업무경력 등을 감안하여 교육대상자가 선택하여 이수할 수 있다.

어린이집 원장의 보수교육은 〈표 4-7〉과 같다.

〈표 4-7〉 어린이집 원장의 보수교육

<table>
<tr><th colspan="5">직무교육</th><th>사전직무교육</th></tr>
<tr><td colspan="2">일반직무교육</td><td colspan="3">특별직무교육</td><td rowspan="2">어린이집 원장
사전직무교육</td></tr>
<tr><td>기본교육</td><td>심화교육</td><td>영아보육
직무교육</td><td>장애아보육
직무교육</td><td>방과후보육
직무교육</td></tr>
</table>

보육교사의 보수교육은 〈표 4-8〉과 같다.

〈표 4-8〉 보육교사 등의 보수교육

<table>
<tr><th colspan="5">직무교육</th><th colspan="2">승급교육</th></tr>
<tr><td colspan="2">일반직무교육</td><td colspan="3">특별직무교육</td><td rowspan="2">2급 보육교사
승급교육</td><td rowspan="2">1급 보육교사
승급교육</td></tr>
<tr><td>기본교육</td><td>심화교육</td><td>영아보육
직무교육</td><td>장애아보육
직무교육</td><td>방과후보육
직무교육</td></tr>
</table>

보수교육의 교육생 1인당 보수교육 비용은 직무교육의 경우 1인당 6만원(40시간 기준)이며, 승급교육의 경우 1인당 12만원(80시간 기준)이다. 어린이집 원장 사전직무교육 : 지방보육정책위원회의 의결을 거쳐 시 · 도지사가 결정하고 현직 보육교직원이 직무교육 및 승급교육을 이수한 경우 예산의 범위 내에서 국가 및

지방자치단체에서 보수교육 비용을 지원하고 있다.

6) 기타 복무 관리

교직원의 휴가, 휴일, 휴식 등 근로시간과 관련이 있는 사항에 대하여서는 「근로기준법」 등 노동관련 법령에 따르며 보육교직원은 「근로기준법」 제54조(휴게)에 따라 근로시간이 4시간인 경우에는 30분 이상, 8시간인 경우에는 1시간 이상의 휴게시간을 근로시간중에 주어야 하며 조기퇴근 또는 수당으로 지급되어서는 안된다.

고용, 산전후휴가, 육아휴직 등과 관련이 있는 사항에 대하여서는 「남녀 고용평등과 일·가정 양립 지원에 관한 법률」의 규정을 준용하고 보육교직원의 최저임금 보장 등과 관련이 있는 사항에 대하여서는 「최저임금법」의 규정을 준용한다. 그 외 보육교직원의 복무, 근로 등과 관련하여서는 각 개별법을 준용토록 한다.

각 지역 육아종합지원센터에서는 어린이집 보육교사의 연가사용, 보수교육참석, 본인 질병 등의 사고 등 보육공백 발생 시 대체교사를 파견하여 보육교사의 업무공백을 최소화함으로써 어린이집의 원할한 운영을 위해 어린이집지원사업으로 대체교사지원사업을 운영하고 있다(중앙육아종합지원센터, 2018).

Chapter

05

보육실 운영관리

학습목표

1. 보육실 환경 구성의 원리를 이해할 수 있다.
2. 영아반과 유아반의 보육실 환경을 구성할 수 있다.
3. 보육실을 안전하게 관리할 수 있는 방법을 안다.
4. 보육실을 위생적으로 관리할 수 있는 방법을 안다.

영유아 학습의 기본 조건 중에서 영유아는 신체적으로 욕구가 충족되고 심리적으로 안정되었을 때 학습이 이루어지며, 영유아는 환경과의 능동적인 상호작용을 통해서 스스로 지식을 구성한다고 하였다(박찬옥, 2014). 따라서 보육실은 영유아의 보육을 위해 안정감 있고 영유아의 욕구를 충족시킬 수 있도록 구성되어야 하며, 철저한 점검을 통해 안전하고 위생적으로 관리되어야 한다. 이러한 의미에서 보육교사로서 보육실을 영유아를 위한 환경으로 구성하고 관리하는 것은 영유아가 어린이집에서 행복한 생활을 영위하는데 결정적인 역할이라고 볼 수 있다.

1 보육실 환경 구성

1) 흥미영역 구성

흥미영역이란 놀이나 활동의 특성에 따라 공간을 구분해 놓은 것을 의미한다. 각 흥미영역에는 비슷한 종류의 놀이나 활동을 할 수 있도록 교구와 놀잇감들을 제공하며, 교구장이나 칸막이 등을 사용해서 각 영역을 구분하여 영유아의 놀이 확장과 몰입을 촉진할 수 있도록 해야 한다.

(1) 흥미영역 구성의 원리

Frost & Kissinger(2011)의 보육실 흥미영역 구성 원리에 의하면 보육실은 놀이의 활동성과 물의 필요성에 따라서 4가지 영역으로 구분된다(김혜경 · 고미애, 2016; 박찬옥 외, 2017).

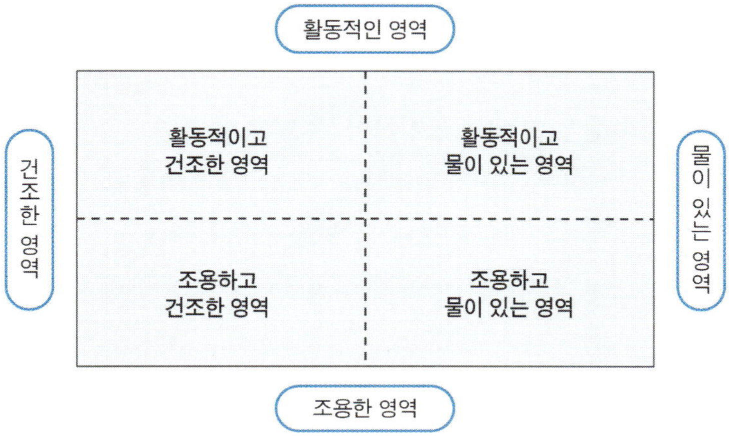

[그림 5-1] Frost & Kissinger(2011)의 보육실 흥미영역 구성 원리

Frost & Kissinger(2011)의 원리에 따른 흥미영역은 아래와 같다.

- 활동적이고 물이 있는 영역: 요리활동
- 활동적이고 건조한 영역: 쌓기놀이, 역할놀이, 음률
- 조용하고 건조한 영역: 언어, 수조작
- 조용하고 물이 있는 영역: 과학, 미술

(2) 흥미영역 구성의 유의점

흥미영역을 구성할 때는 다음과 같은 유의점을 고려해야 한다(김정원·김유정·이효정, 2008; 황해익 외, 2016; 보건복지부, 2018).

- 흥미영역은 보육실의 면적, 영유아의 수 등을 고려하여 구성하며, 유아반의 경우 한 영역에는 3~4명의 유아가 놀이할 수 있도록 공간을 확보하여야 한다. 20명의 유아가 있다면 5~6개의 흥미영역이 구성되는 것이 바람직하다.
- 흥미영역별 최소 공간 크기는 만0~1세는 1~명 이상, 만 2세는 2~3명, 만 3~5세는 3~5명 정도이다.

- 흥미영역은 주제, 계절 등에 따라 변화 가능하며, 융통성 있게 구성할 수 있다.
- 모든 흥미영역이 보육실에 있어야 하는 것은 아니며, 보육실 면적이 좁다면 흥미영역의 수를 줄이거나, 통합하여 제공할 수 있다.
- 흥미영역을 구성하는 교구장은 바퀴가 달려 있어 이동에 용이한 것과 바퀴 없이 고정이 가능한 것을 용도에 맞게 사용하면 좋다.
- 보육실 가운데에 위치하여 영역을 구성하는 교구장의 경우 교사가 교구장 너머에 있는 영유아를 관찰할 수 있도록 낮은 교구장, 뒷면이 뚫려있는 교구장 또는 뒷면이 투명 아크릴 소재인 교구장을 사용하면 좋다.
- 흥미영역 간에는 유아들의 놀이를 방해하지 않으면서 이동 가능한 통로가 마련되어야 한다.
- 각 영역별 활동자료는 유아는 4종 이상, 영아는 3종 이상 구비되어야 한다.

2) 보육실 환경 구성

영유아의 발달에 적합한 보육을 위해서 보육실의 환경 구성은 영유아의 발달에 적합해야 하는데, 이는 흥미영역뿐 아니라 교재 및 교구, 시설, 설비 등에 있어서도 영유아의 연령, 발달의 개인차, 흥미 등을 고려해야 하는 것을 의미한다(Bredekamp & Copple, 1997; 이순형 외, 2016).

(1) 영아반

영아반의 흥미영역은 크게 일생생활영역과 놀이영역으로 구분하는데, 일상생활영역은 기저귀 갈이, 수유, 휴식 등을 위한 공간을 의미한다. 놀이영역은 만 0~1세반의 경우 신체영역, 언어영역, 감각·탐색영역, 표현영역 등으로 구성할 수 있으며, 만 2세반의 경우 역할 및 쌓기놀이영역, 신체영역, 언어영역, 감각·탐색영역, 미술영역, 음률영역 등으로 구성할 수 있는데, 학급 내의 상황에 맞게 융통성 있게 구성하도록 한다.

① 일상생활영역

0~1세의 영아의 경우 수유, 낮잠, 기저귀 갈이 등의 일상생활이 편안하게 이루어질 수 있도록 일상생활영역이 구성되어야 한다. 영아의 이름 또는 사진이 부착된 서랍장이나 개인 사물함, 바구니 등을 비치하여 영아의 여벌옷, 겉옷 등의 소지품을 보관할 수 있어야 하며, 휴식 공간을 마련하여 졸립거나 피곤한 영아가 언제든지 누워서 휴식을 취할 수 있도록 매트 등이 구비되어야 한다. 수유가 필요한 영아가 있는 경우, 냉장고와 테이블 등을 준비하여 소독을 위한 용품, 분유, 우유병 등을 보관하고 사용할 수 있도록 해야 한다. 기저귀 갈이 영역은 기저귀 갈이용 매트를 펴고 영아를 눕힐 수 있는 적당한 크기를 고려하여 공간을 배치하며, 매트, 기저귀, 물티슈, 일회용 장갑, 휴지통 등을 비치하여 위생적인 기저귀 갈이가 이루어질 수 있도록 하고, 영아를 쉽게 씻길 수 있도록 화장실 또는 물이 있는 곳과 가까우면 용이하다.

수유를 위한 공간

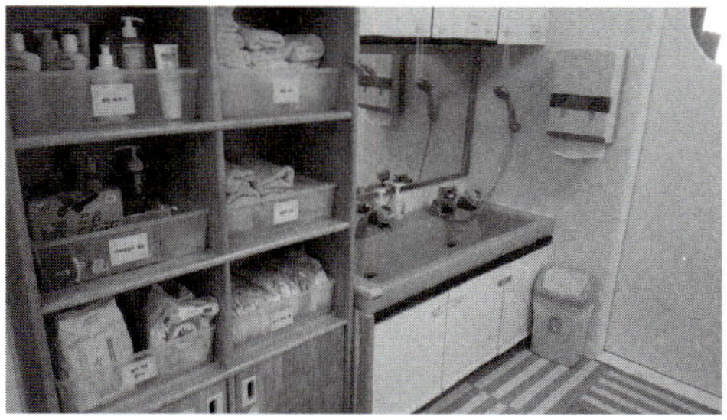

기저귀 갈이 영역

〈영아반 일상생활영역〉

사진 출처: 서초구립 느티나무어린이집

② 신체영역

영아기는 대근육과 함께 신체 운동 능력의 발달이 급속하게 이루어지는 시기이다. 특히 0~1세 영아반의 경우에는 영아의 신체발달을 위해 안전하고 반복적인 신체활동이 이루어질 수 있도록 신체영역이 구성되어야 한다. 필요한 물품으로는 충격이 흡수될 수 있는 매트, 밀고 걸어갈 수 있는 장난감, 스텝박스, 헝겊 공, 영아용 낮은 미끄럼틀 등이 있다. 2세 영아반의 경우에는 걷기가 완성된 이후이기 때문에 다양한 신체활동이 이루어질 수 있도록 끌고 다닐 수 있는 장난감, 흔들말, 붕붕카, 낮은 평균대 등을 제공할 수 있다. 신체영역의 교구는 영유아의 발달, 흥미 등에 따라 교체하여 제공한다.

③ 언어영역

영아기는 급속도의 언어발달이 이루어지는 시기이다. 영아 스스로 꺼낼 수 있는 낮은 책꽂이와 낮은 소파, 쿠션 등을 배치하고, 영아들의 책에 대한 흥미를 높일 수 있도록 소리나는 책, 헝겊책, 냄새 나는 책 등 다양한 종류의 책을 영아의 흥미, 발달, 주제, 계절 등에 따라 교체하여 제공한다. 또한 언어영역은 인형, 쿠션, 가족들의 사진, 캐노피 등으로 영아가 편안함을 느낄 수 있도록 환경을 구성해야 하며, 짧은 이야기와 노래를 들을 수 있는 자료, 굵은 크레용이나 색연필, 전지 등 쓰기활동 자료도 제공해야 한다.

④ 감각·탐색영역

영아기는 오감을 활용한 탐색이 이루어지는 시기인데, 감각·탐색영역에서는 오감을 활용한 감각적인 탐색이 이루어지고, 소근육의 조작 경험이 이루어질 수 있도록 다양한 재질 및 형태의 놀잇감을 제공하여 영아가 스스로 탐색하고 조작해 볼 수 있도록 해야 한다. 단, 삼킬 수 있는 작은 물품은 제거한다. 제공할 수 있는 교구로는 팝업 놀이감, 한 조각 또는 두 조각 퍼즐, 딸랑이, 모빌, 촉감판 등이 있으며, 거북이, 달팽이와 같은 동물이나 식물 등을 관찰할 수 있는 기회를 제공할 수 있도록 한다.

⑤ 표현영역

표현영역은 미술활동을 하거나 노래 부르기, 악기로 소리 내어 보기 등을 할 수 있는 영역이다. 영아의 경우 물건을 입에 넣을 수 있으므로 입에 넣거나 먹었을 때도 안전한 무독성을 반드시 확인하여 안전한 재료 및 물품을 제공해야 한다. 표현영역에는 미술활동에 필요한 다양한 종이, 크레용, 색연필, 물감, 붓 등의 그리기 재료들, 점토, 풀, 가위 등과 음률활동에 필요한 탬버린, 마라카스, 북 등의 타악기 등이 필요하다.

⑥ 역할 및 쌓기놀이영역

만 1세 영아반의 경우에는 초보적인 수준의 역할놀이를 경험할 수 있도록 인형, 부엌놀이 용품, 청소놀이 용품 등을 제공하며, 만 2세반의 경우에는 다양한 역할을 경험해 볼 수 있도록 여러 종류의 인형 또는 손인형, 유모차, 병원놀이 용품, 직접 영아가 입을 수 있는 역할놀이 옷 등을 제공하여 역할놀이를 확장해 줄 수 있어야 한다. 쌓기놀이를 위한 놀잇감은 너무 크거나 무겁지 않은 다양한 재질이어야 하는데, 재질은 우레탄, 스펀지, 종이, 플라스틱 등으로 영아가 안전하게 쌓고 무너뜨릴 수 있어야 한다. 또한 쌓기놀이영역의 바닥에는 카펫을 깔아서 소음을 예방하고, 자동차, 동물 등의 소품을 제공하여 놀이를 확장해줄 수 있다. 역할 및 쌓기놀이영역은 만 0세반의 경우에는 감각·탐색영역의 자료에 통합하여 비치한다.

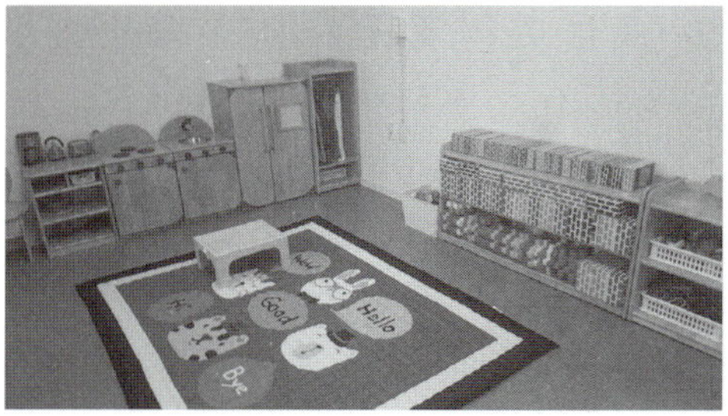

쌓기 및 역할놀이영역

언어영역

음률영역

감각·탐색영역

〈영아반 놀이영역〉

사진 출처: 서초구립 느티나무어린이집

(2) 유아반

만 3~5세반의 경우 쌓기놀이영역, 역할놀이영역, 언어영역, 미술영역, 음률영역, 수·조작영역, 과학영역, 음률영역 등을 보육실의 면적과 유아의 수에 따라 융통성 있게 구성할 수 있다. 그리고 보육실은 보육교사가 보육실 전체 상황을 파악할 수 있고, 유아가 스스로 탐색하고 놀이에 참여할 수 있도록 구성되어야 한다.

① 언어영역

유아기는 친숙한 글자에 관심을 갖고 읽기와 쓰기가 가능한 시기이므로 말하기, 듣기, 읽기, 쓰기 등 다양한 언어활동의 기회를 제공해야 한다. 언어영역은 조용하고 아늑한 공간에 구성하여 다양한 종류의 그림책, 손인형, 테이블 인형, 녹음기, 마이크, 이름카드, 인형극 틀, 신문, 잡지, 연필, 사인펜, 색연필, 다양한 종이 등의 활동자료를 제공하여 언어영역의 활동이 골고루 이루어질 수 있도록 해야 한다.

② 수 · 조작영역

놀이를 통해 수세기, 형태, 부피, 크기, 서열, 공간, 비교, 측정, 부분과 전체 등의 수학적인 개념을 형성할 수 있도록 솔방울, 조개껍데기 등과 같은 수를 셀 수 있는 물체, 양팔저울, 퍼즐, 그룹게임 자료, 큰 글자 시계, 숫자카드 등을 제공한다. 수·조작영역은 조용한 영역에 개별 혹은 그룹 활동이 가능할 수 있도록 책상과 공간을 배치하고, 유아가 자발적으로 활동할 수 있도록 해야 한다.

③ 과학영역

호기심을 가지고 탐색, 실험, 조사해볼 수 있는 기회를 제공하여 탐구적 태도를 기를 수 있도록 거울, 자석, 돋보기, 현미경 등 관찰 및 측정도구를 기본자료로 제공하며, 동식물을 기를 수 있도록 해가 잘 드는 조용한 곳에 배치한다. 관련 도서와 함께 관찰 기록지, 필기도구, 화보 등도 제공해야 한다.

④ 역할놀이영역

싱크대 모형, 소품용 장, 화장대, 테이블, 의자 등의 교구와 함께 숟가락, 포크, 젓가락, 플라스틱 칼, 뒤집개, 냄비, 프라이팬, 토스터, 전자렌지, 세탁기, 청소기 등 소꿉놀이용품과 유아가 입을 수 있는 각종 역할놀이 의상들 그리고 병원놀이, 미용실놀이, 가게놀이 등 주제별 놀이용품 등을 제공한다. 역할놀이영역은 쌓기놀이를 통해 구성물을 만들어 놀이할 수 있도록 하기 위해서 쌓기놀이영역 근처에 배치하면 좋다.

⑤ 쌓기놀이영역

카펫을 깔아서 쌓기놀이 시 발생될 수 있는 소음을 예방하며, 종이블록, 유니트블록, 할로우블록, 와플블록 등 다양한 블록과 함께 자동차, 도로 표지판, 사람 및 동물 모형 등의 소품을 제공한다. 그리고 쌓기놀이 관련 화보나 사진을 쌓기놀이 영역에 붙여주면 유아의 흥미를 높이는데 도움을 줄 수 있다.

⑥ 미술영역

물이 있고 미술활동에 집중할 수 있는 통행량이 적은 곳에 배치하는 것이 적절하며 미술활동을 위한 물품을 보관할 수 있는 수납장 외에 이젤을 사용하거나 공동작품을 할 수 있는 공간이 필요하다. 책상 밑 바닥은 닦을 수 있는 재질의 책상보, 미술용 앞치마, 미술활동용 옷 등을 준비하여 사용하면 오염과 얼룩에 대한 걱정 없이 미술활동을 하는데 도움이 된다. 미술활동의 재료로는 다양한 종이, 색연필, 사인펜, 크레파스, 물감, 붓 등의 그리기 재료, 각종 점토, 가위, 풀, 테이프, 다양한 종류의 폐품 등이 있으며, 유아가 교구장에서 손쉽게 꺼낼 수 있도록 보관해야 한다. 또한 미술활동 후에 작품을 말리거나 전시할 수 있는 공간도 함께 계획해야 하며, 전시할 경우 유아들의 눈높이에서 잘 보일 수 있도록 해야 한다.

⑦ 음률영역

노래 부르기, 악기 연주하기, 움직임으로 표현하기 등의 활동이 이루어지는 영역이므로 활동적인 공간에 배치하는 것이 좋다. 피아노, 기타, 우쿠렐레 등 교사용 악기와 함께 탬버린, 실로폰, 북, 장구, 소고, 핸드벨, 리듬막대 등의 유아용 악기, 녹음기, 헤드폰, 노래부르기 자료, 스카프, 리본막대 등의 자료를 제공하여 유아가 자유롭게 자신의 생각과 느낌을 표현할 수 있도록 해야 한다.

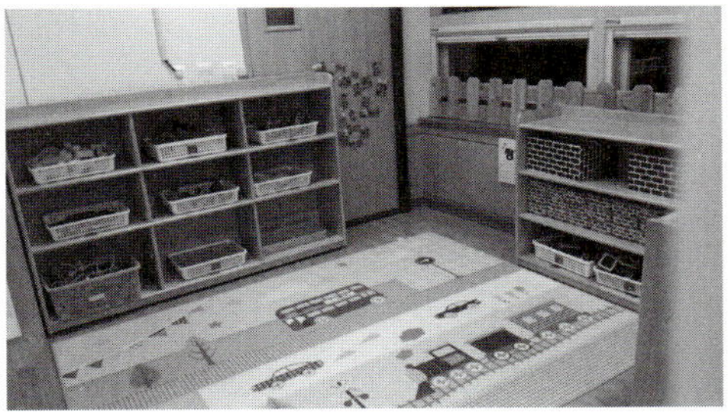

쌓기놀이영역

역할놀이영역

수과학영역

언어영역

〈유아반 놀이영역〉

사진 출처: 인천법원어린이집

2 보육실 안전 및 위생 관리

1) 보육실 안전 관리

보육사업안내(2018)에 의하면 어린이집의 공간에 관한 안전은 일별, 월별로 점검표를 통해 관리될 수 있도록 지침이 마련되어 있다. 보육사업안내에 따른 지침은 아래와 같다.

〈표 5-1〉 어린이집 안전점검 체크리스트(일별) (점검상태 : 양호○, 보통△, 불량×)

구분	점 검 항 목	점검결과						조치사항
		/	/	/	/	/	/	
		월	화	수	목	금	토	
실외 환경	• 어린이집 보호벽 및 주변의 관리 상태는 양호한가?							
	• 실외놀이 공간 주변의 돌, 유리조각, 요철, 녹이 슨 부분, 벗겨진 페인트, 돌출된 모서리가 방치되어 있지는 않은가?							
	• 놀이터 바닥에 오물, 방치된 물 웅덩이가 없는가?							
실내 환경	• 문과 창문 등의 추락 위험은 없는가?							
	• 바닥에는 다칠 수 있거나 미끄러운 곳이 없는가?							
	• 복도, 계단, 비상계단, 미끄럼대 등에 방치된 물건이 없어 피난계단, 미끄럼대 등을 사용하기에 양호한가?							
	• 보육용품이나 비품 유리창 등에 날카로운 모서리 등이 없는가?							

놀잇감 및 놀이기구	• 망가져 날카롭고 위험한 것 또는 부품이 빠지거나 작은 볼트 등이 빠진 것은 없는가?							
	• 유해 색소가 칠해진 놀잇감은 없는가?							
	• 영유아가 삼킬만한 작은 놀잇감이나 부품은 없는가?							
	• 놀잇감 및 놀이기구의 수납 상태가 양호한가?							
화장실·세면대	• 화장실 내 세제나 락스 등 위험한 물건이 영유아들의 손이 닿는 곳에 방치되어 있지 않는가?							
전기·화기·위험물	• 콘센트는 안전덮개로 보호되어 있는가?							
	• 화기에 의한 안전사고 위험은 없는가?							
	• 위험물에 의한 안전사고 위험은 없는가?							
	• 가스밸브와 가스중간밸브 잠금은 양호한가?							

〈표 5-2〉 어린이집 안전점검 체크리스트(월별) (점검상태 : 양호○, 보통△, 불량×)

구분	점 검 항 목	점검결과	조치 시항
		월	
안전관리	• 안전관리의 책임 및 위기관리 체계가 적합한가?		
	• 일별 안전점검 체크리스트에 의해 관리되고 있는가?		
	• 응급전화번호 및 비상연락망 등이 잘 관리되고 있는가?		
실외환경	• 어린이집 주변에 감전 위험은 없는가?		
	• 위험한 적치물, 축대 붕괴, 맨홀 등에 대한 위험은 없는가?		
실내 환경	• 모든 설비는 움직이거나 떨어지지 않도록 바닥과 벽면에 단단히 고정되어 있는가?		
	• 창문, 방충망의 상태는 안전한가?		
현관·통로·계단·비상구	• 출입문, 현관문 등의 안전장치는 정상 작동하는가?		
	• 계단, 통로부분에 미끄럼 방지처리가 되어있는가?		
	• 계단의 안전 상태는 양호한가?		

구분	점 검 항 목	점검결과	조치 시항
		월	
화장실 · 세면대	• 화장실 내 전기 콘센트 등 전기용품은 안전한가?		
	• 세면대의 고정 상태는 안전한가?		
실내외놀이 기구 및 공간	• 모든 놀이기구가 바닥에 안전하게 고정되어 있는가?		
	• 놀이 시설물의 상태(틈새나 간격)가 영유아의 몸에 끼이지 않는 넓이인가?		
	• 기초대, 지지대 등 매설부분이 노출되지 않았는가?		
	• 모든 놀이기구 아래와 주위(안전지대)의 충격흡수재 성능은 양호한가?		
	• 보수가 필요한 놀잇감 및 놀이기구가 방치되어 있는가?		
	• 놀이기구의 높이가 영유아에게 적합한가?		
	• 어린이제품안전특별법, 품질경영 및 공산품 안전관리법 등에 의한 안전검사(KC 인증 등)를 필한 제품인가?		
전기 · 가스 위험물 안전관리	• 전선, 콘센트, 플러그 등 손상된 부분은 없는가?		
	• 한 개의 콘센트에 용량을 초과해 사용하고 있지 않은가?		
	• 분배전반 및 각종 전기기구의 노후 및 파손된 것은 없는가?		
	• 가스경보기의 설치상태가 양호한가?		
소방시설 관리	• 대피를 위한 대피도가 잘 관리되어 있는가?		
	• 소화기, 스프링클러 등 소화장비의 작동 및 관리상태는 양호한가?		
	• 자동화재 탐지설비의 설치상태가 양호한가?		
	• 옥내소화전의 관리 및 작동이 양호한가?		
비상대피 시설관리	• 비상계단 및 미끄럼대 등이 화재 등 유사시 사용이 가능한가?		
	• 피난유도등 유도표지 등이 잘 갖추어져 있고 정상 작동하는가?		
	• 건물 내 대피경로에 장애가 되는 요소는 없는가?		

〈표 5-3〉 **체크리스트 항목별 점검시 참고사항**

❑ 안전분야 일별점검체크리스트 참고사항

1) 실외환경

- 어린이집 보호벽 및 어린이집 주변의 관리 상태는 양호한가?

(조치사항) 담, 울타리, 창살, 가스 혹은 난방기 등의 계량기, 보일러 설비, 퓨즈박스, 비상미끄럼틀, 외부 차양 등 설비의 안전 상태를 확인하여 위험요소를 즉시 안전하게 제거·수리 및 관리한다.

- 놀이터 바닥에 오물, 방치된 물 웅덩이가 없는가?

(조치사항) 오물 및 물 웅덩이는 전염성 질환을 야기시키는 해충의 서식지가 될 수 있으므로 발견 즉시 제거하고, 물 웅덩이는 물 제거 후 웅덩이를 관리하여 영유아가 넘어질 수 있음을 방지한다.

2) 실내환경

- 문과 창문 등의 추락 위험은 없는가?

(조치사항) 문과 창문의 안전상태 확인 및 창문 등의 가까이에 오를 수 있는 물품이 있어 추락 위험이 있는지 확인하고 즉시 제거한다.

- 바닥에는 다칠 수 있거나 미끄러운 곳이 없는가?

(조치사항) 화장실, 계단, 실내 보육실 등에 미끄러운 곳, 물이 고인 곳을 확인한다. 미끄럼방지 시트 또는 타일을 부착하거나 물기가 많으면 물기를 제거한다. 또한, 바닥의 단차가 있는 경우 영유아들이 넘어지는 사고가 많이 발생하므로 바닥에는 단의 차이가 없도록 한다.

- 복도, 계단, 비상계단, 미끄럼대 등에 방치된 물건이 없어 피난계단, 미끄럼대 등을 사용하기에 양호한가?

(조치사항) 유사시 대피에 장애가 되는 물건이 방치되었는지를 확인하고 방치된 물건은 안전한 곳으로 즉시 이동한다.

3) 놀잇감 및 놀이기구

- 영유아가 삼킬만한 작은 놀잇감이나 부품은 없는가?

(조치사항) 놀잇감의 크기가 영유아의 입, 코, 귀 등에 들어가지 않도록 3.5cm 이상의

놀잇감을 준비한다.

- 놀잇감 및 놀이기구의 수납 상태가 양호한가?

(조치사항) 놀잇감이 영유아가 수납하기에 적당한지, 무거운 놀잇감이 높은 곳에 있지 않은지 확인한다. 유아의 신체특성을 고려하여 수납위치를 바꾸고, 무겁거나 추락 위험이 있는 놀잇감은 즉시 안전한 위치로 이동한다. 방치된 놀잇감은 영유아들이 올라가 추락하는 위험도 발생할 수 있으므로 안전하게 보관한다.

4) 전기 · 화기 · 위험물

- 화기에 의한 안전사고 위험은 없는가?

(조치사항) 라디에이터, 난로, 히터 등의 보호덮개, 라이터, 성냥, 양초, 폭죽 등이 방치된 것이 있는지, 가스 중간밸브 잠김, 화기시설 주변의 가연물 등을 확인하여 위험물품은 즉시 제거한다. 보호덮개가 필요한 경우 전문업체에 의뢰한다.

- 위험물에 의한 안전사고 위험은 없는가?

(조치사항) 화학용품 및 약품, 살충제, 세제, 기타 위험한 약품 등이 방치되었다면, 즉시 안전한 곳으로 이동한다. 특히 약품의 경우 보육실 영유아용 책상 위에 놓여져 영유아들이 만지거나 먹을 수 있기에 주의를 더 요한다. 필요시 전문기관에 의뢰하여 처리 한다.

※ 관련법 : 영유아보육법 시행규칙 별표1, 위험물 안전관리법 제14조

- 가스밸브와 가스중간밸브 잠금은 양호한가?

(조치사항) 가스와 가스중간밸브 잠금 상태, 가스누설 탐지기의 상태 · 위치 등을 확인하여 가스누출을 예방한다. 가스를 사용하는 모든 설비에는 중간밸브를 설치하여야 한다. 가스밸브 주위의 누출 여부를 점검하고, 가스누설탐지기의 위치(LNG : 천장에서 30cm, LPG : 바닥에서 30cm 이내)를 점검하고 손상여부, 전원이 연결 상태 등을 점검한다. 이상이 있을 시 전문업체에 점검 및 수리를 의뢰한다.

※ 도시가스사업법 제7조에 따라 정기검사대상자로 선정되면 연1회 한국가스안전공사에 의한 점검을 받는다. 단, 지자체에 따라 차이가 있을 수 있다.(이 외는 도시가스회사에서 검사)

❑ 월별점검체크리스트 참고사항

1) 안전관리

- 안전관리의 책임 및 위기관리 체계가 적합한가?

  (조치사항) 원장의 안전관리 책임성, 화재 등 비상사태 발생 시 대응체계의 적절성을 확인한다. 원장이 안전관리에 관한 책임, 전문성(방화관리자 자격 등) 확보하도록 하고, 교사가 안전 관련 교육에 적극적으로 참여하도록 한다. 비상사태에 대비한 대응체계가 수립되도록 한다.

- 응급전화번호 및 비상연락망 등이 잘 관리되고 있는가?

  (조치사항) 비상시 소방서·병원·경찰소 등의 응급전화번호 및 비상연락망 등이 전화기 옆에서 잘 관리되고 있는지 확인한다. 지속적으로 소방서, 병원의 응급전화번호 및 비상연락망의 전화번호 변경 여부를 확인하여 관리한다.

2) 실외 환경

- 어린이집 주변에 감전위험은 없는가?

  (조치사항) 어린이집 50m 이내에 고압선, 전선, 가로등 등 감전위험을 확인한다. 확인물 발견 시 관련기관 및 지방자치단체에 통보하고 안전조치를 요청한다.

- 위험한 적치물, 축대 붕괴, 맨홀 등에 대한 위험은 없는가?

  (조치사항) 어린이집 주변 50m 이내에 위험한 물건·물품(방치된 자동차 생활쓰레기 적치, 붕괴위험이 있는 축대, 맨홀, 파인 곳, 공사장 등)이 확인되면 지방자치단체(주민자치센터 포함)에 통보하고 안전조치를 요청한다.

3) 실내환경

- 모든 설비는 움직이거나 떨어지지 않도록 바닥과 벽면에 단단히 고정되어 있는가?

  (조치사항) 건축설비의 전기, 난방, 조명, 급배수 등의 설비물의 고정 상태와 벽 천장 등에 고정된 물품과 장식물 등이 안전하게 고정되어 있는지 확인하여 수리 필요 시 전문업체 의뢰한다.

- 창문, 방충망의 상태는 안전한가?

  (조치사항) 창문의 깨짐, 창문 테두리의 실리콘 상태, 방충망의 노화상태를 정기적으로 확인하여 즉시 조치한다.

4) 현관 · 통로 · 계단 · 비상구

- 출입문, 현관문의 안전장치는 정상 작동하는가?

  (조치사항) 보안을 위한 잠김 문이나 인터폰 · 초인종의 정상작동 여부 확인 후 응급조치와 필요시 전문업체에 의뢰한다. 또한, 출입문과 현관문의 손끼임 방지를 위한 안전 고무 바, 도어클로저 등을 설치한다.

- 계단의 안전 상태는 양호한가?

  (조치사항) 안전손잡이, 적치물, 난간의 간격 고정 상태를 확인한다. 응급조치 후 필요시 전문업체에 의뢰한다.

  ※ 계단의 단 높이는 16cm 이하이며 단의 높이가 일정하여야 하며, 단 너비는 26cm 이상이어야 하며 일정하게 구성되어야 한다, 난간의 높이는 110cm 이상, 난간살의 간격은 10cm 이하로 설치한다.

  (출처 : 안전매뉴얼연구, 중앙보육정보센터 2008)

5) 화장실 · 세면대

- 화장실 내 전기 콘센트 등 전기용품은 안전한가?

  (조치사항) 방수용 콘센트 및 물에 의한 전기 위험 여부를 확인한다. 콘센트는 방수용으로 교체하고, 물에 젖거나 고인 물(욕조 등)에 추락이 가능한 물품은 안전한 곳으로 이동 또는 제거한다.

- 세면대의 고정 상태는 안전한가?

  (조치사항) 고정상태 확인 시 나사 풀림상태 등을 정기적으로 확인하여 필요시 수리하거나 교체한다.

6) 실내외 놀이기구와 공간

- 모든 놀이기구가 안전하게 고정되어 있는가?

  (조치사항) 놀이기구의 고정상태, 매설된 지지대의 노출, 윤활유 보충 등을 확인하고 즉각적인 안전조치 후 필요시 관련업체에 의뢰한다.

- 놀이시설물의 상태(틈새나 간격)가 영유아의 몸에 끼이지 않는 넓이인가?

  (조치사항) 집합놀이기구 등의 틈새나 간격의 너비 확인 및 노후로 인한 영유아 신체의 빠짐 및 끼임 등을 확인 한다(손가락 : 8mm 이하 · 25mm 이상, 발 : 30mm 이하, 머리 : 9cm 이하 · 23cm 이상). 안전관리 필요시에는 1차 안전조치로 접근금지 표시 및 전문업체 수리 의뢰한다.

- 모든 놀이기구의 아래와 주위(안전지대)에 충격흡수제의 성능은 양호한가?

  (조치사항) 영유아가 추락할 가능성이 있는 놀이 시설물 아래와 주변의 공간(안전지대)은 충격을 흡수할 수 있도록 설치되어야 한다(25~30cm 이상의 모래, 우레탄 바닥, 매트 등). 충격흡수제 사용 시 마모되어 구멍이 나거나 끝부분이 말림으로 인해 영유아들이 걸려 넘어질 수 있다. 따라서 즉각적인 안전조치 후 전문 업체에 의뢰한다.

- 놀이기구의 높이가 영유아에게 적합 한가?

  (조치사항) 놀이기구의 구입 시 연령에 따른 영유아의 신체 등에 적합한지 확인한다. 참고로 놀이기구의 높이는 2.5m 이하로 설치한다.

  ※ 출처 : 어린이시설 안전점검 매뉴얼, 소방방재청 2005.

7) 전기 · 가스 · 위험물 안전관리

- 전선, 콘센트, 플러그 등이 손상된 부분은 없는가?

  (조치사항) 실내 전선의 노후, 피복손상, 파손된 콘센트 및 플러그 등을 확인한다. 벗겨진 전선은 절연 테이프로 감싸고, 파손된 콘센트 플러그 등은 즉시 교체한다. 필요시 전문업체에 수리 · 점검을 의뢰한다.

- 분배전반 및 각종 전기기구의 노후 및 파손된 것은 없는가?

  (조치사항) 노후하거나 파손된 분배전반 및 각종 전기기구는 전기전문업체에 의뢰하여 수리 · 교체하도록 한다. 또한, 전기사업법이 정하는 바에 따라 인가 시 전기 안전점검과 정기점검이 실시될 수 있도록 한다.

  ※ 관련법 : 전기사업법 제65조~제66조의2 및 동법시행규칙 제35조 ~제35조의4 등

- 가스경보기의 설치상태가 양호한가?

  (조치사항) LNG 또는 LPG에 따른 가스경보기의 위치 · 설치 상태 · 정상작동 여부 및 관련법에 의해 점검을 받았는지 확인한다. 필요시 가스경보기를 전문업체에 의뢰하여 이동설치 · 수리 · 교체하도록 한다.

  ※ 관련법 : 소방시설의 설치 및 유지관리에 관한 법률 시행령 제15조

8) 소방시설 관리

- 소화기, 스프링클러 등 소화장비의 관리 상태는 적합한가?

  (조치사항) 소화기의 비치 위치, 압력 등의 적합한 관리 상태를 확인한다. 소화기는 연면적 33제곱미터 이상에 1대 이상을 비치한다. 또한, 공간의 제약성 등을

확인 후 필요시 추가로 비치한다. 소화기는 눈에 잘 띄는 곳에 위치하고 있는지를 확인하되 영유아 보행 시 충돌 방지를 감안하여 적절한 위치에 놓는다, 소화기는 압력 상태를 월 1회 이상 점검한다. 이상이 있는 것은 새것으로 교체하거나 소방전문업체에 점검을 의뢰한다. 스프링클러설비의 정상적인 작동 여부를 확인하고 필요시 소방전문업체에 수리·점검을 받도록 한다.

- 자동화재 탐지설비의 설치상태가 양호한가?

(조치사항) 자동화재 탐지설비가 있는 경우에 한하는 것으로 자동화재 탐지설비의 정상적인 작동 여부를 확인하고 필요시 소방전문업체에 수리·점검을 받도록 한다.

- 옥내소화전의 관리 및 작동 상태가 양호한가?

(조치사항) 옥외소화전설비가 있는 경우에 한하는 것으로 소화전 함의 내용물을 확인(관창 1, 호스 2), 방수시 수평거리 17m 도달 시 정상이다. 옥내소화전설비의 정상적인 작동 여부를 확인하고 필요시 소방전문업체에 수리·점검을 받도록 한다.

※ 소방시설의 설치·유지 및 안전관리에 관한 법률 제9조 등에 의거 소방시설을 유지·관리

9) 비상대피시설관리

- 비상계단 및 미끄럼대 등이 화재 등 유사시 사용이 가능한가?

(조치사항) 설치기준에 적합한 상태, 평상시 영유가 개폐할 수 없는 상태, 유사시 용이한 개방 가능 등의 정상적인 작동 여부를 확인하고 필요시 전문업체에 수리·점검을 받도록 한다.

※ 관련법 : 영유아보육법 시행규칙 제9조(별표1)

- 피난유도등 유도표지 등이 잘 갖추어져 있고 정상 작동하는가?

(조치사항) 유도등 유도표지의 위치, 유도등의 상태·점등 등을 확인한다. 피난구 유도등의 경우 30m 거리에서 문자 및 색채 식별이 가능하여야 한다. 설치기준에 적합성 및 위치·작동 여부를 확인하고 필요시 전문업체에 수리·점검을 받도록 한다.

- 건물 내 대피경로에 장애가 되는 요소는 없는가?

(조치사항) 계단, 통로, 출입문 등 피난경로에 적치물 방치, 피난에 필요한 유효너비 확

보, 비상출구의 잠금장치 설치 여부를 확인한다. 계단, 통로, 출입문 등 피난에 장애가 되는 물건 등은 즉시 이동조치 한다. 계단·통로·출입구의 유효너비, 출입문의 개폐방향, 비상구의 잠금장치 등을 확인하고 시정조치 하도록 한다.

※ 관련법 : 소방시설의 설치 및 유지관리에 관한 법률 시행령 제15조

2) 보육실 위생 관리

영유아의 집단생활의 장소인 보육실은 철저한 위생 관리를 통해 감염병을 예방하고, 건강한 생활이 가능하도록 해야 한다.

(1) 보육실 청소

보육실 청소는 가능하면 영유아가 없는 시간에 매일 이루어져야 하는데 먼저 창문을 열어 환기한 후 먼지를 제거한 후 걸레, 스팀청소기를 사용하여 보육실 전체를 닦아야 한다. 바닥뿐 아니라 천장, 벽면, 창틀, 전등 등도 같은 방법으로 청결하게 유지되어야 한다. 보육실은 2개월에 1회 이상 대청소가 필요하며, 교구장, 책상, 의자, 카펫, 휴지통 등의 비품도 정기적으로 관리하여 청결하게 유지되어야 한다.

(2) 보육실 소독

보육실은 월 1회 이상의 소독을 해야 하며, 해충이 발생되지 않도록 한다.

(3) 놀잇감 세척 및 소독

플라스틱 놀잇감의 경우 정기적으로 세척과 소독이 필요하며, 인형이나 헝겊으

로 된 놀잇감의 경우 세탁하여 청결하게 관리되어야 한다. 특히 영아의 경우 입에 넣은 놀잇감의 경우 따로 분리하여 일과 후 매일 세척해야 한다. 세척이 불가능한 놀잇감의 경우에도 소독하여 사용해야 하는데 소독액 또는 적외선 장난감 소독기를 사용하여 살균 후 사용해야 한다.

(4) 침구 관리

베개, 이불, 매트 등의 침구는 개별로 사용해야 하며 주 1회 가정으로 보내서 세탁하여 사용해야 한다. 또한 침구는 보관함을 사용해서 보관하며, 보관함도 먼지 없이 청결하게 관리해야 한다.

Chapter

06

어린이집 하루일과 운영

학습목표

1. 영아반의 하루일과에 대해서 안다.
2. 영아반의 하루일과 운영에 따른 교사의 역할에 대해서 안다.
3. 유아반의 하루일과에 대해서 안다.
4. 유아반의 하루일과 운영에 따른 교사의 역할에 대해서 안다.

어린이집 하루일과 운영시간은 주 6일 이상, 연중 계속 운영하는 것을 원칙으로 하며 종일반은 월~금요일 12시간(07:30~19:30), 토요일 8시간(07:30~15:30)이다. 어린이집 하루일과 운영시간은 지역 및 시설여건 등을 고려하여 어린이집운영위원회의 결정에 따라 토요일 휴무를 할 수 있으며 보호자의 근로시간 등을 고려하여 미리 보호자의 동의를 받은 경우에는 영유아 및 그 보호자에게 불편을 주지 않는 범위에서 어린이집 운영일 및 운영시간을 조정하여 운영 가능하다. 맞춤반의 경우 6시간(주중 9:00~15:00)이며 지역별·어린이집별 사정에 따라 보호자와 협의하여 일 6시간 서비스 제공을 준수하면서 9~15시 전·후 1시간 범위 내에서 하루일과 운영시간의 탄력 조정이 가능하다(보건복지부, 2018).

2017년 11월 현장평가부터 통합지표를 적용한 제3차 어린이집 평가인증의 영역1(보육과정과 상호작용)의 1-2 지표(일과 운영)는 영유아의 연령에 적합한 놀이, 활동, 일상생활 경험이 균형 있게 통합적으로 운영되는지, 자유선택활동과 바깥놀이 시간이 충분하게 배정되어 운영되는지 등을 평정하고 있다. 특히 어린이집 하루일과 운영 중 매일 실내 자유선택활동(자유놀이)은 오전, 오후를 합쳐 2시간 30분 이상 진행하되, 오전, 오후에 각각 1시간 이상 연속적으로 실행해야 하며 충분한 자유선택활동시간이 확보될 수 있도록 권고하고 있다. 매일 바깥놀이는 기준시간에 맞게 배정(만0세는 주 3회 30분 이상, 만1세는 매일 30분 이상, 만2세 이상은 매일 1시간 이상)하여 운영하며 어린이집에서는 충분한 놀이시간이 확보될 수 있도록 손 씻기, 화장실가기 등의 전이시간은 별도로 계획하여 운영할 것을 권고하고 있다. 그 외의 하루일과 운영은 각각의 형편과 상황에 맞추어 어린이집에 맞는 하루일과를 운영할 것을 권고하고 있다(한국보육진흥원, 2018).

일반적으로 영유아의 하루일과는 등원, 오전 자유놀이(자유선택활동), 정리·정돈 및 전이활동, 기본생활습관지도(점심 및 간식, 낮잠 및 휴식, 배변 등), 실외활동, 오후 자유놀이(자유선택활동), 귀가지도 등이 포함되는데 연령에 따라 용어가 다르게 사용되기도 하며 어린이집의 하루일과가 다르게 운영된다.

1 영아반의 하루일과 운영

1) 영아반의 하루일과

일반적으로 영아가 어린이집에 등원하면서 하루일과가 시작되며 등원, 실내자유놀이, 실외자유놀이, 급·간식, 휴식·낮잠, 전이시간, 기본생활, 특별활동, 집단활동, 귀가 등으로 구성되며, 이들의 활동은 영아의 발달적 특성을 고려하여 통합적으로 이루어질 필요가 있다(한국보육진흥원, 2018).

영아의 하루일과는 등원에서 귀가에 이르기까지 적절한 시간배분과 활동내용의 순서를 갖고 진행하며 영아 스스로 언제, 어디서, 무엇을, 어떻게 하는가를 어느 정도 예측할 수 있도록 규칙적인 하루일과 운영을 통해 안정감을 가지고 하루일과를 지낼 수 있도록 운영한다. 특히 영아의 흥미, 날씨, 신체 리듬, 어린이집의 상황 등에 따라 융통성 있게 운영하여야 한다.

영아반 하루일과를 계획하고 운영할 때 고려하여야 할 점은 다음과 같다(보건복지부, 2013)

- 0세는 수유 및 이유식, 기저귀 갈이, 낮잠 등 생리적 욕구를 고려하여 일상적인 양육활동에 대한 계획을 반영한다. 이때 개별 영아에 따라 생리적인 욕구가 다를 수 있으므로 정해진 일과 시간을 그대로 따르기보다는 영아의 욕구에 우선하여 개별적으로 진행하는 것이 중요하다. 0세라 하더라도 일상적인 양육활동 이외에 놀이활동을 계획하는 것이 필요하다.
- 1세는 점심 및 간식, 기저귀 갈이·배변활동, 낮잠 등 일상적인 양육활동과 함께 점차 놀이활동 시간이 늘어나도록 계획한다.
- 2세는 일상적인 양육활동에 비해 놀이활동의 비중이 점점 커지도록 하루일

과를 계획한다.

- 영아의 경우, 일상적인 양육활동 이외에도 실내자유놀이 하루 2시간 30분 이상, 실외놀이 하루 30분 이상 충분하게 계획하여 진행한다. 다만, 영아의 특성상 개별활동 중심으로 진행하되, 2세 후반이 되면 다음 일과로 넘어가기 전에 5~10분간 잠깐 모여 앉아 전이활동으로 진행할 수도 있다.
- 일과 운영 시간은 어린이집의 특성과 상황, 계절 등에 따라 조정할 필요가 있다. 예를 들어, 모든 반의 영유아가 오전 같은 시간대에 한꺼번에 실외놀이를 하도록 계획할 경우 실외놀이가 원활하게 이루어지기 어려울 수 있으므로 영아와 유아 간에 시간대를 다르게 하여 실외놀이를 계획할 수 있다. 계절과 날씨를 고려하여 실외놀이를 오전 또는 오후로 변경하여 진행할 수도 있다.

〈표 6-1〉 0~2세의 발달 특성 등을 고려한 하루일과 예시

시간	주요 일과	
	0~6개월	7~12개월
07:30 ~ 09:00	등원 및 맞이하기	
09:00 ~ 09:30	이유식 기저귀 갈이/ 씻기	오전 간식 (이유식) 기저귀 갈이/ 씻기
09:30 ~ 10:30	오전 실내 자유놀이	
10:30 ~ 11:00	오전 수유 및 낮잠 준비	
11:00 ~ 12:00	오전 낮잠	오전 낮잠 또는 오전 실내 자유놀이
12:00 ~ 13:00	수유 및 이유식 기저귀 갈이/ 씻기/ 이 닦기	
13:00 ~ 14:30	오후 실내 자유놀이 또는 산책	휴식 또는 오후 낮잠

시간	주요 일과
	1세
7:30 ~ 9:00	등원 및 맞이하기
9:00 ~ 10:00	오전 실내자유놀이
10:00 ~ 10:20	기저귀 갈이 및 손 씻기
10:20 ~ 10:50	오전 간식
10:50 ~ 11:40	오전 실외놀이 및 손 씻기
11:40 ~ 12:40	점심식사 및 이 닦기
12:40 ~ 14:40	낮잠 준비 및 낮잠
14:40 ~ 15:20	기저귀 갈이 및 손 씻기

시간	주요 일과
	2세
7:30 ~ 9:00	등원 및 통합보육
9:00 ~ 10:20	오전 실내자유놀이
10:20 ~ 10:50	화장실 가기 및 오전 간식
10:50 ~ 11:40	오전 실외놀이 및 손 씻기
11:40 ~ 12:40	점심식사 및 이 닦기
12:40 ~ 14:20	낮잠 준비 및 낮잠
14:20 ~ 15:00	화장실 가기 및 오후 간식
15:00 ~ 16:20	오후 실내자유놀이

14:30~16:00	오후 수유 및 오후 낮잠	산책 및 실외 놀이
16:00~16:40	기저귀 갈이/손, 발 닦기/이유식	기저귀 갈이/손, 발 닦기/오후 간식(이유식)
16:40~17:20	오후 실내자유놀이	
17:20~19:30	귀가 및 통합보육	

15:20~16:00	오후 간식
16:00~17:20	오후 실내자유놀이
17:20~19:30	귀가 및 통합보육

16:20~16:30	전이활동(2세후반경)
16:30~17:20	오후 실외놀이 및 손 씻기
17:20~19:30	귀가 및 통합보육

출처: 보건복지부(2013), 어린이집 표준보육과정에 기초한 영아보육프로그램 운영의 이해.

0~2세의 발달특성 등을 고려한 하루 일과 예시는 〈표 6-1〉과 같다.

2) 영아반의 하루일과 운영에 따른 교사의 역할

영아교사는 영아의 하루일과에서 필요한 최선의 것이 무엇인지를 지속적으로 고려하여 일과를 계획하고 운영해야 하며 일상생활에서의 양육뿐만 아니라 최상의 교육적 경험을 제공하기 위해서도 노력해야 한다(양옥승·최경애·이혜원, 2015). 어린이집 등원시간의 경우, 영아들은 영아의 애착, 분리불안, 개별적 기질, 생리적 요구와 특성 등으로 인해 정서를 다양하게 표현하지만, 정서조절이 미숙한 영아의 발달적 특성으로 인해 영아교사는 영아를 맞이하는 역할 수행에 어려움을 경험하고 있으며 실·내외놀이 및 집단활동에서 영아의 자기중심적 사고로 인한 충동적 행동, 대근육 위주의 신체활동에 비해 신체조절력의 미숙, 안전에 대한 인식 부족 등으로 발생하는 안전사고에 대한 두려움을 경험하고 있다(조미숙, 2016).

건강과 안전을 위한 교사의 등원 전 사전 준비부터 등원, 간식 및 점심, 자유놀이, 실외활동, 귀가에 이르기까지 영아의 건강하고 안전한 하루일과를 운영하기 위해 교사는 영아의 개별적 요구에 적극적인 수용과 상호작용을 해주고 민감하게 반응해 주어야 하며 월령별 발달 수준의 이해를 기반으로 한 보육계획과 교사의 역할이 개별적으로 실행되어야 한다. 영아는 아직 대·소근육의 발달이 완전히 이루어지지 못하였고, 신체 조절 능력도 미흡하므로 보육활동의 계획과 실행에 앞서 보육활동을 위한 보육실 점검을 충실히 하여 안전을 기반으로 한 보육의 질을 높여야 한다(김동선, 2018).

어린이집 영아반의 하루일과에 따른 보육교사의 역할은 다음과 같다(김혜경 외, 2008; 류경희, 2012; 보건복지부, 2013; 한국보육진흥원, 2017; 한국보육진흥원, 2018).

(1) 등원 전

등원 전 교실을 점검하고 0세반 교사는 수유용품 및 물을 준비하고 위생용품을 준비한다. 당일의 수업계획에 따른 교재·교구를 정비하고 수업을 준비한다. 보육실과 화장실의 청결 상태를 점검하고 수건 등 비품을 준비하고 보육실을 환기하고 정리를 마무리한다.

(2) 등원 및 맞이하기

어린이집의 현관 또는 통합보육 놀이실에서 일찍 온 영아의 등원을 맞이한다. 부모와의 간단한 대화를 통해서 영아의 기분과 건강을 확인한다. 1세 영아는 부모와의 강한 애착관계 형성으로 불리불안이 심할 수 있으므로 교사는 부모와 헤어진 후 영아를 안아주는 등 영아에게 심리적 안정감을 제공한다. 보육교사는 영아들이 조용한 개별활동을 하도록 도움을 준다. 영아의 겉옷과 소지품을 정리할 수 있도록 돕는다.

(3) 오전 실내자유놀이

각 흥미영역에서 계획된 활동이나 영아의 자발적인 자유놀이를 지원하고, 영아와의 적극적이고 민감한 상호작용을 통해 영아가 놀이를 통해 자연스럽게 학습할 수 있도록 돕는다. 또한 자유놀이 시 교사의 언어적 자극과 놀이에 적극적인 개입이 중요하다. 영아 스스로 탐색하고 조작할 수 있도록 곁에서 격려하고 적절한 도움을 준다. 0세 영아의 놀이활동은 신체, 언어, 감각·탐색으로 나누어 구성하고 발달적으로 통합할 수 있도록 균형 있게 계획한다. 정적이고 개인적인 활동이 많으므로 영아들이 좋아하는 놀잇감의 경우 영아 수만큼 충분한 개수를 제공한다. 같은 종류의 교구를 충분히 준비해 불필요한 분쟁을 막고 효과적인 놀이 환경을 마련한다. 놀이 중에 교사는 영아를 관찰하면서 영아의 개인적인 특성을 파악하고 적절한 방법으로 상호작용을 한다.

실내자유놀이 역시 영아의 발달 특성을 고려하여 연령이 증가함에 따라 영역을 세분화하였다. 0세는 '신체, 언어, 감각 · 탐색'으로, 1세는 '신체, 언어, 감각 · 탐색, 역할 · 쌓기'로, 2세는 '신체, 언어, 감각 · 탐색, 역할 · 쌓기, 미술, 음률'로 구성하며 영아반 주제별 보육계획안의 구성은 〈표 6-2〉와 같다.

〈표 6-2〉 **영아반 주제별 보육계획안의 구성**

구분	0세 프로그램	1세 프로그램	2세 프로그램
등원 및 맞이하기	등원 및 맞이하기	등원 및 맞이하기	등원 및 맞이하기
기본생활 및 안전	기본생활 및 안전	기본생활 및 안전	기본생활 및 안전
일상생활	수유 및 이유 낮잠 기저귀 갈이	점심 및 간식 낮잠 기저귀 갈이 · 배변활동	점심 및 간식 낮잠 배변활동
실내자유놀이	신체 언어	신체 언어	신체 언어

	감각 · 탐색	감각 · 탐색 역할 · 쌓기	감각 · 탐색 역할 · 쌓기 미술 음률
실외놀이	실외놀이	실외놀이	실외놀이
귀가 및 가정과의 연계	귀가 및 가정과의 연계	귀가 및 가정과의 연계	귀가 및 가정과의 연계

출처: 보건복지부(2013), 어린이집 표준보육과정에 기초한 영아보육프로그램운영의 이해.

(4) 정리정돈

사전에 놀잇감을 조금씩 정리하면서 정리 시간이 다가옴을 알려준 후 정리 노래를 통해 정리해야 함을 알린다. 정리도 놀이처럼 접근하여 놀잇감의 위치를 즐겁게 찾아 정리하도록 유도한다.

(5) 실외활동

실외활동은 비가 오는 날이나 눈 오는 날, 미세먼지가 심한 날, 천재지변을 제외하고 활동이 이뤄진다. 만0세는 주 3회 30분 이상, 만1세는 매일 30분 이상, 만2세 이상은 매일 1시간 이상 운영하며 실외활동을 실행하기 전 실외환경의 안전을 점검해 안전사고를 예방할 수 있도록 한다. 실외활동은 보육교사가 미리 활동을 계획하고 자료를 준비해 활동을 촉진하며 사전에 놀잇감을 점검하고 준비한다. 실외활동 영역에서 다양하게 활동이 이뤄질 수 있도록 돕는다. 겉옷과 신발 신는 것을 돕고 자연물 탐색활동에 적극 참여할 수 있도록 돕는다.

(6) 수유, 이유, 간식, 점심 및 낮잠, 휴식

영아에게 수유를 할 때는 편안하게 안아서 우유(모유)를 먹이고, 이유식을 하는 영아는 고형식에 점차 적응하도록 기호에 맞추어 제공하며, 일반식을 하는 영아는 식사에 즐겁게 참여하여 스스로 음식을 골고루 먹을 수 있도록 지도해야 한다. 간식, 점심식사 전 손씻는 것을 돕고 영아들이 즐겁고 감사한 마음을 갖고 간식, 점심식사를 할 수 있는 분위기를 조성하며 간식, 점심시간을 통해 영양에 대한 교육과 바른 식습관 형성이 이뤄질 수 있도록 한다. 스스로 먹기, 음식을 골고루 먹기, 바른 자세로 먹기, 음식 및 건강에 대한 이야기 나누기에 대한 지도를 한다. 영아가 스스로 먹을 수 있도록 어느 정도 지저분해지는 것을 허용해야 한다. 간식시간은 15분 정도, 식사시간은 30분 정도를 기준으로 운영하며 주어진 시간 내에 먹지 못하는 경우에는 영아의 특성, 식성, 정서적・신체적 상태 등을 고려하여 융통성 있게 지도하고 교사는 바람직한 식생활 모델이 되도록 한다.

낮잠을 잘 수 있는 환경을 준비하기 위해 간단한 청소, 영아 개별이불 준비, 적당한 빛과 조용한 음악을 준비한다. 영아의 이름을 부르며 개별적으로 이닦기, 손 씻기, 화장실 가기 등 낮잠을 위한 준비를 하며 양치질과 손 씻기 후에 영아들이 개별적으로 자리에 누워 휴식 및 낮잠을 자도록 돕는다. 교사는 낮잠 잘 때 바른 수면자세를 갖도록 신경을 쓰며 영아가 모두 잠이 들었어도 자리를 뜨지 않는다. 잠자는 습관이 영아마다 다르므로 개별적인 보살핌을 하도록 한다. 낮잠을 자는 것을 힘들어하는 영아들은 보육교사가 강요하지 않고 조용히 쉴 수 있도록 돕는다. 0~2세의 발달단계별 낮잠의 형태와 특성은 〈표 6-3〉과 같다.

〈표 6-3〉 0~2세의 발달단계별 낮잠의 형태와 특성

월령	낮잠 형태 및 특성
1~3 개월	• 하루에 4~5회 걸쳐 20시간 정도 잔다. • 배가 고프거나 기저귀가 젖었을 때 눈을 뜨고 운다. • 2~3개월로 가면서 점차 수면시간이 줄어 든다. • 자기 전에 우는 경우에 자장가를 부르거나 요람을 가볍게 흔들어 주면 울음을 멈추고 잔다.
4~6 개월	• 잠자고 있을 때와 깨어 있을 때를 확실하게 구분할 수 있다. • 하루에 세 차례 정도 낮잠을 잔다. • 밤에는 수유한 다음 바로 자고 12시간 정도 계속 잠을 잔다.
7~8 개월	• 이전보다 쉽게 잠들고, 깬 다음에 혼자서 기분 좋게 놀기도 한다. • 배가 고프면 자다가도 눈을 뜬다. • 오전에 자는 낮잠이 오후에 자는 낮잠시간보다 길다.
9~10 개월	낮에는 밝은 곳보다는 어두운 방안에서 밤을 잘 잔다. 잠들게 되면 머리를 옆으로 돌리거나 엄지손가락을 빨거나 몸을 비틀거나 발로 이불을 걷어차곤 한다. 이따금 뭔가 중얼거리기도 한다. 오전 중에 낮잠 자는 시간이 길고 이전보다 더 규칙적으로 자게 된다. 오후에 자는 낮잠은 깊이 들지 않고 불안정하기 쉽다.
11~12 개월	가정생활의 일과표에 따라 다르다. 일정한 질서가 유지되고 있는 가정이나 기관에서 자라나는 경우 하루에 한 번이 되고, 오전 11시부터 오후 2시 사이에 낮잠을 자는 아기가 많다. 하지만 잠자고 싶어 하는 욕구는 개인에 따라 차이가 심하기 때문에 밤에 자는 시간과의 관계를 잘 생각하지 않으면 안 된다.
1년 ~1년 6개월	자기 전에 잠자리 속에서 재잘거리거나 놀잇감을 갖고 놀거나 이리저리 움직이곤 한다. 낮잠은 2~3시간 정도 잔다. 일반적으로 점심 후에 낮잠을 자는 예가 많다. 낮잠을 싫어하지 않고 오히려 자발적으로 잔다.
1년 6개월 ~1년 9개월	낮잠 자는 시간이 짧아져 1시간 반에서 2시간 정도가 된다. 잠자리에 들면 곧 꿈속에 빠지는 경우가 많다. 그러기 위해서는 낮 동안 실외에서 자주 활동하는 것이 중요한 역할을 한다. 그러나 자기 전에 놀잇감을 갖고 한 차례 노는 일도 있다. 또 자신이 좋아하는 놀잇감이나 이부자리를 붙잡고 있거나 품고 있지 않으면 잠들지 못하는 경우도 있다. 손가락을 빠는 일도 많은데, 걱정할 필요는 없다.
1년 9개월 ~2년	낮잠을 자기 위해 잠자리에 들면 한참 동안 혼자서 놀이를 하는데 적당히 이불을 덮어주면 잠이 든다.

2년 ~2년 6개월	낮잠을 자는 날과 자지 않는 날이 있다. 낮잠을 재우려 해도 안자는 날도 많다. 낮잠을 자지 않고 노는 영아와 반드시 낮잠을 자는 영아가 있는 것은 수면에 대한 개인차라고 생각해도 좋다. 낮잠을 자지 않는다고 걱정할 필요는 없다. 또 낮잠을 자다가 혼자 깨어나면 꾸물거리면서 좀처럼 일어나려 하지 않는다. 또 더 잘 것처럼 이부자리 속에 있는 경우도 있다.
2년 6개월 ~3년	혼자서 낮잠을 자는 영아도 있다. 그런 경우라도 잠자리 안에서 조금 놀고 난 뒤에 잠이 든다. 대부분은 한 시간 정도 낮잠을 잔다. 낮잠에서 깨어나면 기분이 좋지 않아 우는 경우도 많다. 늦게 잠이 들어 오후 10시경에야 일어나는 때도 있다. 낮잠은 그날의 활동에 좌우되는 경우가 많다.

출처 : 김혜경 외(2002), 효과적인 영아보육을 위한 지침서 제2권 영아반 운영의 실제, 서울 : 다음세대.

(7) 기저귀 갈이, 화장실 다녀오기

기저귀 가는 시간은 영아와 교사가 개별적으로 긴밀하게 상호작용할 수 있는 좋은 기회가 된다. 교사는 기저귀를 가는 동안 부드럽게 이야기해주고, 청결하게 처리해 줌으로써 영아가 기분이 좋아지는 시간으로 인식할 수 있도록 해야 한다. 또한, 기저귀를 갈 때는 절차에 따라 실행하여야 한다. 교사는 각 영아의 배변행동 리듬을 미리 파악하여 필요한 상황에 맞추어 기저귀를 갈아주는 노력이 필요하다. 배변행동의 횟수나 양·상태 등은 영아의 건강상태와 밀접한 관련이 있으므로 기저귀를 갈아줄 때마다 영아의 배변상태에 관심을 갖고 관찰하고 그 결과를 기록하는 습관을 갖도록 한다. 이러한 관찰은 영아의 상태를 파악하는데 도움을 주게 되고, 이후의 배변훈련을 예측하고 준비하는 것으로 연결된다. 어느 정도 시기가 되면 영아의 배변시간이 규칙적이 되며 보통은 아침에 일어나서, 낮잠 전후, 식사 전후, 밤에 잠자기 전에 소변을 보게 되므로 그 시간을 활용해서 배변훈련을 하며 영아가 화장실에서 어떻게 옷을 입고 벗으며 용변을 볼 것인지 그림으로 붙여 주어 익숙하게 해 준다.

(8) 오후 실내자유놀이

오후 실내자유놀이는 오전 실내자유놀이를 연장 또는 확장하도록 돕는다. 영아들이 선택하는 활동을 충분하게 탐색하고 흥미를 가질 수 있도록 교사는 교구·교재를 준비해 제공하고 적절하게 개입을 한다.

(9) 귀가 및 가정과의 연계

실내에서 조용하고 개별적인 활동을 할 수 있도록 지도하고 영아의 소지품 정리 및 옷차림과 머리를 단정하게 챙기며 귀가준비를 돕는다. 기저귀를 확인하고 귀가 전 화장실에 다녀올 수 있도록 한다. 귀가 시 어린이집에서의 영아생활과 활동 등을 하원시간에 부모님에게 전달하고 이야기를 나눈다. 이때 영아의 개별 상황에 맞추어 영아 스스로 부모님에게 표현할 수 있도록 지원한다.

하원 후에는 하루를 정리하고 다음날 수업에 대한 활동을 준비한다. 보육일지, 영아 관찰일지, 영아 활동 작품 등을 살펴보고 정리를 한다. 교실을 청소하고 수업에 필요한 교구를 제작한다. 교실의 소등상태와 창문 잠금을 점검한 후 퇴근한다.

영아반의 하루일과 운영을 위한 일일보육계획 및 운영 시 교사의 역할은 다음과 같다(보건복지부, 2013).

- 표준보육과정과 일반적인 영아 발달 특성에서 기대되는 발달과업에 기초하여 일과 계획의 큰 틀을 구성하고, 개별 영아의 월령이나 특성을 최대한 반영하여 보육활동의 세부 내용을 계획한다.
- 영아의 전인적 성장과 발달을 도모하는 내용을 균형 있게 계획하되 대·소근육을 활용한 신체활동과 다양한 언어, 감각·탐색활동이 매일의 일과 계획 및 운영에 포함되도록 한다.
- 일상양육을 위한 시간을 충분히 계획하고 개별적으로 운영한다.

- 일상생활과 놀이활동을 중심으로 교육적 경험을 계획하고 제공한다.
- 개인 영아의 생체 리듬과 개인적 욕구를 토대로 일과를 진행하고 일과 속에서 놀이활동이 영아의 흥미를 중심으로 자연스럽게 전개되도록 한다.
- 영아의 발달적 특성 및 개인 영아에 대해 파악하여 일과를 계획하고 이에 적절한 놀이나 활동이 개별적으로 진행될 수 있도록 운영한다.
- 일과 계획은 연간, 주제별, 소주제별 보육계획에 기초하여 일관성 있게 사전에 계획하여 진행하되, 영아의 흥미와 요구 및 여러 가지 상황에 따라 융통성 있게 조절한다.
- 영아의 일과 계획과 운영 역시 정적인 활동과 동적인 활동, 실내놀이와 실외놀이, 그리고 사람, 자연 및 사물과 상호작용 하는 놀이 등이 균형을 이루도록 다양한 활동들을 시도한다.
- 하루일과 운영 계획은 규칙적이나 일과 운영 시 영아의 개별적인 욕구에 따라 즉각적으로 반응하고 적절하게 상호작용하여야 한다. 특히 0세아는 영아 개개인의 생리 리듬에 맞추어 개별적인 하루일과를 진행하는 것이 매우 중요하다.
- 하루일과에 어느 정도의 규칙성, 일관성이 있어야 하나 획일적으로 규칙성을 지나치게 강조하는 것은 개별적인 욕구를 무시하는 것이므로 천천히 그리고 융통성 있게 적용하여야 한다. 하루일과의 규칙성은 영아로 하여금 언제, 어디서, 무엇을, 어떻게 하는가를 예상하여 영아로 하여금 교사에게 신뢰감과 안정감을 갖고 자신의 행동과 요구를 조절하며 능동적으로 활동할 수 있도록 해 준다.
- 수유 및 이유식, 낮잠 및 휴식, 기저귀 갈기 등의 일상적인 양육활동은 교사의 민감한 관찰을 통해 즉시 반응하고 교사와 개별적인 상호작용을 하여 양육자와 애착형성이 이루어져야 한다.

- 하루일과는 당일 영아들이 보이는 흥미나 요구, 예상치 못한 상황이나 사건 등을 고려하여 융통성 있게 운영한다. 예를 들어 교사가 계획한 활동에 영아가 전혀 흥미를 보이지 않을 때는 교사가 계획한 시간이나 내용을 그대로 하려고 하기보다는 그 활동을 마무리하고 다른 활동으로 대체할 수 있어야 한다. 반면에 교사가 계획한 것보다 영아가 지속적인 흥미를 보인다면 교사는 계획한 시간에 맞추어 활동을 마무리하기보다 계획한 후속 활동을 다음 날로 미루고 영아가 흥미를 보이는 활동시간을 연장하는 것이 바람직하다.
- 생리적인 요구를 충족시킬 수 있는 시간과 공간이 제공되어야 한다. 예를 들어 낮잠 시간이 아닌 때에 잠들더라도 수면에 방해받지 않아야 한다.
- 실외활동 계획은 건강을 위해 매우 중요한 활동이므로 매일 반드시 실시하도록 계획하고 이를 실행하지 못하는 경우 대안활동을 수립한다.
- 영아의 발달 수준과 흥미, 욕구 등을 고려하여 개별적인 활동을 준비하고 개별적 상호작용이 이루어지도록 일과운영 계획을 수립하고 운영한다.
- 안전한 놀이 환경에서 교사와의 정서적 안정과 애착형성이 일과 전반을 통해 이루어져야 한다.
- 하루일과의 실행기록과 평가, 영아들의 일상과 놀이활동에 대한 관찰기록이 구체적으로 기술되어야 한다. 관찰 내용을 다음 보육계획에 반영하고 부모와의 정보 소통을 위해 자료로 활용한다.

2 유아반의 하루일과 운영

1) 유아반의 하루일과

유아는 어린이집에서의 하루일과와 교사와의 상호작용을 통해 관계를 형성하며 어린이집에서 정서적 안정감을 갖게 되며 하루일과 속에서 유아는 또래와 지속적으로 놀이하고 또래 간 갈등을 해결하며 삶에 필요한 기술과 방식을 습득하면서 함께 공존하는 세계를 배우게 된다(Kim, 2003; 이경미, 2009). 또한 유아는 자신이 좋아하는 놀이를 주도하며 신체를 움직이고, 자신의 감정을 알고 조절하며, 다른 사람들과 사회적 관계를 맺고, 문제 해결 전략을 구안하여 활용하며, 성취감과 만족감을 느끼므로 3~5세 연령별 누리과정 5개 영역에 걸쳐 유아의 주도적인 경험과 놀이가 통합적으로 이루어지도록 하루일과를 운영해야 한다.

대부분의 어린이집은 실내자유선택활동과 실외자유선택활동의 시간 경우에는 법적 기준 및 국가에서 제안하는 수준이나 권고사항을 성실히 준수하며 유아반의 하루일과를 운영하고 있으며 법적 기준 및 제안 수준이 없는 집단활동과 특별활동시간 부분에서는 어린이집별로 다양하게 운영되어 어린이집마다 운영 형태와 시간에서 차이가 있다(황혁, 2014). 다양하게 운영되는 만 5세의 발달 특성 등을 고려한 하루일과 예시는 〈표 6-4〉와 같다.

〈표 6-4〉 만5세의 발달 특성 등을 고려한 하루일과 예시

시간	활동명
7:30~9:00	등원 및 통합보육
9:00~10:20	오전 자유선택활동
10:20~10:50	화장실가기/손씻기 오전 간식
10:50~11:20	대 · 소집단 활동
11:20~12:10	실외활동/손 씻기
12:10~13:20	점심식사/이닦기
13:20~13:40	대 · 소집단 활동
13:40~15:00	오후 자유선택활동
15:00~15:30	화장실가기/손씻기/ 오후 간식
15:30~16:20	실외활동/손씻기
16:20~17:30	오후 자유선택활동
17:30~17:50	대 · 소집단 활동
17:50~19:30	귀가지도 및 통합보육

시간	활동명
7:30~9:00	등원 및 통합보육
9:00~9:30	화장실가기/손씻기 오전 간식
9:30~10:50	오전 자유선택활동
10:50~11:20	대 · 소집단 활동
11:20~12:10	실외활동/손 씻기
12:10~13:20	점심식사/이닦기
13:20~13:40	대 · 소집단 활동
13:40~15:00	오후 자유선택활동
15:00~15:30	화장실가기/손씻기/ 오후 간식
15:30~16:20	실외활동/손씻기
16:20~17:30	오후 자유선택활동
17:30~17:50	대 · 소집단 활동
17:50~19:30	귀가지도 및 통합보육

시간	활동명
7:30~9:00	등원 및 통합보육
9:00~10:50	오전 자유선택활동 자율 간식
10:50~11:20	대 · 소집단 활동
11:20~12:10	실외활동/손 씻기
12:10~13:20	점심식사/이닦기
13:20~13:40	대 · 소집단 활동
13:40~15:00	오후 자유선택활동
15:00~15:30	화장실가기/손씻기/ 오후 간식
15:30~16:20	실외활동/손씻기
16:20~17:30	오후 자유선택활동
17:30~17:50	대 · 소집단 활동
17:50~19:30	귀가지도 및 통합보육

출처: 보건복지부(2012), 5세누리과정에 기초한어린이집 프로그램 ❶.

유아반의 하루일과 운영이란 유아가 어린이집에서 등원해서 귀가하기까지의 일과를 시간대별로 구분하여 교사가 사전에 계획한 내용을 실행하고 이를 평가하여 보육일지에 기록하는 순환적인 과정이다. 만 3~5세 하루일과(예시)는 〈표 6-5〉과 같다.

〈표 6-5〉 **만 3~5세 하루일과(예시)**

<table>
<tr><th rowspan="2">연령
활동
시간</th><th>만 3세</th><th>만 4세</th><th>만 5세</th></tr>
<tr><th colspan="3">활동명</th></tr>
<tr><td>17:30~8:40</td><td colspan="3">등원(출석체크 및 유아관찰, 개인물건 정리정돈)</td></tr>
<tr><td>8:40~09:30</td><td colspan="3">오전 자유선택활동</td></tr>
<tr><td>09:30~10:00</td><td colspan="3">오전 간식(정리정돈 및 화장실 다녀오기)</td></tr>
<tr><td>10:00~11:00</td><td colspan="3">실외자유선택활동 및 산책</td></tr>
<tr><td>11:00~12:00</td><td colspan="2">오전 자유선택활동</td><td>대 · 소그룹활동</td></tr>
<tr><td>12:00~13:00</td><td colspan="3">점심 식사 및 양치지도</td></tr>
<tr><td>13:00~13:30</td><td>대 · 소그룹활동</td><td rowspan="2">대 · 소그룹활동</td><td rowspan="2">자유선택활동</td></tr>
<tr><td>13:30~14:00</td><td rowspan="2">낮잠 및 휴식</td></tr>
<tr><td>14:00~15:30</td><td>낮잠 및 휴식</td><td>대 · 소그룹활동</td></tr>
<tr><td>15:30~16:00</td><td colspan="3">오후 간식</td></tr>
<tr><td>16:00~17:10</td><td colspan="3">오후 자유선택활동</td></tr>
<tr><td>17:10~19:30</td><td colspan="3">통합보육 및 귀가 지도</td></tr>
</table>

출처: 김계중 외(2015), 보육과정, 창지사.

3~5세 누리과정에 기초한 어린이집 프로그램에 제시된 유아반의 하루일과를 계획하고 운영시 고려할 사항은 다음과 같다(보건복지부, 2013)

- 하루일과를 운영하는 데 영향을 주는 여러 가지 요인(실시 시기, 장소, 시간대 등), 일과 운영에서 일어날 수 있는 어려움이나 특징들을 예측하고 이를 준비하여 하루일과를 운영한다.
- 유아들의 흥미나 요구, 갑작스런 날씨 변화나 상황 등을 고려하여 대안활동을 마련하여 융통성 있게 운영한다.
- 교사 중심으로 지식 위주의 개념을 가르치는 활동, 대집단 활동 등은 하루에 최소한으로 운영하고, 자유선택활동이나 놀이를 중심으로 운영한다. 대

집단활동을 진행할 경우에도 만 3세 유아의 흥미와 집중도를 고려하여 짧은 시간 내에 실시한다.

- 일상적 양육활동이 즐겁고 안전하며 편안하게 경험되도록 한다. 유아들의 생리적 욕구를 개별적으로 해결할 수 있게 해 주고, 이를 충족할 수 있는 충분한 시간과 공간을 배려하여야 한다. 유아의 신체적 욕구를 고려하여 규칙적으로 간식과 점심식사를 하고, 배변을 편안히 하도록 하며, 쉬어야 할 때는 휴식과 낮잠을 취할 수 있도록 일과를 계획한다.
- 유아의 개별적 차이를 고려한다. 개별 유아가 각기 자신의 고유한 기질과 행동 특성과 발달 수준을 나타냄을 이해하고, 양육의 경험에 따라 다양한 특성을 지니므로 부모에게서 유아에 대한 정보를 얻어 개별적 배려가 필요한 유아를 고려하여 계획, 운영한다.

2) 유아반의 하루일과 운영에 따른 교사의 역할

유아에게 발달적으로 적합한 활동과 유아의 경험을 다양하고 의미 있게 제공하는 역할, 교사의 민감하고 애정적인 역할, 지원자로서의 역할, 상호작용자로서의 역할, 관찰자로서의 역할 등 유아반의 하루일과 운영에 따른 보육교사의 역할은 매우 중요하며 다양한 역할이 요구된다.

하루일과 운영에 따른 어린이집 교사의 역할을 등원, 오전자유선택활동, 정리정돈, 대·소집단활동, 실외활동, 점심, 낮잠 및 휴식, 오후자유선택활동, 귀가 및 가정과의 연계로 나누어 살펴보면 다음과 같다(보건복지부, 2012, 2013; 한국보육진흥원, 2018).

(1) 등원

교사는 유아가 등원하기 전에 미리 보육실에 도착하여 보육실을 살펴본 후 보육실을 환기시키고 적당한 온도와 습도로 조절하고 실내에서 위험한 요소는 없는지를 점검한다. 각 흥미영역에 일일보육계획안과 주간보육계획안, 주제에 적합한 놀잇감과 환경구성이 잘 되었는지를 점검하고 집단활동을 위한 준비물이 모두 미리 준비되었는지 확인한다. 유아들이 오면 밝은 표정으로 반갑게 인사하고 따뜻하게 맞이하며 대화를 나누며 유아가 하루를 즐겁게 천천히 시작하도록 배려한다. 유아와 함께 등원한 부모에게 지난 귀가 후 등원하기까지 가정에서 있었던 경험이나 유아에 대한 간단한 정보를 듣고, 그 내용을 하루 동안 유아를 지도하는데 참고한다. 교사는 유아가 스스로 개인사물함에 신발, 옷, 개인용품을 넣도록 지도하며 유아의 기분, 건강 상태, 투약 시간, 중간 귀가 여부를 확인하고, 유아가 하고 싶은 놀이를 선택하여 놀이를 시작하여 자유롭게 활동할 수 있도록 수용적이고 편안한 분위기를 조성해 준다.

(2) 오전 자유선택활동

오전에 실내에서 진행되는 자유선택활동은 하루일과에서 중심적인 활동 시간이다. 특히 만 3세의 경우에는 주의집중 시간이 짧고 다른 또래와 타협이나 협동이 잘 되지 않으며 다양한 놀이를 이끌고 확대하지 못한다. 만 4세의 경우에는 주의집중 시간이 3세보다 많이 증가하였으나 아직 자율성이나 다른 또래와 협동이 잘 이루어지지 않을 수 있다. 자유선택활동시간은 유아들이 스스로 선택한 활동을 자신의 흥미나 놀이 수준에 맞추어 몰입하고 즐기도록 하며, 점차적으로 발달된 수준으로 활동이 진행될 수 있도록 교사가 적극적으로 개별적 상호작용을 시도해야 한다.

유아의 발달 수준과 흥미에 따라 자유롭게 활동과 놀이를 선택할 수 있도록 하고, 교사는 적절히 개입하여 필요한 개별적 상호작용을 해준다. 놀이와 활동에 필요한 준비물, 충분한 놀이공간 및 환경구성, 놀이시간 등을 제공하여 놀이와 활동이 활발히 전개되도록 지원한다. 만 5세의 경우 개별과제와 소집단 협력이 필요한 과제를 고르도록 제안하기도 하며 교사는 평가하기 시간에 유아들이 참여했던 자유선택활동을 서로 소개하여 여러 유아의 놀이와 서로의 느낌 또는 감정을 공유하도록 지원한다.

(3) 정리정돈

유아들이 전체적인 정리정돈 시간 외에 자신이 놀이를 끝내고 다른 놀이로 전이할 때 개별적으로 놀잇감을 정리하고 그 자리를 떠나도록 지도하며 자신이 만든 작품이나 놀잇감 등을 사물함에 가져다 넣도록 개별적으로 지도한다. 정리시간이 5~10분 쯤 남았을 때 유아들에게 미리 알려주어 새로운 놀이를 시작하거나 확장하지 않고, 놀이를 마무리 할 수 있도록 하며 노래나 악기 등을 사용하여 전체 집단에게 정리정돈을 알린다.

유아가 사용하기 적합한 크기의 빗자루, 쓰레기통 등 정리정돈에 필요한 물품을 같은 자리에 마련해 두며, 선반 위에 자리표시를 위해 놀잇감 사진이나 글씨를 붙여주어 항상 같은 자리에 정리하고 찾기 쉽게 한다. 전체 보육실의 정리정돈이 되어가는 상황을 수시로 확인하여 도움이 필요한 영역은 유아들이 가서 서로 도와주도록 격려한다.

(4) 대 · 소집단활동

대 · 소집단활동은 유아들이 함께 모여 활동을 하는 것이다. 만 3세의 발달적 특성은 주의집중 시간이 짧고 다른 친구들의 이야기를 오래 들을 수 없으며 다양한 개념들을 언어적으로 이해하는데 어려움이 있다. 만 4세의 발달적 특성은 주의집중 시간이 5세 만큼 길지 않으며 다른 친구들의 이야기를 충분히 이해하지 못하고 아직은 언어적으로 개념을 이해하는데 어려움이 있다. 따라서 만 3~4세반의 경우 대집단활동보다 소집단이나 개별적 활동이 활발히 이루어지도록 운영한다. 대·소집단활동의 인원구성은 되도록 적은 수로 하고 하루에 모이는 횟수는 최소화하며, 진행시간 등은 짧게 하여 유아가 흥미를 잃기 전에 마친다. 특히 학기 초에는 대집단보다는 소집단활동을 더 많이 계획하고 실시하며 교사가 일방적으로 활동을 이끌기보다 많은 유아들이 서로 개별적 경험을 나누되 지루해 하지 않게 진행되도록 한다. 대·소집단활동을 하는 동안 교사는 관련 내용에 대해 적절하게 질문하고, 제안하고 유아의 반응을 격려하고 인정해준다.

(5) 실외활동

실외활동은 매일 1시간 이상 충분하게 계획하여 진행한다. 실외에서는 유아가 계절에 따른 자연의 변화를 자연스럽게 접하면서 실내에서 할 수 없는 놀이기구를 이용한 대근육 활동이나 물·모래놀이, 자전거 타기, 뛰어다니기, 그림자놀이, 식물을 기르고 관찰하기 등 다양한 경험을 하도록 한다. 하루 종일 어린이집에서 생활하는 유아가 실외활동을 통해 긴장을 풀고 정서적인 발산을 하도록 한다.

실외활동은 실내활동과 연계하여 균형이 이루어지도록 하며 융통성있게 운영하며 자연환경을 직접 탐색하고 관찰하는 경험을 제공하는 등 정적인 활동과 휴식할 수 있는 공간을 마련해 준다. 물·모래놀이나 물감을 이용한 활동, 신체활동 등을 할 수 있는 다양한 기회를 제공한다. 안전을 위해 소그룹 또는 차례로 나갈 수 있도록 지도하며 실외에서는 안전한 환경을 제공하고 안전사고가 일어나지 않도록 지속적으로 관찰한다. 평소 안전교육을 통하여 유아 스스로 안전의 중요성을 인식하고 안전하게 놀이기구를 사용할 수 있도록 지도한다. 간단한 구급약과 물휴지 등을 항상 준비하며 놀이 후 휴지줍기, 물 잠그기 등 주변을 스스로 정리하도록 한다.

(6) 간식, 점심 및 낮잠, 휴식

간식과 점심시간은 단순히 음식을 먹는 시간이라기보다는 유아가 다양한 음식을 접해보고, 선호하는 음식의 폭을 넓혀가는 시간이며 유아의 식습관과 위생개념이 형성되는 시간이므로 간식이나 점심을 먹기 전에 손, 책상 등을 깨끗하게 닦도록 지도하고 바른 식습관 형성을 돕는다. 혼자 먹을 수 있도록 격려하며, 식사 후 주변을 정리할 수 있도록 한다. 개별 유아의 식습관을 배려해 주어 안정된 분위기를 조성하도록 지도하며 개별적으로 잘 형성되지 않은 식습관은 개별적으로 지도하고 유아가 편식을 하지 않고 바른 식사예절을 지키도록 지도한다. 개별 유아의 식사량을 파악하여 배식한다. 교사도 유아와 함께 음식을 먹으면서 유아들의 식습관 등을 관찰하고 유아들이 조용히 대화를 나누며 기분 좋게 음식을 먹을 수 있도록 안정되고 즐거운 분위기를 조성한다. 식사를 마친 후에 자신이 먹은 그릇을 스스로 정리할 수 있도록 지도하며 식사가 끝난 후에 유아들이 사용할 양치도구를 준비해 스스로 이를 닦을 수 있도록 한다. 간식의 경우, 개별적으로 간식을 각자 먹을 경우 그날의 간식내용과 양을 표시해 두어 유아 스스로 간식을 덜어서 먹을 수 있도록 배려한다.

만 3세와 4세의 경우에는 매일 충분한 낮잠을 자야 신체적으로 건강하게 매일의 생활을 할 수 있다. 잠에 빠져드는 시간, 잠자는 자세, 잘 때 필요한 요구, 잠자는 시간, 잠에서 깰 때의 기분상태 등은 개인차가 매우 크다. 교사는 개별 유아의 이러한 습관을 잘 알고 개별적인 배려를 최대한 해주어야 한다. 유아 스스로 낮잠을 준비할 수 있도록 지도하며 교사는 유아의 낮잠분위기 조성을 위해 커튼을 쳐 빛을 차단하고 조용한 음악으로 소리를 조절하며 온도와 습도를 적당히 유지한다. 빨리 깨어난 유아가 다른 유아들의 잠을 방해하지 않도록 조용한 놀이를 하도록 한다. 유아들이 하루일과 중 필요한 경우는 언제나 개별적으로 휴식을 취하도록 공간을 마련해 주고 쉴 수 있도록 해준다. 휴식은 유아가 긴 하루일과 중에서 쌓인 피로를 풀어주고 활기차게 다음 활동에 참여할 수 있도록 하며 면역력을 높여주므로 매일 일정하게 휴식하는 시간을 정하고 개인차, 하루일과의 특성, 견학, 날씨 등을 고려하여 충분한 휴식을 취할 수 있도록 한다.

(7) 화장실 다녀오기

화장실을 다녀오는 것은 하루일과 중 수시로 일어나며 개별적인 배려가 필요하다. 유아가 배변 의사를 표현한 경우 화장실에 가는 것과 교실로 돌아오는 것을 확인한다. 용변시간을 정해 놓고 모든 유아가 맞출 수는 없으나 일반적으로 정리정돈 시간 후, 점심, 낮잠 시간 후, 자유선택활동 시간 등에 규칙적으로 화장실에 가도록 지도한다. 용변 후 반드시 손을 스스로 깨끗이 씻도록 지도한다.

(8) 오후 자유선택활동

오후 자유선택활동은 낮잠 후에 차분한 분위기에서 소주제와 관련된 오후 활동을 하거나 자유롭게 유아가 활동을 선택하여 진행한다. 이때 오전 활동을 확장, 심화하거나 흥미영역 중 몇 영역에서만 오후 활동을 진행하기도 한다. 오후 활동은 오전과 연계된 활동을 하거나 오전에 끝내지 못한 놀이를 지속할 수 있다.

(9) 귀가 및 가정과의 연계

하루를 마치는 귀가 시간에는 지낸 하루를 돌아보고 그날에 있었던 특별한 일이나 생각나거나 느낀 점을 돌아보도록 하며 다음날의 일과와 연계가 되도록 기대감을 갖게 하거나 가정에서 이루어졌으면 하는 활동을 소개하기도 한다. 귀가

시간에는 하루를 지낸 유아들이 안전하게 귀가할 수 있도록 지도하고 개별 유아들이 하루의 일과를 조용히 정리하고 즐거운 마음으로 부모님을 만날 수 있도록 정서적으로 지지해 준다. 개별 유아들이 옷을 입고 소지품을 챙길 수 있도록 충분한 시간을 두고 계획한다. 주간보육계획안에 제시된 '귀가 및 가정과의 연계' 내용을 부모님과 함께 귀가하면서 경험하도록 부모님과 유아에게 전달한다. 하루일과 중 식사량, 수면 등의 특이사항, 공지사항 등과 같이 부모님께 전달할 내용을 미리 정리하여 준비한다. 유아가 약속된 보호자와 함께 귀가하는지를 반드시 확인한다.

하루일과 운영과정에서 만3~5세 누리과정의 목표와 내용이 적용되도록 실행하여 누리과정이 추구하는 인간상을 구현하도록 해야 하며 누리과정에 근거하여 유아의 발달적 개인차와 흥미, 어린이집과 지역사회의 특성을 반영하여 계획을 수립하고 실행하고 평가해야 한다. 또한 보편적인 누리과정의 목표와 어린이집의 고유한 보육철학을 함께 반영하여 하루일과를 계획, 운영하여야 한다.

보육목표와 내용에 적합한 보육활동을 다양하게 선정하여 균형 있게 영역별 경험이나 활동내용을 통합적으로 제공하고 통합적으로 하루일과를 운영하기 위한 교사의 역할은 다음과 같다(보건복지부, 2012).

- 누리과정의 내용과 관련된 활동들을 놀이 중심으로 진행한다. 하루일과의 계획은 주간보육계획안을 토대로 주제에 맞는 보육활동을 선정하여 누리과정의 목표가 통합적으로 균형 있게 배분되도록 활동을 선정하고 이를 놀이 중심으로 진행한다.
- 하루일과를 예측가능 하도록 규칙적이고 일관성 있게 계획한다. 어린이집의 하루일과는 어린이집에 사정에 따른 차이가 있으나 대개 만 5세 유아가 등원하여 계획하기, 오전자유선택활동, 정리정돈 및 화장실 다녀오기, 오전 간식, 대·소집단활동, 점심식사, 실외놀이나 산책, 휴식, 오후자유선택활동,

정리정돈 및 화장실 다녀오기, 오후 간식, 귀가지도 및 평가, 통합 보육 및 귀가하기 등의 일과가 규칙적으로 반복해서 이루어진다. 하루일과의 규칙성과 일관성은 유아로 하여금 예측을 가능하게 하여 안정감을 가지고 자신의 행동과 요구를 조절하며 적극적으로 활동할 수 있게 한다. 교사는 교실 내 또는 입구에 하루일과순서표를 게시하여 유아들이 그날의 하루일과를 볼 수 있도록 한다.

- 활동 간 균형을 맞추어 계획한다. 하루일과 내에 개별 활동과 대·소집단활동, 교사주도활동과 유아주도활동, 동적 활동과 정적 활동, 실내활동과 실외활동, 활동하는 시간과 휴식하는 시간을 균형있게 배치한다. 동화듣기와 같은 정적 활동을 한 후에는 신체표현이나 게임과 같은 동적 활동을 배치함으로써 유아들이 활동의 리듬 속에서 안정감을 느끼며 하루일과를 보내도록 한다.
- 여러 유형의 상호작용이 동시에 일어날 수 있도록 한다. 일과의 운영은 활동을 계획하고 실행하는 과정에서 다양한 상호작용과 교수법을 활용하도록 한다. 즉, 하루일과 내에 교사와 개별 유아, 유아집단과의 상호작용, 또래 간의 상호작용, 유아와 교구와의 상호작용의 기회가 골고루 제공될 수 있도록 계획한다. 다양한 활동의 교수법과 상호작용이 실행될 때 누리과정의 목표와 내용이 균형있게 경험된다.
- 유아의 흥미와 의견을 반영한다. 자유선택활동 시간에 유아들 스스로 활동을 계획하고 참여할 수 있도록 지원한다. 집단활동을 선정하고 진행함에 있어서 개별적으로나 집단적으로 의견을 표현할 수 있도록 하고, 유아 스스로 자신의 활동을 선택하고 전개해 갈 수 있도록 지원한다.

Chapter

07

영유아 이해 및 지도

학습목표

1. 영유아를 이해할 수 있는 다양한 방법에 대해서 안다.
2. 영유아 관찰법의 종류와 방법을 이해한다.
3. 다양한 상황에서의 바람직한 영유아 지도방법을 안다.
4. 바람직하지 못한 영유아 지도방법과 그 이유를 안다.

어린이집에서는 학기 초 오리엔테이션 전후에 각종 동의서를 포함한 입학 관련 서류를 부모로부터 제공받아 영유아에 관한 기초 정보를 얻는다. 이후 부모 상담 또는 영유아 관찰, 포트폴리오 등을 통해서 영유아에 관한 정보를 얻고 이를 통해 영유아를 이해하고 지도하게 된다.

1 영유아 이해

1) 부모를 통한 영유아 이해

부모를 통해 영유아를 이해할 수 있는 방법은 입학 관련 서류와 부모 상담 등이 있다.

(1) 입학 관련 서류

어린이집에서는 오리엔테이션 전후로 입학 관련 서류를 가정에 요청하는데 이를 통해서 담임교사는 가족사항, 입학 전 경력, 신체 발달, 식사습관, 영유아의 성격, 주양육자에 관한 정보 등을 알 수 있다. 담임교사는 부모로부터 받은 서류를 자세히 읽고 영유아가 어린이집에 등원하기 시작하면 보육을 위한 기초정보로 활용할 수 있어야 하며, 서류를 읽고 더 궁금한 사항에 대해서는 필요에 따라 부모로부터 직접 문의하여 확인해야 한다.

〈표 7-1〉 **영유아에 관한 정보를 알 수 있는 입학관련 서류 예시**

<table>
<tr><td colspan="4"></td><td>아동명
(생년월일)</td><td></td></tr>
<tr><td rowspan="14">아동양육 및 발달상황</td><td>주 양육자</td><td colspan="2"></td><td>출산 시 부모연령</td><td>부: 세/ 모: 세</td></tr>
<tr><td>수유 방법</td><td colspan="2">모유 • 우유 • 분유</td><td>이유식시기</td><td>개월 부터</td></tr>
<tr><td colspan="3">수유 시 특별한 습관</td><td colspan="2"></td></tr>
<tr><td rowspan="2">사전경험</td><td colspan="4">다른 교육기관에 다녔거나 교육을 받은 경험 여부 (예 • 아니오)</td></tr>
<tr><td colspan="4">있다면 구체적으로(기간 : 종류:)</td></tr>
<tr><td rowspan="2">신체발달</td><td colspan="4">걷기 시작한 시기 ( )개월</td></tr>
<tr><td colspan="4">몸 움직임이 민첩하다 • 보통이다 • 몸 움직임이 느리다</td></tr>
<tr><td rowspan="2">언어사용</td><td colspan="4">말이나 몸짓을 통한 의사소통능력(해당사항을 표시)
: 정확하게 잘 된다 • 보통이다 • 미숙하다 •
기타( )</td></tr>
<tr><td colspan="4">제일 처음 언어 사용 시기 ( ) 개월</td></tr>
<tr><td rowspan="2">성 격</td><td colspan="4">외향적 • 내성적 • 고집 셈 • 순함 • 까다로움 (해당사항을 모두 표시)</td></tr>
<tr><td colspan="4">낯선 상황에 대한 반응(해당사항을 표시)
: 심하게 운다 • 엄마 주변에만 있는다 •
불안해하지 않으나 엄마 존재를 확인한다 • 쉽게 익숙해진다</td></tr>
<tr><td rowspan="3">병 력</td><td rowspan="2">심하게 앓은 질병</td><td colspan="2">질병이름:</td><td>앓은 시기:</td></tr>
<tr><td colspan="2">질병이름:</td><td>앓은 시기:</td></tr>
<tr><td>알레르기 여부</td><td colspan="3">음식: 약품: 기타:</td></tr>
<tr><td rowspan="6">현재의 건강 및 생활</td><td>건강상태</td><td colspan="4">건강함 • 보통 • 허약함</td></tr>
<tr><td rowspan="4">식사습관</td><td colspan="2">좋아하는 음식: 많음 • 조금 • 없음</td><td>좋아하는 음식</td><td>싫어하는 음식</td></tr>
<tr><td colspan="2">먹는 속도: 빠름 • 보통 • 느림</td><td rowspan="2"></td><td rowspan="2"></td></tr>
<tr><td colspan="2">먹는 방법: 혼자 • 도움 받음 • 먹여줌</td></tr>
<tr><td colspan="4">간식시간: 규칙적 • 불규칙적 / 좋아하는 간식:</td></tr>
<tr><td>배 변</td><td>대 변</td><td colspan="3">주로 아침 • 낮 • 밤
혼자 함 • 도움 필요 • 기저귀 사용</td></tr>
</table>

<table>
<tr><td rowspan="6">습관</td><td rowspan="2"></td><td>소 변</td><td>자주 • 보통 • 가끔
혼자 함 • 도움 필요 • 기저귀 사용</td></tr>
<tr><td>특별한
배변습관</td><td></td></tr>
<tr><td rowspan="4">수 면</td><td>자는 시간
(밤 시)</td><td>혼자서 잔다 • 부모와 잔다 • 형제와 잔다
• 기타( )
많이 잔다 • 보통 • 적게 잔다 • 기타( )</td></tr>
<tr><td>일어나는 시간
(아침 시)</td><td>잠투성이 있다 • 잠투정이 없다
정한 시간에 일어난다 • 깨워야 일어난다</td></tr>
<tr><td>낮잠시간
보통
시 ~ 시 까지
(시간 잔다)</td><td>매일 잔다 • 가끔 잔다 • 전혀 자지 않는다
재워준다 • 혼자서 잔다</td></tr>
<tr><td>특별한
수면습관</td><td></td></tr>
<tr><td rowspan="5">가정생활</td><td rowspan="3">놀 이</td><td colspan="2">특별히 좋아하는 장난감:</td></tr>
<tr><td colspan="2">가장 많이 하는 놀이 종류: 자동차놀이 • 소꿉놀이
• 기타( )</td></tr>
<tr><td colspan="2">주로 놀이하는 상대: 부 • 모 • 친구
• 기타( )</td></tr>
<tr><td rowspan="2">양육방식</td><td colspan="2">주로 훈육을 맡는 사람:</td></tr>
<tr><td colspan="2">부모 간 일치 • 불일치 / 엄격한 편 • 보통 • 허용적인 편</td></tr>
<tr><td colspan="2">등•하원</td><td colspan="2">적응기간이 끝난 후, 등 · 하원 시켜주시기는 분(등원: , 하원:)
주된 등 · 하원 시간 (~)</td></tr>
</table>

(2) 부모 상담

부모 상담을 통해서 교사는 부모로부터 가정에서의 영유아에 관한 정보를 얻을 수 있으며, 부모 또한 교사로부터 어린이집에서의 정보를 얻을 수 있다. 부모 상담은 시기에 따라서 정기적으로 이루어지는 학기초 상담, 학기말 상담과 특별한 경우에 이루어지는 수시 상담이 있으며, 방문의 유무에 따라서 직접 만나서 하는 대면 상담과 직접 만나지 않고 이루어지는 전화 상담, 온라인 상담 등이 있다. 상담 전 가능하면 부모로부터 상담신청서와 함께 상담하고 싶은 내용에 대한 기록지를 받으면 교사는 사전 준비가 가능하다는 장점이 있다(신혜원 외, 2016).

① 학기초 상담

앞으로의 어린이집에서의 생활을 위해서 부모로부터 영유아에 관한 많은 정보를 얻기 위한 상담이기 때문에 교사에게 부모가 영유아에 대한 정보를 듣고 기록하여 영유아가 어린이집에서 잘 적응하고 생활할 수 있도록 돕기 위한 자료로 활용한다.

② 학기말 상담

영유아의 어린이집에서의 성장과 발달에 초점을 두어 교사가 준비한 자료를 바탕으로 부모에게 정보를 주고, 가정과의 연계를 통해 긍정적인 방향의 발달을 위해 협의한다.

③ 수시 상담

주로 문제 상황이나 반드시 알려야 하는 상황에서 부모 또는 교사가 요청하여 이루어지는 상담을 의미한다.

④ 대면 상담

직접 방문하여 이루어지는 상담이므로 부모 및 교사 모두의 일정에 방해되지 않지 않도록 시간을 미리 정하는 것이 필요하다. 얼굴을 보고 하는 상담이므로 편안한 분위기 속에서 솔직한 이야기를 나눌 수 있도록 해야 하며, 정해진 시간 내에 상담이 이루어져야 하므로 시간을 줄이기 위해서는 상담 신청서를 통해 사전에 어떤 내용으로 상담할 것인지를 미리 정하면 효율적인 상담이 가능하다.

⑤ 전화 상담

전화를 통한 상담은 신속히 이루어질 수 있다는 장점을 가지고 있지만 심각한 내용의 경우 깊이 있는 이야기를 나누기는 어렵다는 단점이 있다.

⑥ 온라인 상담

홈페이지 혹은 스마트폰의 알림장 앱을 통한 의사소통이 가능해지면서 최근 활발하게 이용되기 시작한 상담이며, 간편하게 활용할 수 있다는 장점이 있다.

2) 관찰을 통한 영유아 이해

영유아는 어릴수록 언어적 의사소통에 어렵기 때문에 관찰을 통해 이해하는 것은 가장 적합한 방법이라고 볼 수 있다. 관찰은 크게 영유아와의 놀이 및 일상생활에 참여하며 관찰도 하는 참여관찰과 참여하지 않고 관찰만 하는 비참여 관찰이 있으며, 일화기록, 시간표집법, 사건표집법, 체크리스트, 평정척도 등이 있다.

(1) 일화기록

어린이집에서 언제 어디서나 이루어질 수 있는 관찰방법으로 개별 영유아에 대한 일화를 기록하는 방법이다. 표준화된 검사지와 함께 사용하거나, 주기적으로 기록할 경우 영유아에 대한 유용한 정보로 활용할 수 있다.

〈표 7-2〉 **일화기록의 예**

관찰유아	0 0 0(여, 0000년, 0월, 0일생, 00개월)
관찰일시: 0000년 00월 00일 목요일 오전 00시 00분 활동장소: 00반 보육실 장 면 : 동물원놀이장면	(□□가 엄마 역할, 교사가 아이 역할을 맡아 엄마와 함께 동물원에 가서 동물들을 살펴보는 놀이를 하고 있음) 교사가 (코끼리 모형을 가리키며) □□에게 "엄마, 이 동물은 뭐에요?"라 물으니 신체영역에서 집을 구성해 놀이하고 있던 ○○가 빠르게 다가와 "이 동물은 토토에요. 토!토!"라 말한다. 교사가 ○○에게 "아~ 그렇구나. 토토는 어떤 음식을 좋아해요?"라 물으니 ○○는 "음... 토토는 당근을 좋아해요"라고 말한다. 이를 들은 □□가 당근을 가지고 있던 △△에게 다가가 "당근 좀 빌려줄래?"라고 하자, △△가 "안돼"라고 말한다. 이를 옆에 있던 ○○가 역할영역 교구장을 둘러보며 "당근 아니고 토마토 아니고 사과를 좋아해요"라고 말한 후 직접 교구장에서 사과모형을 꺼내와 동물 우리 안에 사과를 넣는다. 그리고 교사와 □□에게 "아무거나 주면 안돼요. 배 아파요"라고 말한 후, 다시 "나는 아줌마니까 들어와도 되는데, 이 안에 들어오면 안돼요. 물릴 수 있어요"라 말한다. 교사가 "아~ ○○는 동물들 돌봐주는 사육사 아주머니니까 들어가도 되는 거예요?"라 하니 ○○는 고개를 끄덕이며 "네! 나는 동물들 돌봐주는 사람이니까 괜찮은 거예요"라 말한다.
평가 및 해석	• 평소 ○○는 □□이에 대한 애착이 강한 편이며, □□와 함께 놀고 있지 않아도 □□의 행동을 살피는 때가 많음. • 사육사와 관람객의 역할을 구분하며, 놀이 중 스스로 역할을 맡아 그에 적절한 상호작용을 하며 놀이에 참여함. • 자신이 말한 당근을 구하지 못하는 상황이 되자 다른 대체물을 구하는 방법으로 스스로 문제를 해결함. • 동물원에서 지켜야 하는 약속을 기억하고 놀이 속에서 이를 언어적으로 표현하며, 자신은 사육사 역할을 맡아 정해진 규칙에서 벗어나는 행동을 해도 된다는 것에 성취감을 느낌. • 대표되는 동물의 먹이에 대해서는 정확하게 인지하고 있지 않음.

(2) 시간표집법

관찰하고자 하는 특정 행동을 일정 시간 동안 같은 간격의 시간으로 나눠서 몇 회 발생했는지 기록하는 방법이다. 특정 행동은 자주 발생되는 행동이어야 하고, 명확하게 정의할 수 있고 보여질 수 있는 것으로 누구든지 관찰 가능한 것이어야 한다(이영석, 1997).

〈표 7-3〉 시간표집법의 예_머리카락을 뽑는 행동

횟수	시간	관찰횟수	빈도수
1회	0 ~ 5분	///	3
2회	5 ~ 10분	//	2
3회	10 ~ 15분	////	4
4회	15 ~ 20분	/	1
5회	20 ~ 25분	//	2
6회	25 ~ 30분	///	3
	총(30분)		15

(3) ABC 서술식 사건표집법

하나의 특정 행동이나 사건을 관찰하여 기록하는 방법으로 사건의 전과 후의 맥락적인 이해가 가능하다. 'ABC 서술식 사건표집법'은 특정 행동 또는 사건의 전(A: Antecedent Event)과 행동 그 자체(B: Behavior), 행동 또는 사건의 후(C: Consequence)를 모두 기록하는 방법으로 특정 행동 또는 사건의 원인과 결과를 알 수 있다는 장점이 있다(박찬옥 외, 2014).

〈표 7-4〉 **사건표집법의 예**

관찰유아: 0 0 0(남, 0000년, 0월, 0일생, 00개월)
관찰자: aaa 관찰일시: 0000년 00월 00일 관찰행동: 줄서기

시간	사건전	사건	사건후
오전 09:10 ~ 09:20	○○는 △△와 함께 가지고 놀이했던 퍼즐을 정리하고 있다.	선생님께서 간식 시간임을 알리자 정리하던 퍼즐을 그대로 두고 선생님 앞에 뛰어간다. 이미 정리를 마친 □□가 선생님 앞에 와서 줄을 서 있지만, 선생 앞으로 가서 맨 앞에 줄을 선다. □□가 내가 "내가 먼저야."라고 말하자 울음을 터뜨린다.	교사가 "○○야"라고 부르자 울음을 그치고 말없이 □□ 뒤로 가서 줄을 선다.
평가 및 해석	○○는 줄서기에 대한 기본생활습관이 바르게 형성되어 있지 않아서 맨 앞에 줄을 서고자 한다. 하지만 교사가 설명하지 않고 이름만 불렀어도 뒤로 가서 바르게 줄을 선 것으로 보아 줄서기의 개념을 알고 있다고 판단된다. 이미 형성된 줄서기의 바른 개념을 토대로 줄서기에 대한 기본생활습관이 형성될 수 있도록 지속적인 지도가 요구된다. 또한 자신의 의사를 울지 않고 언어로 표현하고, 사과할 수 있도록 지도해야겠다.		

(4) 체크리스트

특정 사건이나 행동의 발생 여부 또는 존재 유무를 "예" 또는 "아니오" 혹은 "√"하도록 구성된 것으로 현 상태뿐 아니라 발달의 변화도 알 수 있다는 장점과 비교적 손쉽게 관찰이 가능하다는 장점을 가지고 있다(박찬옥 외, 2014).

〈표 7-5〉 **체크리스트 예**

관찰유아: 0 0 0(여, 0000년, 0월, 0일생, 00개월) 관찰자: ccc

관찰일	1회	2회	3회	4회	5회

영역	내용	1회	2회	3회	4회	5회
일상생활	화가 나도 떼를 쓰거나 소란을 피우지 않는다.					
	또래의 놀이나 활동을 방해하지 않는다.					
	자신의 물건을 챙긴다.					
	놀이를 마친 후 놀잇감을 정리한다.					
	옷입고 벗기를 스스로 한다.					

(5) 평정척도

영유아에게 나타나는 행동이나 특성의 정도를 체크하는 방법으로 수량화된 점수로 기록지를 평정하는 방법이다. 주로 5점 또는 3점 척도를 사용하며, 단순히 특정 사건이나 행동의 유무만을 기록하는 것이 아니라 '질'까지 평가할 수 있다는 장점이 있다.

〈표 7-6〉 **평정척도 예**

관찰유아: 0 0 0(남, 0000년, 0월, 0일생, 00개월) 관찰자: bbb

예절영역		전혀 그렇지 않다	그렇지 않다	보통이다	그렇다	매우 그렇다
1	등하원 시 교사나 어른께 인사한다.	1	2	3	4	5
2	바른 자세로 듣는다.	1	2	3	4	5
3	어른께는 두 손으로 받고 드린다.	1	2	3	4	5
4	올바르게 앉아서 식사를 한다.	1	2	3	4	5
5	친구들과 인사를 잘한다.	1	2	3	4	5

3) 포트폴리오를 통한 영유아 이해

포트폴리오는 하나 이상의 영역에서 영유아가 수행한 결과물을 체계적으로 수집한 것으로써 영유아의 진보된 결과를 한눈에 알 수 있다는 장점을 갖는다(황혜경 외, 2014). 수행한 결과물의 모음이기 때문에 작품모음집과 혼돈하기도 하지만, 단순히 작품을 모아놓은 것과는 달리 영유아의 발전, 진보 등에 초점을 맞춰 조직적으로 수집했다는 점에서 분명히 구별되며, 최근 많이 사용되고 있는 방법이다.

2 영유아 지도

대부분의 어린이집은 오전 7시 30분부터 오후 7시 30분까지 운영되기 때문에 영유아들은 긴 시간 동안 어린이집에서 보내는 경우가 많은데, 영유아는 일상생활 속에서 놀이를 통해 배우며 생활하기 때문에 영유아에 대한 지도는 하루일과의 시작인 등원에서부터 시작되어 귀가 때까지 이루어져야 한다.

1) 일상생활에서의 영유아 지도

(1) 등원 지도

어린이집에서의 등원은 오전 7시 반부터 통합보육 시간부터 시작되는데, 교사는 반갑게 영유아와 부모를 맞이하면서 하루일과에 필요한 다양한 정보를 이 시간 동안 부모로부터 얻어서 이를 하루일과에 반영해야 한다. 예를 들어 영아의 기분, 아침식사 여부, 건강상태, 투약 유무 등에 관한 정보를 부모로부터 알 수 있는데, 이와 함께 시진을 통해 열이 있는지, 아픈 곳은 없는지 등도 등원지도 담당 교사는 꼼꼼히 살필 수 있어야 한다. 최근에는 스마트폰을 활용한 알림장이 활성화되어 필요한 정보를 간략하게 알 수 있지만, 등원 시간에는 영유아와 함께 부모님을 만나서 직접 얼굴을 보며 이야기할 수 있는 기회가 되므로 보다 자세하게 정보를 얻고 확인이 가능한 시간이라는 점에서 의미있는 시간이 된다.

등원 지도 시 유의할 점은 다음과 같다. 첫째, 통합보육시간에 이루어진 등원의 경우 등원지도를 담당했던 교사는 담임교사에게 영유아를 인계할 때 등원지도를 통해 얻은 정보 또한 함께 전달할 수 있어야 한다. 둘째, 등원 지도 시간에는 보육실에 있는 영유아의 안전을 위해서 보육실에 있는 영유아의 수와 교사의 수를 고려해서 등원지도 시간을 조절해야 한다.

(2) 놀이 지도

어린이집에서 놀이는 주로 자유선택활동을 통해 이루어진다. 자유선택활동은 실내에서는 2시간 30분 이상, 실외의 경우 영아는 30분 이상, 유아는 1시간 이상 이루어지게 되는데, 일반적으로는 영유아가 어릴수록 혼자놀이가 주로 이루어지며, 연령이 높을수록 또래친구와 함께 놀이하는 비율이 높아진다.

영유아 놀이의 유형에 대한 분류는 학자마다 다른 관점을 가지고 있지만, Parten(1932)에 따르면 영유아기 사회적 놀이 유형은 비몰입 행동, 지켜보는 행동, 혼자놀이, 연합놀이, 협동놀이로 분류한다. 이는 다시 말해서 영유아는 놀이 시간에 배회하고 지켜보는 탐색 과정을 거쳐, 혼자서 놀이하기를 시작하며, 이후 연합하고 협동하여 또래친구와 놀이하게 된다는 것을 의미한다. 따라서 영유아가 놀이에 적극적으로 참여하지 않고 배회하거나 지켜보는 형태 또한 넓은 의미에서의 놀이로 인정하고 놀이에 몰입할 수 있도록 지원해주는 것이 필요하다.

자유선택활동은 시작 전에 미리 놀이를 계획할 수 있도록 준비된 놀이를 흥미영역별로 소개해 주고 스스로 선택하여 참여할 수 있도록 지원해주어야 한다. 또한 놀이가 시작되었으면 다음과 같은 주의사항을 통해 놀이가 잘 이루어지고 있는지 확인해야 한다.

- 배회하고 있는 영유아는 없는가?
- 영유아가 골고루 놀이에 참여하고 있는가?
- 부족한 놀잇감은 없는가?
- 놀이는 확장되어지고 있는가?

그리고 놀이 후에는 반드시 놀이에 대한 평가하는 시간이 필요한데, 어떤 놀이가 재미있었는지, 재미있었던 이유는 무엇인지, 놀이하면서 속상했던 점은 없었는지 등을 영유아와 함께 이야기나누기를 통해서 확인하고 새로운 아이디어나 수정, 보완해야 하는 점을 알아내어서 다음 놀이 활동에 반영하여 운영하도록 한다.

(3) 집단활동 지도

집단활동은 영아반보다는 유아반에서, 연령이 높을수록 더 적합하다는 특징을 가지고 있는데, 집단활동이란 학급 전체 또는 일부가 일정한 장소에 모여서 이루어지는 활동을 의미한다. 주로 이루어지는 활동으로는 이야기나누기, 새노래 지도, 동화 및 동극, 게임 등이 있다.

대집단 활동은 주로 유아반에서 이루어지는데, 유아의 흥미, 주의집중 시간, 활동의 특성, 연령, 이해 정도 등을 고려해서 계획해야 한다. 대집단 활동 시 고려해야 할 사항은 다음과 같다. 첫째, 유아들은 주로 쌓기놀이영역에서 이루어지며

카펫과 의자를 사용해서 앉게 되는데 집단의 크기를 고려해서 충분한 공간이 마련되어야 한다. 둘째, 유아들은 대집단으로 앉을 경우 출입문이나 창문을 마주보게 되면 유아가 산만해질 수 있으므로 출입문이나 창문은 등지고 앉을 수 있도록 하는 것이 좋다. 셋째, 대집단 활동 시간은 10분에서 15분 정도가 적당하며, 최대 20분을 넘지 않도록 하는 것이 좋다. 넷째, 집단활동 시에는 바른 듣기의 태도를 형성할 수 있도록 교사뿐 아니라 또래친구의 이야기에 귀기울일 수 있도록 해야 한다. 다섯째, 영유아가 골고루 활동에 참여할 수 있도록 지도해야 한다. 여섯째, 부끄러움이 많거나 소심한 유아의 경우 집단활동에 부담을 느낄 수 있으므로 단계적으로 서서히 대집단 활동에 참여할 수 있도록 배려해줘야 한다.

(4) 낮잠 및 휴식 지도

대부분의 영유아들은 또래친구와 몰입하여 놀이하며 체력을 소모하지만, 스스로 휴식이 필요함을 알고 적당한 낮잠 및 휴식을 취하지는 못한다는 특성을 가지고 있다. 대부분의 어린이집의 경우 운영시간은 오전 7시 30분부터 오후 7시 30분까지이기 때문에 영유아가 장시간 어린이집에서 생활하는 경우가 많다. 따라서 영유아가 낮잠 및 휴식 없이 어린이집에서 생활한다면 영유아들은 쉽게 피로해질 수 있고 이로 인해 어린이집에서의 일과가 원활하게 이루어지기 어려울 수 있다.

영유아의 개인차와 연령차가 크다는 특성 때문에 이를 고려한 낮잠 및 휴식 계획이 필요한데, 일반적으로 어린이집에서는 1시간에서 2시간 정도의 낮잠을 통해 휴식이 이루어지며, 연령이 낮을수록 긴 시간의 낮잠이 이루어진다.

낮잠 지도 시 유의할 점은 다음과 같다.

- 개인별 매트, 이불, 베개를 사용하도록 한다.
- 개인별 매트, 이불, 베개는 주 1회 가정으로 보내서 세탁 후 다시 사용하도

록 한다.

- 낮잠이 용이하도록 조명을 어둡게 하며, 필요한 경우 암막 커튼 또는 블라인드 등을 사용한다.
- 외부에서 보육실 내부가 전혀 보이지 않도록 해서는 안된다.
- 낮잠도 영유아의 일과 중 한 부분이므로 보육교사는 절대 영유아가 낮잠을 자는 보육실을 떠나서는 안 되며 영유아가 편안한 수면을 취하고 있는지 확인해야 한다.
- 가능하면 잠옷으로 갈아입고 여아의 경우 낮잠 자기 편한 머리 스타일을 하도록 한다.
- 조용한 음악을 준비하여 들려준다.
- 낮잠을 자지 않는 영유아를 위해 조용한 놀이를 할 수 있도록 퍼즐이나 그림책을 준비한다.
- 영유아가 이동할 수 있도록 낮잠 매트를 놓는다.
- 규칙적인 일과를 위하여 매일 같은 시간에 자고 일어날 수 있도록 한다.
- 가능하면 영유아의 머리와 머리, 머리와 발이 닿지 않도록 낮잠 매트를 배치한다.
- 낮잠에서 일어나도록 할 때에는 서서히 조명을 밝게 하고 경쾌한 음악소리를 들려주도록 자연스러운 환경에서 깨어나도록 한다.

(5) 급간식 지도

어린이집에서는 오전 간식, 점심, 오후 급식을 제공하는데, 간식의 경우 자유선택시간에 자유롭게 먹도록 하거나 정해진 시간에 다 같이 먹도록 하며, 점심의 경우 급식실이나 보육실에서 한꺼번에 다 같이 먹는 것이 일반적인 급간식 방식이다. 어린이집에서 2번의 간식과 급식을 제공하는 이유는 영유아의 균형잡힌 영양섭취로 건강한 신체를 유지하고 식사 예절을 직접 체험하며 배우고, 다양한 음식을 접해봄으로써 편식하지 않고 골고루 먹는 식습관을 형성하기 위함이다. 이를 위해 교사는 다음과 같은 점에 유의하여 급간식 지도를 해야 한다.

- 급간식 전에는 반드시 손을 씻고, 식사 후에는 양치질을 하도록 한다.
- 새로운 음식의 경우 조금씩이라도 맛볼 수 있도록 한다.
- 먹는 것을 거부하는 경우에는 억지로 먹도록 하지 않는다.
- 즐거운 분위기 속에서 먹을 수 있도록 한다.
- 돌아다니지 않고 자기 자리에서 먹을 수 있도록 한다.
- 숟가락, 포크, 젓가락 등을 사용하여 음식을 먹을 수 있도록 한다.
- 식사 후에는 조용한 놀이를 하거나 휴식할 수 있도록 한다.
- 영아의 경우 정해진 시간 외에도 필요할 경우 융통성 있게 수유 시간 및 급간식을 제공한다.

3 문제 상황에서의 영유아 지도

어린이집은 가정과는 달리 적게는 3~4명에서 많게는 20여명까지의 영유아가 한 학급에서 함께 생활하는데, 이들은 가정에서 서로 다른 상황과 환경을 경험할 뿐 아니라 다수의 영유아가 함께 생활하기 때문에 어린이집에서는 문제 상황이 필연적으로 발생하게 된다. 하지만 영유아에게 있어서 문제 상황은 교사의 적절한 지도에 의해서 얼마든지 교육적인 상황으로 바뀔 수 있기 때문에 교사가 바람직한 방법으로 영유아를 지도하는 것은 매우 중요하다.

1) 바람직한 방법의 영유아 지도

(1) 영유아의 마음 읽어주기

자기조절능력이 성숙되지 않은 영유아에게 영유아의 감정을 있는 그대로 읽어주고 수용해 주는 것은 영유아의 정서를 안정시키는데 도움이 된다. 이는 명확한 정답이나 해결방안을 제시해주는 이상으로 문제 상황을 해결하는 데에도 도움이 된다. 교사는 영유아의 비언어적인 표현에 민감하게 반응하며 온정적인 언어적인 상호작용으로 영유아가 편안한 마음의 상태가 될 수 있도록 해야 한다.

- 바람직한 상호작용
  - ○○의 마음이 많이 속상했겠구나! 마음이 편안해지면 생각해보고 선생님한테 이야기해줄 수 있니?
  - ○○가 많이 화가 났구나. 무슨 일 때문에 화가 났는지 선생님한테 이야기해줄래?
  - 많이 놀랐겠다. 선생님이 안아줄게.

(2) 상대방의 입장에서 생각해 보기

피아제(Piaget, 1896~1980)의 인지발달이론에 의하면 영유아기는 감각운동기와 전조작기에 해당한다. 감각운동기의 경우 대상영속성이 획득되고 감각 및 신체운동을 통해 지식을 구성해 가는 시기이며, 전조작기는 물활론적 사고, 인공론적 사고, 직관적 사고 등 자기중심적 사고를 하는 시기이다(이기숙, 2013). 따라서 타인조망능력이 발달하기 이전의 시기이므로 다른 사람의 마음을 헤아려보고 이에 대해서 이야기를 해보는 것은 또래친구의 마음을 이해하는데 도움이 된다. 교사는 영유아들이 상대방의 입장에서 생각해보고 이야기할 수 있도록 지원하는 것으로써 문제 상황을 정확하게 파악할 수 있는 기회를 만들어 줄 수 있다(육아정책연구소, 보건복지부, 2013).

- 바람직한 상호작용
  - ○○야, **는 지금 마음이 어떨까?
  - ○○라면 기분이 어떠할까?

(3) 해결방법 함께 생각해 보기

- 영유아에게 "~해라, ~하지마"의 명령적인 말투는 영유아가 스스로 의사 결정을 할 수 없게 할 뿐 아니라 문제해결력을 저하하게 만든다. 또한 교사의 권위적인 말투는 영유아와의 상호작용을 단절시키고 영유아의 정서에도 부정적인 영향을 준다(신혜원, 2016). 따라서 교사는 언제나 열린 마음으로 영유아의 목소리에 귀 기울이고, 문제 상황에서는 영유아와 함께 고민하며 함께 문제를 해결할 수 있도록 해야 한다.

- 바람직한 상호작용
  - 어떻게 하면 좋을까?
  - 이런 방법이 있구나. 또 다른 방법도 있을까?
  - ○○가 좋은 생각을 했구나. 그래. 이렇게 해보면 나중에는 어떻게 될까?

2) 바람직하지 못한 방법의 영유아 지도

최근 어린이집에서는 영유아와의 상호작용에서 아동학대와 관련된 문제가 발생되고 있다. 아동학대는 문제 상황이나 갈등 상황 중에 교사의 거친 행동에서 비롯되는 경우가 많은데, 교사는 자신의 행동이 잘못된 행동임을 인식한 상태에서 행동하는 경우도 있지만, 인식조차 하지 못한 경우도 빈번하다. 그러므로 교사는 바람직한 상호작용뿐 아니라 바람직하지 못한 상호작용에 대해서도 알아야 할 필요가 있다.

① 비교하기

또래친구와의 비교는 영유아의 자존감 낮추는 일종의 정서적인 문제를 초래할 수 있다. 영유아의 발달은 개인차가 크므로 상대적인 비교는 부적절하다. 따라서 개인의 성장과 발달 내에서 비교를 하는 것이 바람직한 방법이다.

- 바람직하지 못한 상호작용
  - ○○는 정리를 잘하는데, **는 지금 정리 하고 있니?
  - ○○가 잘하니까 ○○처럼 해보자?
  - ○○는 벌써 다 했네. 너희들은 뭐하고 있니?

② 무시하기

영유아와의 상호작용은 언어적인 상호작용뿐 아니라 비언어적인 상호작용도 포함되는데, 영유아의 표정, 이야기, 몸짓 등의 상호작용에 무반응하는 것은 영유아에게 불안한 감정을 초래할 수 있다. 물론 교육적인 의도를 가지고 부정적인 행동을 소거시키기 위한 무시가 있을 수는 있으나, 이러한 의도적 무시 또한 부모와의 교육적인 협의 과정을 통해 이루어져야 할 것이다.

③ 체벌을 비롯한 거친 행동

- 영유아에게 훈육은 잘못된 행동에 대해 알도록 하고 문제의 해결방안을 찾는데 의미가 있다. 하지만 영유아의 마음에 상처를 주는 교사의 말과 행동은 삼가야 한다. 잘못한 행동에 대해 긍정적인 훈육이 되기 위해서 교사는 먼저 교실에서 지켜야 할 약속을 정하고, 잘못한 행동이 있을 경우 즉시 그 사실에 대해서만 이야기 나누어야 한다. 또한 교사는 어떠한 경우에도 영유아에게 감정적으로 화를 내어서는 안 된다(고정곤 외, 2016).

- 바람직하지 못한 상호작용
  - 부정적인 표정, 행동, 말투
  - 타임 아웃 또는 생각하는 의자
  - ○○는 아가반에 가야겠다.
  - 영유아의 옷이나 팔을 잡아 당기는 행동

Chapter

08

딜레마와 갈등관리

학습목표

1. 딜레마와 갈등관리의 개념을 이해할 수 있다.
2. 업무 관련 딜레마와 갈등 상황에서 능동적으로 대처할 수 있다.
3. 보육현장에서 자주 발생하는 보편적인 문제 상황을 파악할 수 있다.
4. 효과적인 의사소통 방법을 이해하고, 이를 적절히 구사할 수 있다.

어린이집에서 보육교사로 일과를 운영하고 영유아를 돌보고 지도하다 보면 수많은 딜레마 상황에 부딪히게 된다. 얼마나 전문적인 교사가 되고 얼마나 능숙하게 교실을 운영하느냐는 이러한 딜레마에 처했을 때, 얼마나 적절하게 의사결정을 하느냐와 관련이 있다고 해도 지나치지 않다. 또 조직에서 인간관계가 원만하게 이루어진다면 구성원들은 아무런 갈등 없이 주어진 업무를 효율적으로 수행하여 조직 목표를 원활하게 달성할 수 있다. 그러나 그렇지 못하면 구성원들 간에 질시와 반목으로 심한 갈등을 겪게 된다. 특히, 보육현장에서는 영유아를 비롯하여 보육교직원 · 학부모 · 지역사회 관계인 등 다양한 계층의 인적 자원과 접촉함으로써 다양한 갈등이 생겨날 수 있다. 따라서 보육현장에서 일어나는 다양한 문제 상황에 효과적 · 효율적으로 대처하기 위해서는 갈등관리 및 의사소통 기술을 갖추어야 한다.

1 딜레마와 보육현장

1) 딜레마의 개념

딜레마(Dilemma)의 어원은 그리스어의 di(두 번)와 lemma(제안 · 명제)의 합성어로, 진퇴양난(進退兩難) · 궁지(窮地)를 뜻한다. 삼단논법(三段論法) 특수형식의 하나로서, '양도논법(兩刀論法)'이라고도 하는 전통적 논리학 용어다. 딜레마란 두 개의 판단 사이에 끼어 어느 쪽도 결정할 수 없는 상태에 빠져 있는 것을 말한다.

다음과 같은 예를 보면 딜레마를 쉽게 이해할 수 있을 것이다. '그가 지금 이것을 하지 않으면 그가 태만하다는 책임을 진다. 또 그가 이제야 이것을 한다고 해도 그는 태만한 것에 대한 책임을 진다(대전제). 그러나 이제 그는 이것을 하지 않고 두든가, 이것을 하든가 해야 한다(소전제). 따라서 그는 어떻게 하든지 책임을 면할 수 없다'(결론). 혹은 '그가 지배 계급의 정부에 반대한다면, 그는 혁명가라고 불린다. 그가 그 정부에 순종한다면, 그는 피지배 계급의 배반자가 된다(대전제). 그는 반대하든가, 아니면 순종할 수밖에 없다(소전제). 따라서 그는 혁명가라고 불리든지 배반자가 되든지 그 어느 쪽일 수밖에 없다'(결론).

자! 이제 흥미진진한 딜레마 상황 속으로 빠져들어가 보자. 각 딜레마 상황에서 여러분은 어떻게 대처할 것인가? 각자의 생각을 서로 토론해 보기 바란다. 먼저, 영국의 윤리 철학자인 푸트(Philippa R. Foot)와 미국의 도덕 철학자인 톰슨(Judith J. Thomson)이 연구한 '트롤리 딜레마(Trolley Dilemma)' 두 가지를 살펴보자. 다음의 딜레마는 사람들에게 브레이크(brake)가 고장 난 트롤리 상황을 제시하고, 다수를 구하기 위해 소수를 희생할 수 있는지를 판단하게 하는 문제 상황이다.

"당신은 전차 기관사이고 지금 전차는 시속 100km가 넘는 속력으로 질주하고 있다. 그런데 저 앞에 다섯 명의 인부가 철로에 서 있다. 속도가 빨라 브레이크를 잡아도 멈출 수 없는 상황이다. 대신 오른쪽에 비상철로가 눈에 보이지만, 그곳에도 인부가 한 명 작업하고 있다. 당신은 불과 몇 분의 일 초 안에 철로를 바꿀지 말지를 결정해야 한다."

"이번에 당신은 폭주하는 전차를 다리 위에서 내려다보고 있다. 전차는 다섯 명의 인부를 향해 전속력으로 질주하고 있다. 그런데 당신 옆에는 엄청나게 뚱뚱한 한 사람이 역시 이 광경을 지켜보고 있다. 만약 당신이 그 사람을 밀쳐 전차가 들어오는 철로로 추락시키면 다섯 인부의 목숨을 구할 수 있다."

다음으로, 미국의 경제학자 플로드와 드레셔(Merrill Flood & Melvin Dresher)가 연구한 '죄수의 딜레마(Prisoner's dilemma)'를 살펴보자. 다음의 딜레마는 자신의 이익만을 고려한 선택이 결국에는 자신뿐만 아니라 상대방에게도 불리한 결과를 일으키는 상황이다.

> "두 명의 범죄 조직원이 체포되어 왔다. 이 범죄자들은 각각 독방에 수감되었다. 경찰로서는 두 명의 공범을 기소하기 위한 증거가 부족한 상황이다. 이러한 상황에서 경찰은 이들에게서 자백을 받아 범죄를 입증할 계획을 세우고 각 범죄자를 대상으로 신문을 한다. 이때 경찰은 두 공범에게 같은 제안을 한다. 다른 한 명의 공범에 대해 자백을 하면 자백한 그 사람은 석방하지만, 다른 공범은 징역 3년을 받게 된다. 이는 상대편 공범이 자백을 했을 경우에도 마찬가지이다. 즉, 누구든 자백을 하면 자백을 한 그 사람은 석방되지만, 상대편 공범은 3년의 징역을 받는다. 그러나 두 공범이 모두 자백을 하면 각각 징역 2년을 받으며, 둘 다 자백하지 않고 묵비권을 행사하면 각각 징역 6개월을 받게 된다."

끝으로, 미국의 발달심리학자 콜버그(Lawrence Kohlberg)가 연구한 '하인츠의 딜레마(Heinz's dilemma)'를 살펴보자. 다음의 딜레마는 남편 하인츠가 아픈 아내를 위해 약을 훔치는 일이 도덕적으로 올바른 일인가에 대한 물음으로, 인간의 도덕성 발달 수준을 확인하기 위한 문제이다.[1)]

> "유럽 어느 곳에선가 어떤 부인이 암으로 죽어 가고 있었다. 그 부인을 살리는 약은 오직 한 가지밖에 없었다. 이 약은 같은 마을에 사는 어느 약제사가 발견한 일종의 라듐이었다. 그 약은 재료 원가가 비싸기도 했지만, 약제사는 약값을 원가의 10배나 매겨 놓았다. 그는 라듐을 200달러에 구입하여 적은 분량의 약을

1) 콜버그(Kohlberg)는 1956년부터 10~16세 미국 중류층 남자 아동청소년 75명을 대상으로, 하인츠와 약사의 도덕적 갈등상황을 들려준 다음 도덕성에 관한 반응을 조사하고 분석하여 1958년에 도덕성 발달이론을 발표하였다. 이 이론은 도덕성 발달을 세 가지 수준과 6단계로 설명하였다.

만든 후, 그 약에 2,000달러를 요구한 것이다. 아픈 부인의 남편인 하인츠는 돈을 구하려고 아는 사람들을 모두 찾아 다녔으나 약값의 절반인 1,000달러밖에 마련하지 못했다. 남편은 약제사에게 부인이 죽기 직전이라는 사정을 설명하고 약을 싸게 팔거나 아니면 외상으로라도 팔아 달라고 간청한다. 그러나 약제사는 '안 됩니다. 나는 이 약을 개발하기 위해 일생의 공을 들였고, 이 약을 통해서 돈을 벌려고 합니다.'라고 대답했다. 절망한 하인츠는 마침내 약방문을 부수고 들어가 부인을 위하여 약을 훔쳤다."

2) 보육 관련 딜레마 상황

보육교사도 마찬가지다. 보육교사는 영유아의 보육과 관련하여 중요한 결정을 내려야 하는 다양한 문제 상황에 직면하게 되기 때문이다. 이럴 때 보육교사는 딜레마를 경험하게 된다. 다시 말해 보육교사는 보육현장에서 하루에도 수차례에 걸쳐 다양한 문제 상황 관련 딜레마에 빠지며, 그는 자신의 도덕적·윤리적 판단에 따라 의사결정을 해야만 한다. 이러한 상황에서 보육교사가 어떤 의사결정을 하여 만족스러운 해결방안이 나오기도 하지만, 그러하지 못한 결과를 가져오기도 한다(최윤희 외, 2018: 206). 그렇지만 보육교사는 앞서 제3장에서 공부하였던 '어린이집 원장·교사 윤리강령'을 기초로, 자신의 지식과 소신에 따라 문제 상황을 바로 보고, 현명하게 대처하여야 한다.

(1) 아동학대 신고 관련 딜레마

아동학대와 관련된 사건이 뉴스에 나올 때 우리는 어떤 반응을 하는가? 대체로 "어떻게 저런 일이 일어날 수 있을까?"라고 반문한다. 그러나 보육교사는 특별히 이 사안을 면밀히 살펴보아야 한다. 그 이유는 보육교사는 의무적으로 아동학대를 신고해야 하는 신고의무자이기 때문이다. 「아동학대범죄의 처벌 등에 관한 특례법」에, 어린이집의 원장 등 보육교직원은 "직무를 수행하면서 아동학대범죄를 알게 된 경우나 그 의심이 있는 경우에는 아동보호전문기관 또는 수사기관에 즉시 신고하여야 한다."고 규정하고 있다(제10조 제2항 제12호). 또 신고를 하여도 이를 이유로 불이익조치를 받지 않도록 되어 있다(같은 법 제10조의2). 그리고 신고의무자인 보육교사가 이를 신고하지 않으면 500만 원 이하의 과태료가 부과된다(같은 법 제63조).

이처럼 정부는 아동학대 사각지대를 없애기 위해 일부 직군에 신고의무를 부여했다. 그러나 신고의무자들은 자신의 신변이 노출될까 두려워 아동학대 신고를 주저하고 있다. 즉, 신분 노출로 일자리를 잃을까봐 신고를 주저한다. 또 아동학대와 관련된 민감도가 사람마다 다를 수 있기도 하다. 어찌됐건 아동학대 신고와 관련하여 보육교사는 딜레마에 빠진다. 그렇지만 어린이집 아동학대는 보육교사의 신고가 가장 정확하다고 인정되므로, 교사는 자신의 의무를 충실히 이행하여야 한다.

아동학대 발생건수가 계속해서 늘고 있지만, 학대 발견율은 2%대로 낮은 것으로 나타났다. 보건복지부와 중앙아동보호전문기관에 따르면, 아동학대 발생 건수는 2012년 6,403건에서 2014년 1만 27건, 2015년 1만 1,715건, 2016년 1만 8,700건, 2017년 2만 2,000건 등으로 매년 증가했다. 재(再)학대 발생 건수도 2015년 1,240건에서 2017년 2,160건으로 늘었고, 학대로 말미암아 숨진 아동의 수는 2015년 16명에서 2017년 38명으로 두 배 이상 늘었다.

2019년 1월 경기도 의정부에서는 바지에 소변을 봤다는 이유로 친모가 네 살배기 막내딸을 약 4시간 화장실에 가두고 벌주는 등 학대해 숨질 때까지 방치한 사건이 발생했고, 2017년 11월에는 다섯 살배기 딸의 발목을 수차례 밟아 몸을 가누지 못하게 하고 방치해 숨지게 한 뒤 시신마저 유기했던 '고준희양 암매장' 사건이 대중의 분노를 샀다. 또 2013년 칠곡 계모 아동학대 사망 사건이나, 2014년

울산 입양아동 학대 사망 사건 등은 우리 모두의 가슴을 아프게 했다.

학대 의심 신고 건수가 2012년 1만 900건에서 2017년 34만 4,000건으로 크게 늘었지만, 우리나라 아동학대 발견율은 2017년 기준 2.64%다. 이는 경제협력개발기구(OECD) 주요국과 비교했을 때 낮은 수치로, 미국은 9.40%, 호주 8.00%, 프랑스 3.94% 정도다.

■ **"일자리 잃을까봐"…아동학대 신고 주저하는 의무자들**

학대 행위자의 80%가 부모인 만큼 아동학대 사각지대를 없애는 데 가장 중요한 것은 '신고'다. 부모는 피해 아동과 가장 친밀한 관계인 데다가, '가정사'라는 이유로 범죄가 잘 드러나지 않기 때문이다. 이에 우리나라는 아동을 접할 기회가 많은 사람에게 신고의무를 부여했다. 「아동학대범죄의 처벌 등에 관한 특례법」에 따라 초·중·고 교사, 의사, 아동복지시설 종사자, 보육교직원, 아이돌보미 등 24개 직업군 종사자를 학대 신고의무자로 지정하고, 아동학대 범죄를 인지하면 신고할 수 있도록 했다. 하지만 이들의 신고율은 일반인의 절반에도 미치지 못한다. 특히, 아이돌보미와 같이 영유아와 밀접하게 보내는 시간이 많은 직군의 신고 건수는 2017년 기준 전체 8,949건 중 9건으로 매우 저조하다. 이에 중앙아동보호전문기관 관계자는 "본인에게 불이익이 생길지도 모른다는 우려 때문에 신고를 꺼리는 경우가 있을 것으로 추정된다."고 설명했다. 그는 "보육교사였는데, 학대가 의심되는 상황임에도 불구하고 본인의 신변이 노출돼 직장을 잃을까봐 신고를 주저하는 경우가 있었다. 신고의무자 직군이지만 동시에 직업이기 때문에 충분히 딜레마에 빠질 수 있을 거라 본다."고 말했다.

출처: 쿠키뉴스(2019. 1. 16), 유수인 기자(suin92710@kukinews.com).

(2) 영유아의 보편적인 문제 상황 관련 딜레마

보육교사는 하루에 영유아들과 약 1,500건 이상의 상호작용을 하며, 1시간에 평균 10여 가지의 중요한 결정을 내리고(Berliner, 1985, 허미경, 2014 재인용), 2분(minute)에 한 가지씩 유아들을 가르치는 데 필요한 결정을 내려야 하는 것으로 나타났다(Clark & Peterson, 1986, 허미경, 2014 재인용). 이러한 결과가 비록 우리나라의 상황이 아니긴 하지만, 이처럼 보육교사는 보육현장에서 다양한 문제 상황을 접하게 된다. 따라서 보육교사는 이를 해결하기 위한 어떤 적절한 의사결정을 내려야 할지에 대해 딜레마에 빠진다(최윤희 외, 2018: 206-218).

① 영아의 물기 · 꼬집기 · 때리기 등 공격적 행동

영아는 언어적 자기표현이 미숙하므로, 공격적 행동을 많이 보인다. 특히, "아니야", "내가 할 거야!"라고 하면서 고집부리는 아이, 친구들과 자신이 좋아하는 놀이기구에 있어서 나누기와 함께 사용하기가 되지 않아 무는 아이, 욕심이 많아 항상 친구들과 다투고 친구의 놀이기구를 빼앗는 아이, 자신이 원하는 대로 되지 않을 때 잘 우는 아이 등 다양한 문제 상황이 발생한다.

② 영아의 부적응 행동

영아들은 생후 6~7개월이 지나면서 낯가림이 나타나며, 12개월 이후 분리불안이 심해진다. 24개월이 지나서도 부적응 행동이 나타날 때 어린이집 적응에 많은 어려움이 따를 수 있다. 특히, 학기 초에 영아들은 심리적인 불안감을 느껴 어린이집에 적응하는 데 오래 걸리고, 계속 우는 문제를 주기적으로 보인다. 신입원아 · 재원원아뿐만 아니라 반이 바뀌고 선생님이 바뀔 때 부적응 행동이 더욱 심하게 나타나기도 한다.

③ 영아의 심하게 손가락을 빠는 행동

손가락을 빠는 것은 어린 아기들의 버릇 중 하나다. 아기는 손가락을 빨면서 정서적 안정감을 느낀다. 그러나 심리적 불안감 · 두려움 등으로 말미암아 손가락 빨기를 유난히 계속하는 영아의 경우나, 최근에 나타난 특징적 행동 중에 심하게 손가락을 빨아서 늘 손이 빨갛게 부어 있는 상황이 발생한다.

④ 유아의 또래관계의 문제(던지기·욕하기·밀치기 등) 행동

유아기에는 놀이과정에서 친구에게 나쁜 말하기, 괴롭히기 등 공격적 행동이 많이 발생한다. 유아의 욕구가 좌절됐을 때 친구의 장난감 망가뜨리기, 신체적으로 밀치기, 짜증 섞인 혹은 화난 말투로 말하기, 욕하기 등 자신의 부정적 감정 표현을 의사소통의 방법으로 공격적인 행동을 한다. 때로는 다 같이 모여 이야기를 나누는 시간에 옆에 있는 친구를 방해하는 행동으로 신체적 공격을 가하기도 하고, 또래와 연합놀이나 협동놀이 상황에서 다툼이 자주 일어난다.

⑤ 유아의 편식

유아의 음식 성향은 크게 채소를 좋아하는 성향과 육류를 좋아하는 성향으로 나눌 수 있다. 편식이 심한 아이는 자신이 좋아하는 음식 이외의 음식이나, 좋아하지 않는 음식은 아예 먹는 시도조차 하지 않는다. 여러 종류의 음식을 먹도록 노력해도 입에 넣으면 뱉어내거나, 입속에 넣고 오물거리기만 하고 삼키지는 않는다. 또한, 이런 상황에서 보육교사가 다른 아이와 비교해서 상대적으로 양을 최소로 조절해 주는데도 남긴다. 편식을 하는 유아 대부분은 상당 기간이 지나도 잘 고쳐지지 않는다.

⑥ 유아의 부적응 행동

유아가 징징대고 울거나 보육교사에게 매달리는 행동으로 자신의 욕구를 해결하려는 경우는 대개 가정에서의 경험에 따른 습관에서 나오는 행동이다. 특히, 자신의 욕구가 충족되지 않을 때 떼를 쓰거나, 물건을 집어 던지기도 한다. 자신의 욕구 충족을 목적으로 고집을 부리거나, 바닥에 드러누워 울거나, 소리를 지르는 행동을 한다.

2 갈등관리

1) 갈등과 갈등관리의 개념

갈등(葛藤)의 한자를 풀어보면, 칡나무 '갈(葛)'자와 등나무 '등(藤)'자가 결합해서 만들어진 말이다. 즉, 칡과 등나무가 얽히듯이 일이나 사정 등이 복잡하게 뒤얽혀 화합하지 못하는 모양을 의미한다. 더 나아가 서로 어긋나는 견해, 이해 따위의 차이로 말미암아 생기는 충돌, 또는 정신적인 세계 내부에서 각기 다른 방향을 지닌 힘이 충돌하는 상태를 말한다. 다르게 표현하면, 인간의 심리나 세계 속에서 인간과 관계 맺고 있는 다양한 대상이 서로 복잡하게 얽혀 있는 상태를 갈등이라고 한다. 이러한 갈등은 여러 장면에서 발생할 수 있고 유형도 다양하기 때문에 하나의 고정된 정의를 사용하는 것은 매우 어려운 일이다.

갈등이라는 말은 다른 대상(또는 집단) 간의 충돌을, 한편으로 내면에서 발생하는 욕구나 심리적인 상태 간의 충돌을 나타내기도 한다. 일반적으로 갈등은 두 개의 양립할 수 없는 욕구나 기회·목표 등에 직면했을 때 발생한다. 갈등은 사회적 대상의 내부 또는 외부에서 일어나는 부조화 상태이다. 이러한 정의를 통해 갈등은 개인뿐만 아니라 사회적 집단(단체)에서 발생할 수 있으며, 개인과 집단의 내적인 충돌과 더불어 외적인 충돌을 모두 포함한다는 점에 주목할 필요가 있다. 따라서 갈등을 이해하기 위해서는 개인 내부에서 일어나는 갈등과 집단 간의 갈등을 구분하여 살펴볼 필요가 있다.[2)]

2) 집단 내적인 갈등도 존재하나, 이러한 경우에 발생하는 갈등은 집단 특성과 상황적 특수성에 따라 매우 다양하므로 집단 내에서 발생하는 갈등은 생략한다.

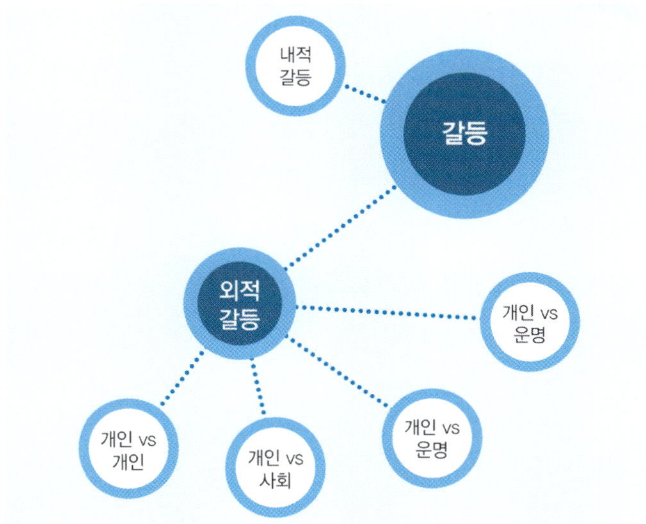

[그림 8-1] 갈등과 외적 갈등

갈등은 생존과 직결되는 본능인 동시에 이를 해결하고자 하는 인간의 욕구를 반영한다. 개인 내부의 갈등은 정신분석학적 관점에서 보면 원초아(id)가 쾌락원리를 추구하는 과정에서 자아(ego)의 통제를 받아 긴장이 발생하고, 이러한 긴장상태가 심리적 갈등상태를 유발한다. 다른 사람과의 관계에서 발생하는 외적 갈등은 자신이 관심을 가진 것에 상대방이 부정적인 영향을 미치거나 미치려고 한다는 것을 지각(perception)할 때 나타난다(Thomas, 1992). 외적 갈등은 다시 개인 간, 집단 간, 집단 내 갈등으로 구분할 수 있고, 갈등의 내용에 따라 목표 갈등, 정서 갈등, 행동 갈등으로 나눌 수 있다.

갈등은 역기능(逆機能)만을 가지고 있는 것은 아니다. 갈등은 조직 내에서 수행을 이끌어내기도 하고, 민주적인 의사결정이 이루어지도록 만들고, 조직 목표 달성을 이루고, 다양한 시각으로 조직을 바라보게 하는 등 순기능(順機能) 역할도 한다(Tjosvold, 1991). 하지만 갈등이 순기능을 발휘하려면 반드시 전제조건이 있어야 한다. 바로 효과적인 갈등관리(葛藤管理)이다. 따라서 조직 내에 존재하는 갈등을 효과적으로 관리하려는 노력이 없다면, 갈등은 역기능적 요소로 작용할 것이다. 이처럼 이러한 조직 갈등의 역기능을 방지하고 순기능적 갈등의 조장을 위한 전략적 노력을 갈등관리라고 한다. 이런 의미에서 갈등의 기능적 관점에 대한 연구에서도 조직의 갈등 발생을 최소화하고, 갈등을 제거하면서 갈등이 일어나는 결과에서 긍정적인 효과를 최대화하려는 목적으로, 갈등관리의 중요성을 강조하고 있다.[3]

2) 갈등의 원인

그렇다면 갈등의 원인은 무엇일까? 갈등을 일으키는 원인에는 여러 가지가 있다. 그러나 여기서는 이를 인간적 요인, 구조적 요인, 환경적 요인으로 구분한다. 인간적 요인으로는 추구하는 목표의 차이, 인지의 차이, 비공식 집단의 정서 등을, 구조적 요인으로는 의사소통의 장애, 지위부조화, 전문화와 계선·막료의 구조 등을, 환경적 요인으로는 자원의 한정성을 들 수 있다. 이에 대해 구체적으로 살펴보면 다음과 같다.

(1) 추구하는 목표의 차이

한 인간도 개인적으로 추구하는 목표가 상황에 따라 시시각각 바뀔 수 있다. 그런데 하물며 여러 사람으로 구성된 조직(또는 집단)에서 그 추구하는 목표가 제각기 다를 수 있음은 말할 필요가 없다. 따라서 조직의 부서 간에는 추구하는 목표나 사업의 우선순위를 놓고 의견 차이가 있을 수 있다. 특히, 의사결정 과정

3) 갈등관리(葛藤管理)는 순응, 통합, 타협, 회피, 지배라는 다섯 가지 유형으로 분류하며, 이 유형에 따라 조직에 미치는 갈등의 영향이 달라질 수 있다. 갈등방지를 위해 갈등관리자는 조직구성원들에게 현실적이고 구체적인 목표를 제시하고 의사결정에 대한 명확한 지침을 제공해야 한다.

에서 사람마다 추구하는 목표가 같지 않을 때, 각자가 좋아하는 대안(代案)의 선택을 놓고 서로 대립하는 상황에서 갈등이 생길 수 있다.

(2) 인지의 차이

사물이나 현상에 대한 인간의 인지(認知)는 사람에 따라 차이가 있다. 인지의 본질은 판단이며 판단을 통해 어떤 대상은 다른 대상과 구별되고, 그것이 어떤 한 개념 또는 몇 가지 개념에 의해 특징지어지는지를 규정한다. 다시 말해서 객관적으로 보아 같은 현상인 데도 이를 보는 사람에 따라 그 느낌과 해석이 달라질 수 있다. 이러한 인지의 차이는 사람마다 가치관 · 신념 · 경험 등이 서로 다르기 때문에 생겨난다. 여러 사람이 모인 집단에서는 사람마다 인지의 차이가 있기 때문에 이로 말미암은 갈등은 언제나 있을 수 있다.

(3) 비공식 집단의 정서

조직 내에 자생적(自生的)으로 생겨난 비공식집단도 갈등의 원천이 될 수 있다. 특히, 비공식집단이 나이 · 학연(學緣) · 지연(地緣) · 종교 등을 중심으로 만들어졌을 때, 그 구성원들의 정서가 자신들의 집단에 대하여 지나치게 애착심을 갖게 한다. 이로 말미암아 다른 집단에 대하여 배타적 태도로 나타나 집단 간 갈등이 생길 수 있다.

(4) 의사소통의 장애

의사소통은 사회학 · 심리학 · 문화인류학 · 교육학 · 언어학 등의 다양한 분야를 끌어들이는 학제적인 테마(theme)다. 같은 조직 내에서나 조직 단위 간 혹은 하부조직 간에 있어서 의사소통이 원활하지 못하여 의사전달이 잘못되거나 왜곡된

정보가 전달될 때 갈등이 생길 수 있다.[4)]

(5) 지위의 부조화

지위의 부조화(disharmony)란 조직 내에서 직위에 의한 지위와 능력에 의한 지위가 서로 어그러진 현상을 뜻한다. 한 조직 내에서 능력 면이나 자격·경험 등에 있어서 우수한 자를 제치고, 상대적으로 그보다 뒤지는 자가 높은 자리를 차지하는 현상을 말한다. 이러한 불공정한 인사행정은 조직 내의 구성원들 간에 갈등을 일으키는 원인이 된다.

(6) 전문화와 계선·막료의 구조

업무의 전문화가 이루어진 조직에서는 전문직과 일반직, 한 전문직과 다른 전문직 간에 서로를 불신하여 갈등이 생겨날 수 있다. 전문가들은 일반직의 의견이나 판단을 상식적으로 평범한 것이라 하여 무시해 버리려 하고, 일반직은 전문가의 견해가 너무 근시안적인 것이라 하여 받아들이지 않는 경향이 있다.[5)]

한편, 계선(系線)과 막료(幕僚)[6)] 조직 간에는 업무의 불명확성, 즉 역할의 한계가 명확하지 못함으로써 언제나 갈등이 생기게 마련이다. 과거의 관료제 조직은

---

4) 현대 철학에서도 '의사소통적 합리성'(Jürgen Habermas)이나 '의사소통 공동체에서의 이상적 발화상황'(Karl-Otto Apel)과 같이 명확히 의사소통이라는 말을 사용하는 경우에 한정되지 않고서, 그것이 사회성·공동성·상호주관성·다른 사람·역할·대화·만남·상징적 상호작용·규칙에 따름과 같은 다양한 테마와 밀접하게 관계된다. 의사소통에 대해서는 이 책의 다음 절에서 상세하게 다루고 있다.

5) 전문가는 자기의 전문성을 지나치게 강조하고 과신함으로써 다른 전문직의 의견이나 판단에 귀를 기울이지 않고 자기의 생각만이 타당한 것으로 주장하는 경향이 있다.

6) 계선(系線, line)이란 계층제의 구조를 가진 조직에서 그 조직의 본래적 기능을 직접 수행함으로써 조직의 목표 달성에 직접 이바지하는 조직을 말한다. 계선 조직은 행정상의 결정권과 집행권을 가지며, 또 계층적 구조의 수직적 계열을 형성하여 이를 통해 명령이나 보고가 전달된다. 장관→차관→국장→과장→팀장 등으로 이어지는 수직적 계층이 계선 조직에 해당된다. 막료(幕僚, staff)란 조직의 목적 달성에 간접적으로 이바지하며, 대내적으로 관리적 기능과 정책조언 기능을 수행하는 참모 조직을 말한다. 즉, 막료는 조직 목표를 직접적으로 달성하는 계선 조직이 원활하게 기능을 수행할 수 있도록 지원·조성·촉진하는 기관으로, 자문·권고·협의·조정·정보의 수집과 판단·기획·통제·인사·회계·법무·공보·조달·조사·연구 등의 기능을 수행한다. 청와대 비서실, 담당관제 등이 이에 속한다.

계선 중심의 조직이지만, 행정의 전문화와 변화를 강조하는 현대 조직에서는 막료 조직의 기능이 점점 중시되고 있다. 이들 두 기관 간의 갈등은 계층(계급)의 차이가 있을 경우에는 잘 일어나지 않는다. 그러나 같은 계층(계급) 간에는 갈등이 자주 일어난다.

(7) 자원의 한정성

갈등을 생기게 하는 환경적 요인으로서 대표적인 것은 '자원의 한정성'이다.[7] 조직에서 사용되는 자원은 그 공급이 한정되어 있기 때문에 언제나 수요를 충족시켜 주지 못하고 있다. 유한(有限)한 자원으로 무한(無限)한 수요를 충족시킬 수 없는 것은 당연하다. 따라서 한정된 자원을 둘러싸고 조직 내에서나 조직 단위 혹은 하위조직 간에 서로가 많이 확보하려고 경쟁하게 된다. 경쟁이 치열하면 치열할수록 반드시 경쟁자들 사이에는 갈등이 생겨나게 마련이다.

3) 학부모와의 갈등

보육교사는 학부모와 협력적이고 신뢰 있는 관계를 형성한다. 어린이집을 이용하는 학부모는 자신의 자녀를 돌보아 주는 교사에 대해 믿음을 가져야 하고, 교사는 그런 믿음에 보답하여 영유아를 보육한다. 그것이 영유아의 적절하고 원만한 성장·발달을 가져온다. 그러나 종종 교사는 학부모와의 관계에서 갈등을 경험하기도 한다. 신뢰가 덜 생겨서, 혹은 영유아 대상 보육에 대한 견해나 관점이 달라서 갈등이 생기기도 한다. 또 보육교사직에 대한 학부모, 혹은 학부모에 대한 보육교사의 이해가 부족하여 갈등이 생기기도 한다(신혜원 외, 2006: 294-297). 이와 관련하여 다음과 같은 대화 내용을 살펴보자.

7) 여기서 자원이란 주로 예산 및 급료를 뜻한다. 자원의 한정성을 경제학에서는 '자원의 희소성(scarcity)'이라 부른다.

"선생님, 오늘 우리 아기가 밥을 안 먹었다고 하네요?", "아닌데요. 다른 때보다 조금 먹기는 했지만 먹었습니다.", "그래요? 그런데 얘가 왜 그렇게 이야기를 하지요?", "모르겠어요. 내일부터는 점심시간에 좀 더 자세히 볼게요."

"선생님, 집에 와서 아이가 토했어요.", "아, 그래요?", "네, 낮잠시간부터 어지러웠대요. 선생님한테 이야기했는데 그냥 누워 있으라고 했다고…."

"선생님, 얘는 그냥 휴지로 닦아 주시면 안 돼요. 물휴지로 해야 해요.", "네, 전에 그렇게 말씀하셨어요. 저희 화장실에 물휴지가 준비돼 있어요. 아이들 지금 배변훈련 중이고요.", "훈련은 무슨요? 그냥 닦아 주세요."

4) 동료 교사와의 갈등

보육교사도 한 조직의 구성원이다. 그래서 동료 교사와의 업무 영역에서 갈등이 생길 수 있다. 원칙적으로 모든 교사는 서로 협조·협력하여야 한다. 바쁜 일정 속에 같이 교수매체를 준비하고, 교수방법에 대해 서로 알려주고 협력한다. 그러나 종종 교사는 경험이 쌓이고 전문화될수록 '내 교실'에 대한 '하고 싶은 활동'이 생길 수 있고 이런 상황에서 갈등이 생긴다(신혜원 외, 2006: 297-299). 이와 관련하여 다음과 같은 대화 내용을 살펴보자.

"선생님, 잠깐 저희 반에 다녀올게요.", "왜요? 지금 다 같이 운동회 준비하고 있는데….", "내일 수업 준비물을 못 챙겼어요.", "우리도 수업 준비 다 못했어요."

"어머머, 선생님, 이거 뭐예요?", "네, 우리 반 애들하고 하려고 준비하고 있어요.", "우와! 이거 좋다. 나도 하나 만들어 줘. 만드는 김에 하나 더 만들어 줘요."

5) 원장과의 갈등

보육교사는 보통 공개채용을 통해 어린이집에 교사로 근무하게 된다. 그래서 면접 과정을 거쳐 일차적으로 원장과 자신의 신념이 비슷한지를 확인할 수 있겠으나, 이때 영유아 보육과 관련하여 이상적·보편적인 이야기 정도를 나눌 뿐이다. 서로의 신념에 대한 충분한 대화가 오갈 수 있는 시간적 여유가 있는 상황이 아니다. "아이들을 좋아하나요?"라고 물으면, 당연히 "아이들을 좋아합니다."라고 대답할 정도다. 그런데 보육을 하다 보면, 실제 상황에서 아이들의 문제행동을 다루는 것에서나, 학부모와의 관계에 대해서나, 프로그램에 대한 이해와 수행 부분에서 서로 신념이 달라 갈등이 생긴다(신혜원 외, 2006: 299-300). 이와 관련하여 다음과 같은 대화 내용을 살펴보자.

> "무궁화반 선생님. 이리 와 보세요.", "네, 원장님.", "다른 반과 비교해서 상대적으로 선생님 반의 재료구입비가 너무 많이 들어요. 특별히 개별적으로 구입 청구를 하시는 경우 액수가 많아지네요.", "네, 저는 아이들에게 절약교육은 시키지만, 필요한 재료는 사용할 수 있게 하거든요. 아이들이 선택하고 의사결정을 하는 훈련도 하기 위해서요.", "선생님, 그래도 다른 반과의 형평성도 중요하거든요."

3 의사소통

1) 의사소통의 개념

의사소통(Communication)은 사람들 간에 생각이나 감정 등을 교환하는 총체적인 행위이다. 의사소통은 필수불가결(必須不可缺)한 인간의 활동으로, 인간은 다른 동물보다 월등한 의사소통 능력을 지니고 태어났다. 또 누구나 의사소통을 더 많이, 더 잘하고자 하는 욕구를 지닌다. 친한 사람끼리는 눈빛만 봐도 그 사람이 무슨 말을 하고 싶어 하는지 알 수 있다. 의사소통이란 이렇게 무엇인가 생각을 전달하고 상대방이 이해해서 반응이 오가는 과정이다. 의사소통은 '의사'와 '소통'을 합친 말이다. 의사(意思)는 무엇을 하고자 하는 생각이고, 소통(疏通)은 뜻이 서로 통하여 오해가 없음을 의미한다. 따라서 의사소통이 된다는 말은 각자의 생각이나 뜻이 서로 통한다는 뜻이다.

이러한 의사소통은 여러 가지 방법으로 할 수 있다. 이야기를 주고받는다고 했지만, 의사소통이 말로만 이루어지는 것은 아니다. 생각해 보아라. 우리가 마음이나 생각을 전달할 때 말로만 하는 것은 아니지 않은가! 편지나 인터넷 채팅, 휴대전화 문자와 같이 글로도 서로의 의사를 주고받는다. 또 제스처나 자세, 얼굴 표정, 눈 맞춤, 목소리, 억양 등과 같은 비언어적 요소를 통해서도 이루어질 수 있다. 최근 특수교육에서는 의사소통에 문제가 있는 사람을 위하여 대체 의사소통과 보완 의사소통에 대한 연구와 기기의 보급이 확대되고 있는 추세이다.

그런데 의사소통이 제대로 되지 않을 때도 있다. 친구들이나 가족들과 싸울 때, 우리는 보통 어떤 말을 가장 많이 할까? 아마도 "말이 안 통해!"일 것이다. 이와 같은 상황을 의사소통에 문제가 생겼다거나, 실패했다고 말한다. 그럼 어떨 때 문제가 일어날까? 상대방의 표현을 제대로 듣거나 보지 않아 잘못 해석할 때, 자신의 뜻을 정확하게 전달하지 못할 때, 그리고 감정적으로 표현하거나 받아들일 때 등이다.

사람들과 어울려 살기 위해서 의사소통이 꼭 필요하다. 의사소통은 결코 혼자 하는 것이 아니며, 누군가와 함께 나누는 것이다. 실제로 의사소통 없는 공동체, 또는 공동체 없는 의사소통은 상상하기 어렵다. 인간은 살아가면서 매 순간 의사소통을 한다. 의사소통은 인간으로 하여금 사회적 존재로서 살아가게 만드는 도구가 된다. 내가 원하는 것이 상대방에게 잘 전달되고 상대방이 그것을 잘 받아들이면 만족과 행복감을 느끼게 된다. 하지만 원하는 바가 잘 전달되지 않으면 불만족이나 좌절, 불행까지 느낄 수 있다. 그렇기 때문에 다른 사람들과 잘 어울려 살기 위해서는 의사소통이 꼭 필요하다는 걸 잊지 않아야 한다.

2) 효과적인 의사소통 방법

친한 사람과의 수다는 늘 즐겁다. 같이 있으면 웃음이 저절로 나온다. 그런데 여러분은 친한 사람과 이야기를 나누다가 답답함을 느낀 적은 없었는가? 아니면 거짓말을 해서 기분이 상했거나, 오해가 생겼던 적은 없었는가? 제대로 이해하지 못해서 엉뚱한 대답을 한 적은 없었는가? 우리는 때때로 이런 경험을 한다. 그 이유는 바로 대화의 원칙을 지키지 않았기 때문이다. 다음과 같은 대화의 원칙을 바탕으로 영유아와의 의사소통은 물론 학부모·동료 교사·원장과의 효과적인 의사소통으로 서로 신뢰관계를 구축하는 것은 대단히 중요하다.

(1) 대화의 질(質)이 중요

친구 사이에서 가장 중요한 건 무엇일까? 여러 가지가 있겠지만, 서로 믿어 주는 것이 그 중 하나일 것이다. 처음 만난 사람에게도 나의 진심을 보여주면, 그 모습에 믿음을 갖고 더 쉽게 친해질 수 있다. 대화를 할 때도 마찬가지다. 상대방에게 거짓이 아닌 진실한 정보를 전달하는 것이 중요하다. 뜬소문 같은 근거 없는 소식을 전하는 것은 좋지 않다. 대화의 질(quality)을 생각한다면 정확하고 진실한 이야기만을 주고받도록 해야 한다.

(2) 필요한 양(量)만큼의 말만

엄마의 잔소리는 끝이 없다. '밥은 꼭꼭 씹어 먹어라', '뛰어다니지 마라!', '숙제는 하고 놀아야지', '집에 들어오면 손부터 씻어라', '양치질은 하고 자는 거니?' 등의 말이다. 처음에는 조용히 반성하는 마음으로 듣다가도 끝없이 이어지는 잔소리를 듣다 보면 '대체 뭘 말씀하시려고 하는 거지?' 하고 딴 생각을 하거나, 아무 소리도 들리지 않는 경험이 있을 것이다. 이처럼 다른 사람과 대화할 때도 꼭 필요한 말, 즉 필요한 양(quantity)만큼만 이야기하는 것이 중요하다. 대화를 하다 지쳐버리면 정말 하고 싶은 이야기를 놓칠 수도 있다.

(3) 관련 있는 말만

대화를 나눌 때 다른 사람이 내 말에 귀를 기울이지 않는다고 느껴지면 기분 나쁘지 않은가? 자꾸 다른 곳을 쳐다보거나 이야기와 상관없는 행동을 하는 사람과는 계속 이야기를 하고 싶지 않게 된다. 또 이야기하는 내용과는 상관없이 자꾸 다른 이야기를 꺼낸다거나, 묻는 말에 대하여 전혀 엉뚱한 대답(東問西答[8])을 하거나, 관련 없는 질문을 해서도 안 된다. 이야기의 주제와 관련 있는 것(relevance)을 말하는 것도 대화의 중요한 원칙 중 하나다.

---

8) 동문서답(東問西答)이라는 표현을 글자 그대로 보자면, 질문을 이해하지 못했다고도 볼 수 있다. 그렇지만 실제로는 견해가 달라 상대방의 질문을 애써 무시하는 상황에서 쓰는 표현이다. 우리 속담에 이와 비슷한 게 있다. "혼사 말하는데 상사 말한다." 혼사(婚事)는 결혼이고, 상사(喪事)는 초상이니까 동문서답도 정도껏 해야지 이건 좀 심했다.

(4) 대화의 모호(模糊)함을 회피

대화를 하다 보면 때로는 자신의 견해를 정확히 밝히기 어려울 때가 있다. 하지만 그래도 생각은 분명히 전달해야 한다. 그렇지 않으면 상대방은 무척 헷갈리고 당황스러워할 것이다. 다시 말하자면 모호함(ambiguity)을 피해야 한다. 또 시간이나 사건의 흐름에 맞도록 이야기를 하는 것도 중요하다. 그렇지 않으면 듣는 사람은 무엇이 먼저고 무엇이 나중인지 알 수 없게 된다. 정확하고 명확하게 자신의 의사를 전달해서 상대방이 쉽게 이해할 수 있도록 해야 한다.

Chapter

09

보육교직원과의 협력

학습 목표

1. 보육교직원과의 협력의 의미와 필요성을 이해할 수 있다.
2. 보육교직원 간의 협력 방해요인을 알 수 있다.
3. 협력의 긍정적인 효과를 알 수 있다.
4. 원장과 보육교사의 협력을 위한 역할과 태도에 대해 안다.
5. 협력을 위한 의사소통 기술을 이해한다.

어린이집에서 보육과정이 잘 진행되려면 물리적인 환경만큼이나 인적 환경의 역할이 매우 중요하다. 어린이집의 인적 환경은 보육시설에서 근무하는 교직원을 말하며, 어린이집의 규모와 유형에 따라 다소 차이가 있으나 어린이집의 소속될 수 있는 보육교직원의 유형은 다음과 같다.

어린이집의 전체 운영 및 관리에 대한 총 책임을 갖고 있는 원장, 보육과정의 실질적인 담당하는 보육교사, 음악이나 체육활동을 지도하는 특수 목적을 지도하는 강사, 영유아의 알맞은 균형을 담당하는 영양사, 급·간식을 위생적으로 조리하는 조리사, 등·하원 및 교통안전을 담당하는 기사, 영유아의 위급한 상황에 대처를 담당하는 간호사, 회계 및 행정업무를 담당하는 행정직원 등이 있다. 전문적인 능력을 지닌 다른 유형의 교직원이 주요업무는 다르지만 추구하는 공동목표는 '영유아의 안전하고 바른 성장 및 발달'을 목표지향하는 것은 같다.

서로 다른 사람들이 공동의 목표를 추구하는 것이 협력이다. 어린이집 교직원들 간의 협력이 잘 이루어진다면 영유아들의 발달과 성장에 좋은 영향을 줄 수밖에 없다. 하지만 다양한 사람들이 근무하는 보육시설에서의 협력을 이루기는 상당히 힘든 부분일 것이다.

보육교직원의 개개인이 마음을 맞추기 위해서 많은 노력을 필요로 하고 영유아의 발달과 성장에 영향력이 있는 중요한 역할자인 만큼 개인의 욕심과 이기적인 생각은 자제하고 협력할 수 있는 넓은 마음과 이해심이 절실히 필요하다.

따라서 본 장에서는 보육교직원의 협력의 의미, 협력 방해요인, 협력의 긍정적인 효과, 원장과 보육교사의 협력을 위한 역할과 태도, 협력을 위한 의사소통에 대해 살펴보고자 한다.

1 보육교직원 협력의 의미

협력은 '특정한 목적을 위하여 서로 힘을 합하여 도움'이라는 사전적 의미를 지니고 있다. 여기서 생각해 보자. 왜 서로 힘을 합하여 돕는 것이 필요할까? 또는 혼자서는 특정한 목적을 이루지 못할까? 왜 힘을 서로 합심해야 하는지? 앞에서 말한 보육교직원의 궁극적인 공동의 목표를 생각해 보자.

'영유아의 안전하고 바른 성장 및 발달' 이것을 이루기 위해서는 개개인의 역할만 열심히 수행하며 다른 교직원들에게 피해 주지 않았다고 해서 협력을 이루는 것은 결코 아니다. 교직원들 간의 원만한 상호작용과 이해와 배려심이 많이 필요로 한다.

한 예로, 보육교직원 중에 근무시간을 철저히 하며, 열정과 책임감으로 열심히 일하는 교사가 있었다. 열심히 일하는 교사를 볼 때마다 감사한 표현을 자주 했던 것 같다. 아쉽게도 그 교사는 6개월 만에 퇴직을 하였다. 그 이유는 교사들 간의 상호작용과 이해, 배려가 되지 않았다. 자기 일에 빈틈없이 충실하고, 성실함 그 자체였지만 교사들 간의 근무 당번을 자기식대로 이해하고 다른 교사를 배려해 주지 않는 일들이 발생하면 교사들 간의 상호작용을 잘하지 못해 다툼이 발생되어 퇴직하게 되었던 것이다.

보육교사가 맡은 일을 잘하면 되지 그런 것이 무엇이 중요한가? 생각할 수도 있을 것이다.

하지만 어린이집은 혼자서 또는 혼자만 일을 잘해서 되는 곳이 아니다. 그러기에 특정한 목적을 위하여 힘을 서로 합쳐서 도와야 하는 것이다.

2 협력의 방해요인

1) 협력의 필요성에 대한 이해 부족

서로 간의 다름을 인정하고 이해하지 않으면 융화될 수 없듯이 협력을 왜하여야 하는지?

협력해서 어떤 효과가 있는지 알 수 없는 경우가 많다.

예를 들자면 어린이집 부모참여 행사의 경우 각자의 맡은 업무를 이해하고 수행하지 않으면 행사 진행이 원만하지 못하다. 보육교직원들이 각자의 업무를 잘 수행해주어야 행사진행이 원만해지는데 자기 일만 잘했다고 해서 행사의 완성도가 높아지는 것은 아니다.

행사를 하다보면 예상치 못한 상황이 발생되는데 서로의 협력이 없으면 문제해결이 되지 않을 수 있다. 본인의 역할 외에도 행사진행에 문제가 발생되면 발생된 부분의 해결을 위해 협력을 해주어야 한다. 누구의 탓을 하면서 바라만 보는 것이 아니라 내 역할은 아니지만 도와주어야 할 부분이 있다면 두 손 걷고 도와서 문제없이 행사진행에서 전념을 해야 할 때도 있다. 이렇듯 협력을 통하여 '부모참여 행사를 잘 마쳐야 한다.'라는 공동의 목표를 향해 서로 간의 힘을 합쳐서 도움을 주어야 하는 것을 알듯이 우리는 행사 때 뿐만 아니라 일상적인 근무 시에도 적용하여야 할 것이다.

2) 협력의 방법 이해 부족

어린이집은 많은 업무와 업무의 특성에 따라 협력의 방법이 다르다. 협력을 하려고 해도 어떻게 협력을 해야 하는지 방법을 몰라서 협력을 못하는 경우가 많다.

예를 들자면, 옥수수의 생김을 관찰 및 탐구하는 수업을 진행하는데 다른 반에서도 옥수수와 관련된 수업진행을 하려고 한다면 두 반이 수업 조절로 영유아에게 양질의 수업을 진행할 수 있는 상황이 된다. 하지만 두 반이 정보를 공유하지 않고 일방적으로 수업을 진행한다면 옥수수를 따로 준비해야 하는 번거로움과 수업준비에 있어서도 다양한 수업자료를 준비하면서 시간과 비용을 절감할 수 없다.

3) 보육교사조직의 이질성

어린이집 보육교사는 보육교사 양성과정, 출신학교, 기관, 전공학과 등 다양한 배경과 경험을 지니고 있다. 또한 개인적인 성격과 취향도 달라서 협력을 저해하는 많은 이질적인 요소들이 교사 조직에 잠재되어져 있다.

4) 승진 및 보상 미흡

전문성을 개발하고 영유아 보육을 도모 및 공헌하면서 한 단계, 한 단계 승진하고 그에 따른 적절한 보수를 받으면서 인정과 보람을 느낄 수 있다. 하지만 현재의 어린이집관리체계상 거의 불가능하다. 자신의 업무에서 승진과 보상이 미흡하다보니 협력의 필요성을 느끼지 못하고 현실적으로 안주하려고 하는 현상이 나타난다.

5) 폐쇄적인 공간

어린이집의 경우 보육실이 독립적으로 되어 있어 보육교사는 출근하여 대부분의 시간을 영유아와 지낸다. 이러하다 보니 동료 교사들 간의 상호작용이나 인간관계를 맺는 시간이 매우 제한적이고 고립적인 부분이 강하다.

3 협력의 긍정적인 효과

1) 교사의 전문성

보육교사 전문성을 위해 수업연구, 연구수업들을 노력할 수 있다. 개인별 갖고 있는 정보, 지식, 기술 등을 상호 보완하여 공유함으로써 창의적, 독보적인 보육 활동에 적용하여 보육의 질을 향상시킬 수 있다.

2) 문제해결

보육교사는 보육과정 내에서 영유아의 학부모 관계에서도 다양한 문제를 돌출할 때가 빈번하다. 이 문제들은 이론이나, 학문적인 접근보다는 현장경험이 많은 유능한 선배교사들의 경험과 정보, 노하우들에 의해 해결되는 부분들이 있다. 보육현장에서 당면하게 되는 다양한 문제를 해결하는데 보육교사들 상호 협력 시 많은 도움을 받을 수 있다.

3) 보육교직원 간의 협력에 도움

인간적인 교류를 통해 교사 상호 간에 의사소통, 상호작용이 활발하게 이루어지면 서로의 오해, 서운함, 방해와 같은 부분이 적어진다. 상호작용하여 역동적인 관계를 가지고 일방적이지 않고 쌍방적인 의사소통을 함으로써 공공의 목표지향적인 활동으로 촉진되어 보육의 효과를 도모할 수 있다.

4) 공동체 확립

교사 간의 협력이 되지 않을 때는 학부모, 지역사회 더 나아가 국가기관과의 협력을 기대할 수 없을 것이다. 교사 간의 협력을 기초로 보육공동체 확립이 될 수 있으며, 공동의 관심사인 영유아를 건강하고 안전하게 보육, 교육할 수 있는 기본 틀로 효과를 거둘 수 있다.

4 원장과 보육교사의 협력을 위한 역할과 태도

보육교사와 원장과의 관계를 중심으로 어린이집의 바람직한 분위기 조성을 위해서 각자가 취하여야 할 역할과 태도에 대해서 살펴보자.

1) 원장의 역할과 태도

(1) 무엇보다 원장은 열심히 일해야 한다. 교사는 원장과의 인간적 유대도 중요

하지만 그의 능력에 존경심을 갖게 된다. 원장의 리더십은 바로 자신의 열정과 능력으로부터 나온다.

(2) 원장은 칭찬과 꾸중을 현명하게 처리해야 한다. 칭찬은 공개적으로 하고, 잘못을 지적할 때는 비공개로 그리고 당사자로부터 직접 이야기를 충분히 들은 상태에서 명확하게 의사전달을 하도록 한다.

(3) 교사들의 가치, 삶의 스타일 등을 존중하고, 교사들이 충분히 이해받고 있다는 느낌이 들도록 한다. 이러한 생각이 교사들에게 전달되는 순간 서로는 보다 진실된 의견을 교환할 수 있다.

(4) 교사들에게 보육시설의 업무 절차를 소개하고 질문하고 대답할 기회를 준다. 예를 들어, 영유아의 행동을 관리하거나 영유아에 대한 훈육과 지도에 관한 방침을 교사에게 명확하게 이해시키고, 부모와의 갈등을 다루는 방법에 대한 지식, 기술 및 지침을 알려 준다.

(5) 교사들의 능력개발에 관심을 가지고 지원한다.

개별 교사의 일하는 유형과 양에 대한 평가를 통해 개별 교사가 기대되는 바를 확인하고 확신을 주며, 교사들이 일을 수행하는 것을 관찰하고 그들이 무엇을 하고 있고 무엇이 증진되었으면 하는지를 알게 하고 향상되는 방법을 알려준다. 또한 교사의 지식과 기술을 향상시키는 훈련과 교육기회의 제공과 함께 교사 스스로 자신의 능력을 향상시키도록 격려한다.

(6) 교사들의 업무수행을 격려한다.

교사들이 일을 잘 할 수 있도록 자원을 제공하며, 교사들이 일을 잘하고 있음을 느끼게 하고 주인의식을 갖게 한다. 교사들 간의 좋은 관계를 격려하고 의견이 일치하지 않는 것은 즉시 조사해서 해결책을 모색해 보도록 한다.

(7) 교사의 처우에 관심을 가지고 개선되도록 노력한다.

2) 보육교사의 역할과 태도

(1) 자신의 일에 최선을 다하고 전문성을 갖춘 교사가 되기 위해 노력한다. 교사 각자의 능력은 보육시설의 질을 결정하고, 철저한 직업 의식을 지니고 자신이 맡은 일은 끝까지 완수하도록 한다. 자발적이고 능동적으로 일을 처리할 수 있는 능력을 기르면서 보다 발전적이며 능률적으로 일을 수행하기 위해 전문적인 지식과 기술을 습득하고 중단 없는 연구·개발을 해 나간다.

(2) 교사로서 원장에게 예의를 갖춘다. 형식이 내용을 규정짓는다는 말처럼 예의를 갖추고 배려를 통한 의사전달은 상호 간의 협조와 이해를 돕는데 도움을 준다.

(3) 맡은 일에 대한 진행 사항과 결과 그리고 만약 성공적으로 수행을 못했을 경우 그 원인에 대해 명확하게 보고하고 의논한다. 일의 경과를 이야기하는 교사를 통해 원장은 자신이 어떻게 지원해야 하는지를 이해하게 되고 교사를 신뢰하게 된다. 일이 잘 진행되지 않는다고 혼자서만 고민하는 경우 게으르거나 믿을 수 없는 사람으로 인식될 수 있다. 어려움이 있으며 솔직하게 말하고 도움을 구하도록 한다.

(4) 보육시설의 상황에 따라 상호 지켜야 되는 규칙을 반드시 준수하도록 한다. 규칙의 준수는 교사 개인에 대한 신뢰와 평가의 기본이 된다. 예를 들어, 8시 30분까지 출근이라면 무슨 일이 있더라도 시간을 엄수하는 태도를 기르도록 한다. 근태상황은 교사의 성실함을 평가하는 중요한 자료이다.

(5) 스스로 일을 찾아서 하는 교사가 되어야 한다. 자신이 원장이라면 어떻게 할 것인지와 같이 보다 넓은 관점에서 사고할 수 있어야 한다.

(6) 자신이 감당하기 힘든 일을 맡게 되더라도 부정적으로 반응하지 말고 일단 시도해보고 가능한지를 점검해보는 도전적 정신이 필요하다. 때로는 원장

에게 적절한 도움을 요청하고 주변의 물적, 인적 자원을 활용할 줄 알아야 한다.

김혜금 2015

5 협력을 위한 의사소통 기술

어린이집은 영유아, 학부모, 동료 교사, 지역사회 등 많은 대상과의 관계를 맺어 간다. 즉, 교사는 보육의 대상인 영유아와 따뜻한 신뢰를 각조, 동료 교사들 간에도 긍적적인 원만한 관계를 형성하기 위한 노력을 아끼지 않아야 한다. 행복한 관계를 형성하기 위한 존중과 이해를 기반으로 한 효과적인 의사소통은 필요로 한다.

조해리의 창을 이용해서 자신의 의사소통 스타일을 진단해보자. 조해리의 마음의 창(Johari's Window of mind)은 심리학자인 Joseph Luft와 Harry Ingham에 의해서 1955년 개발되어 두 사람의 이름을 합성하여 조해리의 창이라고 명명되었다(김종운, 2013).

각 문항을 읽고 자신과 가장 일치하는 칸에 체크(∨)해보자.

아래에 인간관계에서 나타날 수 있는 일반적인 행동양식이 기술되어 있습니다. 각 항목들이 자신의 행동양식을 얼마나 잘 나타내는지를 1에서 10점까지의 점수로 표시해 주십시오.

	그렇지 않다 / 그저 그렇다 / 매우 그렇다
1. 나는 잘 몰랐을 경우에는 이를 바로 인정한다.	1 2 3 4 5 6 7 8 9 10
2. 나는 다른 사람의 잘못을 지적할 필요가 있을 때에는 직접 말한다.	1 2 3 4 5 6 7 8 9 10
3. 나는 납득하기 어려운 지시를 받을 경우 지시한 이유를 물어본다.	1 2 3 4 5 6 7 8 9 10
4. 나의 의견에 대해 남들이 어떻게 생각하는지 물어본다.	1 2 3 4 5 6 7 8 9 10
5. 나는 느낌을 솔직하게 표현한다.	1 2 3 4 5 6 7 8 9 10
6. 다른 사람의 감정을 존중한다.	1 2 3 4 5 6 7 8 9 10
7. 나는 걱정거리가 생길 경우, 터놓고 의논한다.	1 2 3 4 5 6 7 8 9 10
8. 나 혼자 이야기를 계속하여 남을 짜증나게 하지 않는다.	1 2 3 4 5 6 7 8 9 10
9. 나는 진심으로 남의 이야기를 들어준다.	1 2 3 4 5 6 7 8 9 10
10. 나는 아이디어를 권장하고 대화를 독단적으로 끌고가지 않는다.	1 2 3 4 5 6 7 8 9 10
11. 내 잘못을 숨기거나 남의 탓으로 돌리지 않는다.	1 2 3 4 5 6 7 8 9 10
12. 나는 다른 사람의 충고를 잘 받아들인다.	1 2 3 4 5 6 7 8 9 10
13. 나는 달가운 일이 아닐지라도 남들이 알아야 할 사항이라면 알려준다.	1 2 3 4 5 6 7 8 9 10
14. 남의 의견이 나와 다를 경우, 나의 생각을 말하고 함께 검토해 본다.	1 2 3 4 5 6 7 8 9 10
15. 나는 말하기 거북한 내용을 거리낌 없이 말한다.	1 2 3 4 5 6 7 8 9 10
16. 나는 변명을 하지 않고 비판에 귀를 기울인다.	1 2 3 4 5 6 7 8 9 10
17. 나는 있는 그대로를 나타내며 가식이 없는 편이다.	1 2 3 4 5 6 7 8 9 10
18. 나에게 찬성하지 않는다고 남의 마음을 상하게 하지 않는다.	1 2 3 4 5 6 7 8 9 10
19. 나는 다른 사람에게 그들의 생각을 발표하도록 권장한다.	1 2 3 4 5 6 7 8 9 10
20. 나는 확신하는 것을 굽히지 않고 말한다.	1 2 3 4 5 6 7 8 9 10

번호	1	2	5	7	11	13	14	15	17	20	총점(S)
값											
번호	3	4	6	8	9	10	12	16	18	19	총점(L)
값											

조해리의 창은 개인의 자기공개와 피드백의 특성을 보여주는 네 영역으로 구분된다. 네 영역은 각각 공개적 영역, 맹목의 영역, 숨겨진 영역, 미지의 영역으로 나뉘어진다.

첫째, 공개적 영역(open area)은 나도 알고 있고 다른 사람에게도 알려져 있는 나에 관한 정보를 의미한다.

둘째, 맹목의 영역(blind area)은 나는 모르지만 다른 사람은 알고 있는 나의 정보를 뜻한다. 사람은 이상한 행동습관, 특이한 말버릇, 독특한 성격과 같이 '남들은 알고 있지만 자신은 모르는 자신의 모습'이 있는데 이를 맹목의 영역이라고 할 수 있다.

셋째, 숨겨진 영역(hidden area)은 나는 알고 있지만 다른 사람에게는 알려지지 않은 정보를 의미한다. 달리 말하면, 나의 약점이나 비밀처럼 다른 사람에게 숨기는 나의 부분을 뜻한다.

넷째, 미지의 영역(unknown area)은 나도 모르고 다른 사람도 알지 못하는 나의 부분을 의미한다. 심층적이고 무의식의 정신세계처럼 우리 자신에게 알려져 있지 않은 부분이 미지의 영역에 해당한다. 그러나 자신의 행동과 정신세계에 대한 지속적인 관심과 관찰을 통해서 이러한 부분은 자신에게 의식될 수 있다.

S 영역의 점수만큼 가로선을 긋고, L 영역의 점수만큼 세로선을 긋는다.

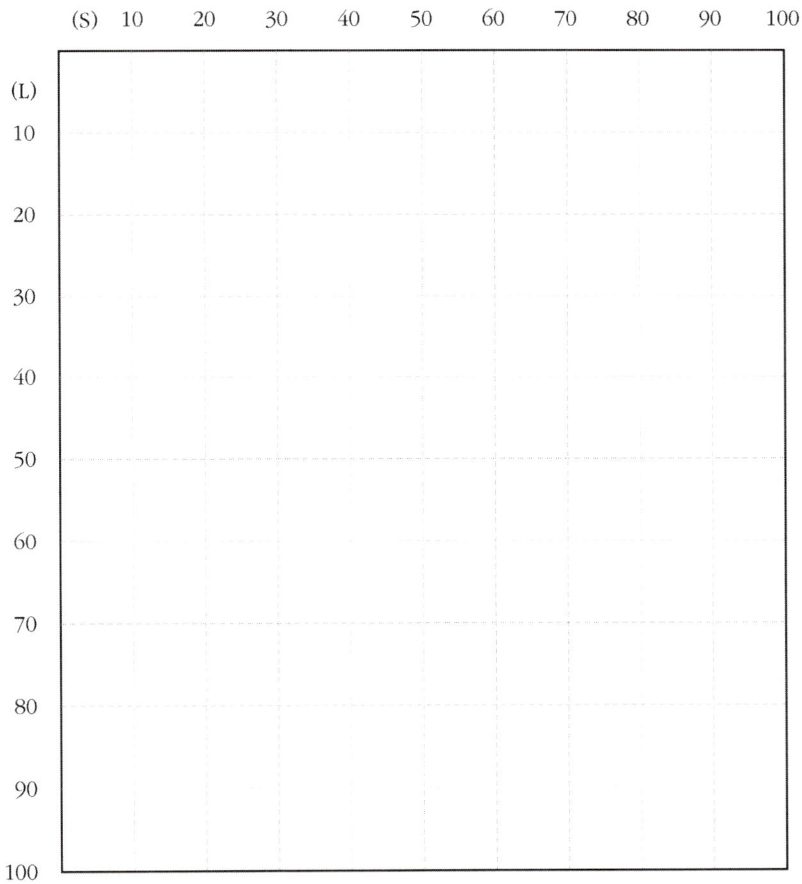

[그림 9-1] **조해리의 창 해석지**

나는 ________영역에 해당된다.

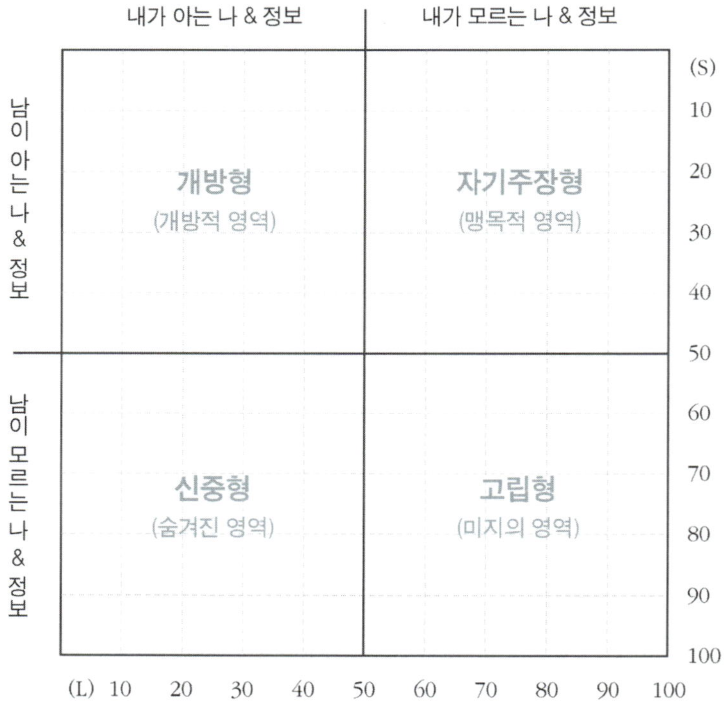

[그림 9-2] 조해리의 창 검사 결과

사람마다 마음의 창모양이 다르다. 개인이 인간관계에서 나타내는 자기공개와 피드백의 정도에 따라 마음의 창을 구성하는 4영역의 넓이가 달라진다. 이렇게 다양하게 나타나는 창모양은 어떤 영역이 가장 넓은가에 따라 크게 4가지 유형으로 구분될 수 있다

첫째는 개방형으로서 공개적 영역이 가장 넓은 사람이다. 개방형은 대체로 인간관계가 원만한 사람들이다. 이들은 적절하게 자기표현을 잘 할 뿐만 아니라 다른 사람의 말도 잘 경청할 줄 아는 사람들로서 다른 사람에게 호감과 친밀감을

주게 되어 인기가 있다. 그러나 지나치게 공개적 영역이 넓은 사람은 말이 많고 주책없는 경박한 사람으로 비쳐질 수도 있다.

둘째 유형은 맹목의 영역이 가장 넓은 자기 주장형이다. 이들은 자신의 기분이나 의견을 잘 표현하며 나름대로의 자신감을 지닌 솔직하고 시원시원한 사람일 수 있다. 그러나 이들은 다른 사람의 반응에 무관심하거나 둔감하여 때로는 독단적이며 독선적인 모습으로 비쳐질 수 있다. 자기 주장형은 다른 사람의 말에 좀 더 진지하게 귀를 기울이는 노력이 필요하다.

셋째는 신중형으로서 숨겨진 영역이 가장 넓은 사람이다. 이들은 다른 사람에 대해서 수용적이며 속이 깊고 신중한 사람들이다. 다른 사람의 이야기는 잘 경청하지만 자신의 이야기는 잘 하지 않는 사람들이다. 이들 중에는 자신의 속마음을 잘 드러내지 않는 크레믈린형의 사람이 많으며 계산적이고 실리적인 경향이 있다. 이러한 신중형은 잘 적응하지만 내면적으로 고독감을 느끼는 경우가 많으며 현대인에게 가장 많은 유형으로 알려져 있다. 신중형은 자기개방을 통해 다른 사람과 좀 더 넓고 깊이 있는 교류가 필요하다.

넷째는 미지의 영역이 가장 넓은 고립형이 있다. 이들은 인간관계에 소극적이며 혼자 있는 것을 좋아하는 사람들이다. 다른 사람과 접촉하는 것을 불편해 하거나 무관심하여 고립된 생활을 하는 경우가 많다. 이런 유형 중에는 고집이 세고 주관이 지나치게 강한 사람도 있으나 대체로 심리적인 고민이 많으며 부적응적인 삶을 살아가는 사람들도 많다. 고립형은 인간관계에 좀 더 적극적이고 긍정적인 태도를 가질 필요가 있다. 인간관계의 개선을 위해서는 일반적으로 미지의 영역을 줄이고 공개적 영역을 넓히는 것이 바람직하다.

6 효과적인 의사소통을 위한 3요소

1) 경청하기

보육교사에게 의사소통 할 때 가장 필요한 것은 경청이다. 경청의 의미는 상대방이 이해해주기를 바라는 것을 이해하려고 하는 것이며, 상대방의 독자적인 관점이나, 생각, 기분이나 감정에 대해 적극적으로 귀를 기울이는 것으로, 이러한 태도는 상대방에 대한 적극적인 관심과 공감을 전달하는 효과가 있다(현정환, 2013).

예를 들면, "아, 예", "네, 그렇군요", "음~"이나 장단 맞추기 등을 통해서 상대방의 말을 귀 기울이고 있다는 것을 전달할 수 있다.

2) 칭찬하기

어린아이든 성인이든 관계 속에서는 칭찬을 받는 것을 싫어하는 사람은 없을 것이다. 실제로 보육현장에서도 영유아들에게 끊임없이 칭찬을 하며 사기를 복돋아 주면 내가 존중받고 있구나를 느끼며 자신감이 상승하는 것을 확인할 수 있다. 교사관계에서도 서로를 칭찬과 격려하는 일들이 많아지면 관계형성에서도 서로를 신뢰하며, 잘하려고 하는 좋은 관계를 유지할 수 있다.

3) 나-전달법

솔직한 자기 의사 표현, 상대방이 나를 명확하게 이해할 수 있게 해 주는 기술, 효과적인 조력관계는 인지적인 수준을 넘어 정의적인 수준에서 의사소통을 촉진시키는 기술이다. 나-전달법은 비단 부정적인 감정표현뿐만이 아니라 긍정적인 감정을 전달하는 데에도 효과적인 방법이다. 나-전달법은 상대방을 비난하지 않고 문제가 되는 상대방의 행동과 그 행동의 결과를 구체적이고 객관적으로 기술함으로써 그 행동이 나에게 미친 영향을 구체적으로 상대방에게 전달하는 표현법이다(사회복지 용어사전).

예를 들면, 어린이집 행사를 하다가 다른 교사에게 미흡한 부분이 있을 때 "이 선생님, 미리미리 준비하고 했었죠?", "이 선생님이 왜 이렇게 조심성이 없나요?" 이것은 너-전달법이 된다. 이 경우 나-전달법으로 전달해 보면, "이 선생님 미리 점검을 해주지 않아서 중간에 저 많이 당황했었답니다" 너-전달법과 나-전달법의 차이점은 의미상의 주어가 누구냐하는 것이다. 따라서 너-전달법은 부정적인 "~해라" 등의 지시어가 사용되지만 나-전달법에서는 '너의 행동으로 인한 나의 느낌을 네가 잘 들어 주기를 바란다'는 부탁의 의미가 포함되고 있다.

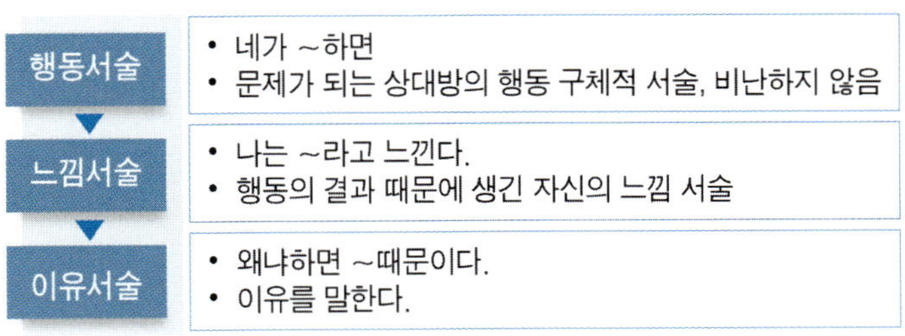

[그림 9-3] 나-전달법의 단계

출처 : 이 경우 · 이인용(2010).

나-전달법 연습해보기

나-전달법의 3단계인 행동, 느낌, 이유를 작성해보자.

예시) 네가 약속시간에 늦어서(행동), 나는 너무 힘들고 피곤해(느낌)
왜냐하면, 오늘은 날씨도 너무 춥고 오래 서 있어서 다리도 많이 아팠어. (이유)

1. 수업시간에 시끄럽게 떠들어서 (행동), (느낌)
왜냐하면, (이유)

2. 네가 나의 일을 방해해서 (행동), (느낌)
왜냐하면, (이유)

출처: 대동대학교 교수학습센터(2014), p. 165.

Chapter

10

가정 및 지역사회와의 협력

학습목표

1. 가정연계의 중요성을 안다.
2. 평가인증 지표로 본 가정 협력내용을 이해한다.
3. 지역사회 연계 프로그램을 이해한다.

영유아기 성장과 발달에서는 가정의 협력이 매우 중요하다.

페스탈로찌의 "무릎 위의 학교"라는 표현을 할 정도로 영유아교육과 가정과의 관계는 밀접하고도 중요한 관계이다.

영유아 – 가정 – 어린이집은 안정적인 상호작용이 필요로 하며, 의사소통이 잘 이루어질 있도록 정기적인 상담, 가정통신문, 전화통화 상담 등이 적절히 이루어져야 한다.

또한 지역사회와의 연계도 중요한 부분이다.

어린이집에서는 연간 지역사회 연계 프로그램을 계획하여야 하고 영유아들에게 지역에 대한 관심과 사랑, 자긍심을 심어 줄 수 있는 기회를 제공한다.

지역사회 내 보건소, 은행, 우체국, 소방서, 도서관 등을 견학의 기회와 직접 체험활동을 하면서 기관의 성격과 이용하는 방법, 기관이 우리에게 도움을 주는 부분에 대한 이해를 높일 수 있다.

1 가정과의 연계

1) 가정 연계의 중요성

영유아기는 성장과 발달은 왕성하면서도 주보육자에 의한 의존적인 보육이 이루어지는 시기이다. 페스탈로찌는 "무릎 위의 학교"라는 표현을 하였다. 아이들의 교육은 가정의 거실에서 부모님의 무릎 위에서 많은 교육과 지도가 이루어진다는 의미와 가정의 역할의 중요성과 부모님의 아이에 대한 관심과 사랑이 얼마나 큰 역할을 하는지 영유아기 시기에 대한 중요성을 언급하는 부분이다. 요즘 부모님들은 과거의 부모님들보다 바쁘고 하는 일들이 많다. 그러다 보니 아이들의 보육과 교육을 부모님 스스로가 하기보다는 유아교육기관에 의존하여 아이들을 보육하는 경향이 더욱 크다.

부모님들은 가끔 어린이집을 말하곤 한다. "우리 아이가 나쁜 행동을 하지 않았는데 어린이집을 다니면서 나쁜 행동을 배워서 해요." 물론 어린이집에서 또래 친구들의 말과 행동을 학습해서 하는 경우도 있다. 하지만 그 행동들은 친구들을 보고 다 배운 것만은 아닐 것이다. 아이에게 미치는 교육은 어린이집에서 30% 이면 가정에서 학습된 교육이 70%로 일 것이다.

부모님들은 어린이집에서 모든 교육은 다 배울 것이라도 생각하고 싶겠지만 영유아기의 교육은 부모님의 DNA, 가정 내 가치관과 가풍에서 전해지는 성향이 더 크다.

이러한 현실을 현명하게 이해하고 이제부터는 최고의 행복한 아이를 보육, 교육하는 데 있어서 가정과 어린이집의 공동 목표를 두고 설명하고자 한다.

- 영아의 전인적인 발달과 성장을 위해 가정과 어린이집에서 일관된 보육을 하기 위해서는 서로 협력을 해야 한다.
- 어린이집은 육아전문기관으로서 가정의 육아기능에 대한 지원과 보충을 하기 위해서 서로 협력을 해야 한다.

가정과 어린이집의 협력에 대한 공동목표는 영유아이다. 영유아 발달의 도모와 지원을 위해서는 다음과 같은 방법을 실천해 나가야 할 것이다.

- 가정과 어린이집의 의사소통 할 수 있는 것이 필요로 한다. 의사소통은 정기적-비정기적인 상담, 가정통신문, 전화 통화, 부모 소모임, 부모교육, 부모 참여 등 다양한 형태로 부모와 교사가 소통할 수 있는 기회를 자주 마련하는 것이 필요하다.

- 보육과정에서 어린이집의 의사결정 과정에 학부모가 참여할 수 있는 어린이집 운영위원회, 학부모 운영위원회 등을 갖추어 실천한다.
- 가정과 어린이집에서의 보육과 교육의 일관성 있는 지도와 유지를 위하여 부모교육, 상담 등을 지원하는 프로그램을 강화 및 노력해야 한다.

영유아 가족을 자원봉사자로 활용하면서 어린이집 내부를 개방하고 보육 서비스의 질적 향상에 기여뿐만 아니라 영유아들의 어린이집 생활에 대한 이해를 할 수 있다.

2) 평가인증 지표로 본 가정 협력내용

평가인증 지표 중 '가족과의 협력' 평가와 관련된 항목들이다.

〈표 10-1〉 보육진흥원 40인 이상 평가인증 지표

	항목	관찰	면담	문서	확인자료
가족과의 협력	대 2-7. 신입 원아 부모를 위한 오리엔테이션		○	○	신입원아 부모 오리엔테이션 자료 및 실행기록
	대 2-8. 어린이집과 가정 간의 의사소통	○	○	○	알림장(일일보고서, 대화수첩, 스마트 알림장), 가정통신문, 게시판, 홈페이지, 개별면담기록
	대 2-9. 어린이집에서의 부모참여	○	○	○	부모 프로그램 실시 관련 기록(가정통신문) 부모만족도 조사 기록 등
	대 2-10. 어린이집 운영위원회의 구성과 활동		○	○	운영위원회 구성 관련 기록, 회의기록

출처 : 한국보육진흥원 평가인증 사무국

(1) 신입원아 부모를 위한 오리엔테이션

어린이집을 처음 보내는 부모는 영유아가 새로운 환경에 잘 적응할지 걱정하며 고민을 많이 하게 된다. 어린이집은 오리엔테이션을 통하여 어린이집의 철학과 보육과정 내용을 설명하고, 원아의 적응을 지원해주는 오리엔테이션을 진행하게 된다.

Tip

1. 신입원아 부모 오리엔테이션 자료를 준비하고 있는가?

■ 부모 오리엔테이션 내용의 예

- 어린이집 운영안내(어린이집 안내, 보육교직원 경력 및 자격안내, 운영 안내, 반 및 반 정원 소개, 교사 수, 보육시간, 보육료 안내, 상해보험 안내 등)
- 보육프로그램 특성 안내(보육철학, 연간 행사 안내, 반별 연간 교육계획안, 일과운영 안내 등)
- 어린이집 개방원칙 안내(가정과의 연계 교육)
- 휴원 요하는 질병 안내
- 신입원아 적응프로그램 안내
- 등하원 인계과정 및 응급상황 등의 안내 등

2. 학기 초에 신입원아 부모 오리엔테이션을 집단으로 실시하고 있는가?
3. 중간 입소원아에 대한 신입원아 부모 오리엔테이션을 개별 혹은 집단으로 실시하고 있는가?
4. 부모 오리엔테이션에서 시설 주도의 진행이 아니라 부모의 질문사항 등 쌍방향적 진행이 이루어지고 있는가?
5. 부모 오리엔테이션을 한 경우 보육일지나 운영일지에 기록을 하고 있는가?
6. 신입 원아 부모 오리엔테이션 일정을 가정통신문에 사전에 알리고 있는가?

(2) 어린이집과 가정 간의 의사소통

보육교사는 영유아가 발달, 성장하는데 가족의 역할이 매우 중요하다는 부분을 인식하고, 부모로부터 영유아의 가정 내의 일상적인 생활과 특이 습관, 예를 들자면 낮잠을 잘 때 버릇, 애착물건, 특이 음식에 대한 알레르기 질환 등은 긴밀한 의사소통을 통하여 정보를 교환해야 하는 중요한 부분이다. 또한 가정과의 긴밀한 의사소통을 위하여 보육교사는 부모와 연 2회 이상 정기적인 개별 면담을 실시해야 한다. 부모와의 면담을 통해 영유아가 어린이집 생활과 어떻게 성장하고 있는지 알리고, 가정에서 영유아들의 생활에 대한 부분도 이해하며, 영유아를 위한 적합한 지도방법을 모색하여야 한다.

Tip

어린이집에서는 부모와의 개별면담을 아래와 같이 실시한다.

개별면담은 연 2회 이상 실시하되, 상·하반기로 나누어 실시하는 것이 바람직하다. 또한 가능한 많은 부모들이 개별면담에 참여할 수 있도록 한다.

- 영아의 경우, 발달적 변화가 빠르고 개별적 배려가 더 많이 요구되므로 유아보다 자주 부모와 개별면담을 할 수 있다.
- 특별한 문제가 있는 영유아의 경우, 다른 영유아보다 더 자주 부모와 개별면담을 할 수 있다.

개별면담을 할 때에는 영유아에 대한 관찰결과를 토대로 영유아의 발달적 변화와 영유아를 위한 지도방법을 중심으로 부모와 면담한다.

개별면담은 면대면으로 실시하는 것이 가장 바람직하나, 부모가 어린이집을 직접 방문하기 어려운 경우 개별면담의 목적으로 전화를 이용해서 면담할 수 있다. 이때 영유아발달 상황 및 지도방법의 내용을 포함하여야 한다.

※ 전화나 알림장 등으로 부모와 일상적인 의사소통을 하는 것은 개별면담에 포함되지 않음

(3) 어린이집에서의 부모참여

어린이집의 운영방침은 부모에게 개방적이고, 부모는 어린이집을 참관하거나, 자녀와 함께 경험을 공유할 수 있다. 어린이집의 행사나 보육과정에서 부모가 자원봉사자 등의 역할 참여나 부모교육을 실시하는 등 다양한 방법으로 부모 참여를 지원할 수 있다.

또한 어린이집의 행사나 활동에 참여하면서 다른 부모들과의 영유아 활동과 발달에 대한 정보교환과 교류를 할 수 있는 바람직한 자녀 양육을 위한 심리적, 실질적 도움을 주고받을 수 있다.

Tip

어린이집에서는 어린이집의 행사나 보육과정에 부모가 다양한 방법으로 참여하도록 아래와 같이 지원할 수 있다.

- 어린이집의 여러 행사나 보육활동에 부모가 참여할 수 있는 구체적인 절차와 방법을 마련하여 사전에 부모에게 안내한다.

- 어린이집에서는 부모들이 올바른 부모역할을 배우고 관련 정보를 구할 수 있도록 부모에게 부모교육을 실시하거나 지역사회의 부모교육 프로그램이나 워크숍에 관한 정

보(부모교육프로그램의 내용, 개최 일정, 비용 등)를 안내하여 희망하는 부모가 참여할 수 있도록 한다.

※ 외부에서 실시하는 부모교육 프로그램의 경우, 관련 정보 안내 뿐 아니라 참여 의사 등을 파악(수요조사)하여 부모가 실제 참여할 수 있도록 지원해야 함

- 어린이집에서는 재원 중인 부모에게 어린이집의 서비스 전반 및 운영에 대한 부모만족도 조사를 실시하여야 한다.
- 어린이집에서는 열린 어린이집 보육프로그램에 부모를 초청하거나, 부모가 자원봉사자, 보조교사, 주제 활동의 주교사 등 다양한 역할을 맡아 보육활동의 일부분에 참여할 수 있도록 할 수 있다.
- 어린이집에서 영유아들이 단체로 외출할 때(현장학습, 산책, 소풍 등), 어린이집 행사(알뜰시장, 크리스마스 행사, 생일잔치 등)에 희망하는 부모 및 가족은 어린이집의 사전 안내에 따라 자원봉사자로 참여하도록 할 수 있다.

참고사항

- 부모만족도조사 설문문항은 어린이집의 상황을 반영하여 구성할 수 있다.
- 어린이집 부모만족도조사 결과는 어린이집 질 개선, 부모교육 등 어린이집 운영에 자체적으로 활용할 수 있다.

예) 어린이집 부모만족도조사 설문 문항범주 문항

〈어린이집 환경〉

1. 우리 아이가 다니는 어린이집 시설은 깨끗하고 안전하다.

2. 어린이집에는 다양하고 충분한 양의 놀잇감(동화책, 교구 등)이 있다.

〈건강 · 안전〉

3. 우리 아이에게 제공되는 급간식에 만족한다.
4. 아이가 아프거나 다쳤을 때 어린이집에서는 적절한 조치(부모연락 및 응급처치등)를 취한다.
5. 어린이집에서의 등하원(차량운행)이 안전하게 이루어진다.

〈보육과정〉

6. 어린이집 보육프로그램 및 행사계획을 잘 안내받고 있다.
7. 어린이집에서 아이들에게 제공하는 활동에 대해 만족한다.
8. 우리 아이는 어린이집에서 편안하게 생활한다.

〈상호작용〉

9. 어린이집 선생님들은 아이를 존중하고, 적절한 언어를 사용하며 따뜻하게 대한다.
10. 우리 아이는 담임교사를 좋아하고 따른다.
11. 어린이집에서 우리 아이는 갈등문제가 없다.

〈운영의 개방성 및 가정연계〉

12. 어린이집은 부모가 언제든 방문할 수 있도록 개방되어 있으며, 필요 시 의견을 제안할 수 있다.
13. 어린이집에서는 우리 아이의 생활 및 발달에 대한 정보를 충분히 알려준다.
14. 어린이집에서는 부모가 어린이집 활동에 참여할 수 있도록 다양한 기회를 제공한다.
15. 어린이집에 아이를 보내는 것이 나의 직장생활이나 가정생활에 도움이 된다.

출처 : 2015 어린이집 부모만족도조사 시범사업(보건복지부, 한국보육진흥원)

(4) 어린이집 운영위원회의 구성과 활동

어린이집은 부모 및 주변 지역사회와 긴밀한 협력과 동반자적인 관계를 유지할 때 최선의 보육의 효과를 볼 수 있다. 어린이집에서는 어린이집 운영위원회(「영유아보육법」 제25조)를 구성하고 정기적으로 회의를 개최하면서 어린이집 운영과 프로그램에 대한 의견과 요구를 반영하도록 하고 있다.

Tip

어린이집에서는 아래와 같이 운영위원회를 구성하고 운영한다.

어린이집 원장, 보육교사 대표, 학부모 대표와 지역사회 인사를 포함하여 5인 이상 10인 이내의 어린이집 운영위원회를 구성하되, 학부모대표가 2분의 1 이상이 되어야 한다.

연 4회 이상(분기별 1회 이상) 어린이집 운영위원회를 개최하여 어린이집 운영과 프로그램전반에 대해 논의한다.

어린이집은 운영위원회를 통해 이외 어린이집 운영과 관련된 주요 사항과 방침의 변경 등에 대해 함께 의논할 수 있고, 구성원들의 다양한 의견이나 요구를 수렴하여 어린이집 운영에 반영할 수 있다.

어린이집에서는 운영위원회 구성 및 개최 계획과 회의 결과를 부모에게 알려 모든 부모가 어린이집 운영위원회의 주요 논의 내용을 알 수 있도록 한다.

운영위원회 운영과 관련된 보다 자세한 사항은 '2015 어린이집 이해와 운영위원회 참여(중앙육아종합지원센터, 2015)'를 참고할 수 있다.

2 지역사회 연계방법

〈표 10-2〉 연간 지역사회 연계 프로그램의 예

대상	활동명	일시	관계기관	내용
지역사회와 영유아 협력	전통문화 체험	연10회	시니어연합회, 한옥마을 등	실뜨기, 전래놀이, 세시풍속, 장 담그기
	생태환경 교육	연7회	환경운동연합	봄숲교육, 물과 환경, 에너지교육, 먹거리교육, 습지생물관찰, 가을 숲체험, 자원순환전시관
	건강교육	연3회	보건소 등	치아건강, 먹을거리, 색소실험, 영양소, 편식
	안전교육	연4회	어린이교통공원, 소방서, 굿네이버스 등	교통교육, 물놀이안전교육, 아동권리교육, 화재예방교육
	도서관이용 (병아리들의 소풍오는날)	연8회	환원어린이도서관	책읽기, 도서관이용방법 익히기, 동화듣기, 그림책 주인공 만들기, 책 만들기 등
	텃밭 가꾸기	수시	농업기술센터, 귀농운동본부 등	식물양육과 원예활동
	방역.소독	격월	보건소	방역 소독
	봉사활동	수시	보육원, 구청, 굿네이버스 등	아나바다운동, 휴지줍기, 동전모으기 등
	지역사회기관 견학	수시	병원, 은행, 구청, 박물관, 도서관, 자원재생센터, 공항, 복지관 초등학교 등	프로젝트활동협력, 시설이용, 인터뷰, 예비초등생을 위한 초등학교방문 등
	각종 가게	수시	미용실, 목공소, 이마트, 화원, 재래시장, 안경점, 자전거수리점, 카센터, 가	프로젝트활동 궁금증 해결, 인터뷰, 초청교육 등

			전수리센터, 문구점, 동물병원 등	
지역 사회와 가정협력	미디어교육	연1회	여성가족부(유아미디어교육)	건강한 미디어사용(텔레비전, 전자게임, 인터넷)
	상담 및 교육	연4회	관내 대학교수, 관련 전문가	부모역할, 행동지도, 영유아발달, 아동인권 '내 몸은 소중해요.' 등
	부모협력	연4회	자체운영	부모안전교육, 자원봉사, 협력수업, 운영위원회 운영 등
	홈페이지, 까페운영	수시	자체운영	정보공유(시설운영, 보육과정, 행사, 육아정보, 상담 등)

1) 지역사회기관과의 연계 프로그램

지역사회의 관공서, 학교, 노인복지관, 병원, 여러 기관들과의 협력을 통해 다양한 연계활동이 이루어질 수 있다. 예를 들면, 지역사회의 보건소와 연계하여 치아교육, 금연교육, 성폭력교육, 약물 오남용 예방교육 등의 전문 교육인과의 연계를 통하여 교육할 수 있다. 또한 소방서를 연계하여 재난대피 훈련, 소방대피 훈련 등을 실시하고, 노인복지관을 연계하여 영유아가 노인과 함께 놀이하는 프로그램을 운영할 수도 있다.

2) 지역사회기관 방문 및 견학 프로그램

지역사회 내의 어린이 도서관, 병원, 소방서, 경찰서, 대학, 초등학교, 주민센터, 우체국 등 가까운 장소를 방문할 기회를 제공한다. 해당 종사자들과의 만남을 통해 업무와 관련된 활동을 진행하는 체험도 좋은 교육제공이 될 것이다. 또한 그

지역만의 특별한 자원을 이용한 활동과 영유아들이 좀 더 지역사회를 알고 이해하는데 실제적인 도움이 된다.

PART 3

보육교사의 역량개발

Chapter

11

보육교사의 역량개발

(자기개발, 전문성개발)

학습목표

1. 보육교사로서 역량개발의 개념을 이해할 수 있다.
2. 보육교사직을 수행하기 위한 자기개발의 특성을 이해할 수 있다.
3. 영유아를 보육하는 교사로서 갖추어야 할 전문성을 이해할 수 있다.
4. 보육교사로서 역량을 키워갈 수 있다.

여러분은 자신의 삶에 대한 목적과 존재의 이유에 대해 고민해 본적이 있습니까? 또한, 보육교사가 되기 위해 자신이 갖추어야 할 자질은 무엇이고 이를 어떻게 개발해야 하는지를 알고 있습니까? 쌤앤파커스의 박시형 대표는 “사람은 누구나 꿈을 꾸지만, 생활 속에서 그 꿈을 이루는 방법을 찾고 실천하는 것은 차이가 난다”라고 하였다. 성공한 많은 사람들은 자기 삶에 대한 목적과 존재의 이유가 있다라는 연구결과를 강조한 것이다.

이 장에서는 보육교사로서의 자기개발의 의미와 중요성을 알아보고 보육교사직을 수행하기 위해서 갖추어야 할 전문성 개발방안에 대하여 알아보고자 한다.

1 자기개발

과거의 평생직장 개념은 이미 희미해지고 이직이나 전직이 어색하지 않은 세상이 되었다. 한 조사에 따르면, 직장인들의 60% 이상이 평생직장을 원하고 있으나 현실적으로 평생직장이 될 수 없을 것이라고 예감하고 있었다. 즉, 개인들이 이직이나 전직을 원해서 평생직장 개념이 변했다기보다는 고용 안정성이 변하여 생기는 심리적 불안감과 더불어 자신의 경력을 관리해야 한다는 심리가 이중부담으로 작용하고 있다는 것이다(김경진 외, 2017).

보육교사의 경우 고용이 꾸준히 늘어 2011년 248,635명에서 2016년 321,766명으로 5년 만에 약 29.4%가 늘었다(사회보장정보원, 2017). 하지만 2015년과 비교하여 0.22% 증가에 그쳐 증가세가 확 줄어들었으며 가정어린이집의 경우 감소하기 시작한 점에 주목할 필요가 있다.

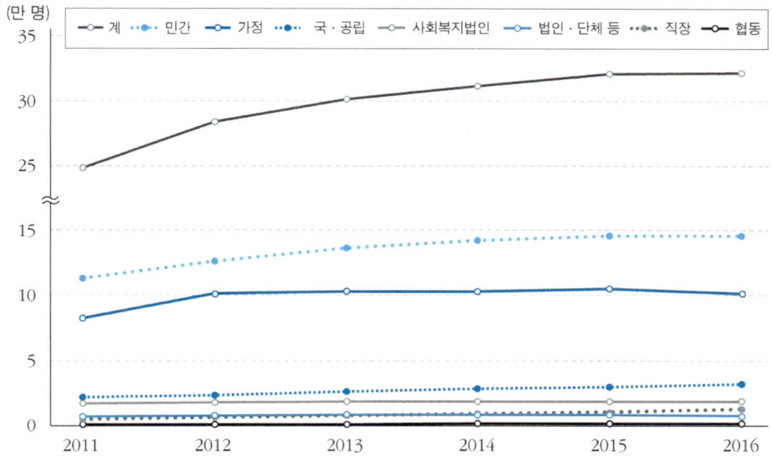

[그림 11-1] 어린이집 연도별 보육교직원 현황

무엇보다 2014년을 정점으로 보육아동의 수가 지속적으로 줄어들고 있고, 대통령 직속 저출산·고령사회위원회에 따르면 지난 2018년 합계출산율은 0.98명으로 출생아 수는 약 32만 6,900명으로 추산된다. 2005년 1.08명 이후 최저치를 기록하고 있어 보육교사의 고용불안 요인을 증가시키고 있다. 또한 2017년 처음으로 고령인구(65세 이상, 13.8%)가 유소년 인구(14세 이하, 13.1%)보다 많아지고 65세 이상 인구비율이 지속적으로 증가할 전망을 보이며 2016년 기대수명이 82~84년으로 인생 후반에 대한 고민을 증가시키고 있다(통계청, 2018). 따라서 보육교사 역시 자기개발을 통해 보육교사로서의 발전이나 인생 이모작을 준비할 필요가 있다.

1) 자기개발능력의 이해

(1) 자기개발의 의미와 중요성

① 자기개발의 의미

자기개발이란 자기에게 필요한 지식이나 기술을 스스로 공부해 나가는 일을 말하며(김소희, 2006), 교사로서의 자기개발은 교사의 전문적 기능 발달뿐 아니라 개인으로의 변화까지 포함하는 것을 의미한다(김성희, 2006). 자기개발은 자신의 능력과 적성의 강점과 약점을 알며, 강점을 강화시키고 약점을 관리하여 자신의 성장을 위한 기회로 활용하는 것이다. 자기개발능력은 직업인으로서 자신의 능력, 적성, 특성 등을 이해하고, 목표성취를 위해 스스로를 관리하며 개발해나가는 능력을 의미한다(한국산업인력공단, 2015). 그러므로 자기개발능력은 우선 자신의 능력이나 적성을 잘 파악하는 것이 중요하고, 자신의 목표를 스스로 설정하며, 목표달성을 위해 스스로를 관리·통제하며 필요한 역량을 개발해 나가는 능력이라 할 수 있다(장수연, 2015).

② 자기개발의 특징

자기개발의 특징은 다음과 같다(김경진 외, 2017; 한국산업인력공단, 2015).

가. 자기개발의 주체는 자기 자신이다

자기개발은 자기 스스로의 필요성에 의해서 이루어지는 것이다. 스스로 부족함을 느낀다거나 다가올 미래를 준비하기 위해 시작되는 것으로 자기개발의 주체는 자기 자신이 되어야 한다. 또한 스스로 자기개발의 목표를 설정하고 능력, 적성, 특성에 대한 자신의 한계를 파악하는 것은 새로운 출발점이 될 것이다.

나. 자기개발의 방법은 사람마다 다르다

자기개발의 목표는 스스로가 결정하는 것이기 때문에 그것을 성취하기 위한 수

단과 방법도 스스로가 결정해야 한다. 비슷한 목표를 가졌다 하더라도 각자의 능력, 적성, 특성이 다르고 개개인의 취향과 환경 또한 다르므로 목표에 도달하는 방법도 다를 수밖에 없다. 여러번의 시행착오를 통해 자신에게 적합한 자기개발 방법이나 전략을 수립해야 한다.

다. 자기개발은 평생에 걸쳐서 이루어지는 과정이다

인간의 기대수명이 늘어나고 직업의 안정성이 약화되면서 자기개발의 필요성은 점점 높아져간다. 지금 당장 직무와 연관된 자기개발도 필요하지만 좀 더 길어질 인생을 고려한 자기개발도 필요하다. 이 두 가지 방향의 자기개발은 서로 관련이 있을 수도 없을 수도 있지만, 이 두 가지 모두를 고려한 평생에 걸친 자기개발 전략이 필요하다.

라. 자기개발은 일과 관련하여 이루어지는 활동이다

100세 인생 시대가 오면서 미래에는 단일 직종에 근무하기보다는 여러 직종에 근무할 가능성이 높다. 안정적인 직장에 다니고 있더라도 은퇴 이후의 삶을 준비해야 한다. 자기개발은 현재의 직업이든 미래의 직업이든 일과 관련한 능력을 기르는 것이다. 자기개발을 통해 직장에서 향상된 능력을 발휘하고 미래의 직업을 준비해 갈 수 있다.

마. 자기개발은 생활 가운데서 이루어지는 실천이다

자기개발은 특정한 교육과정을 이수하거나 보수교육을 받는 것만을 의미하지 않는다. 보육교사로서 자신의 능력을 점검하고 부족한 점이나 새로이 얻고 싶은 능력을 기르기 위한 모든 활동이 해당된다. 미래를 준비하기 위한 자기개발 활동도 마찬가지로 생활 속에서 이루어지는 실천인 것이다.

바. 자기개발은 모든 사람들에게 필요한 활동이다

자기개발은 직무능력에서 부족함을 느끼거나 미래를 준비하는 모든 사람들에게 필요한 활동이다. 조직의 관리자나 특정 전문가들에게만 해당되는 것이 아니다. 누구나 자기개발을 통해 효율적으로 일하고 새로운 것을 받아들이며 미래를 준비해야 하는 것이다.

(2) 자기개발 방법

누구나 자기개발을 하려고 결심했지만, 구체적으로 어떻게 해야 할지 몰라서 고민했던 경험이 있을 것이다. 자기개발의 절차나 방법에 대해 알아보자.

자기개발은 자신의 능력, 적성 및 특성을 이해하고, 목표 성취를 위해 스스로를 관리하며 개발해나가는 것으로, 자기개발은 자아인식, 자기관리, 경력개발로 이어진다(한국산업인력공단, 2015).

■ 잠시 시간을 내어 다음 질문에 스스로 답해봅시다.

- '나는 어떤 능력을 개발해야 하는가?'
- '나에게 부족한 능력은 무엇인가?'
- '이 능력은 어떻게 개발할 수 있을 것인가?'
- '개발하고자 하는 능력은 미래에 어떻게 활용될 것인가?'
- '내 인생의 후반부는 어떠할 것인가?'

① 자아인식

자아인식이란 직업생활과 관련하여 자신의 가치, 신념, 취미, 적성, 성격 등 자신이 누구인지 아는 것이다. 자아인식은 자기개발의 첫 단계가 되며 자신이 어떠한 특성을 가지고 있는지를 바르게 인식할 수 있어야 적절한 자기개발이 이루어질 수 있다. 자신을 알아가는 방법으로는 스스로를 확인하는 방법, 다른 사람과의 대화를 통해 알아가는 방법, 표준화된 검사 척도를 이용하는 방법 등이 있다.

■ **나의 장점은 무엇일까?**

•

•

•

② 자기관리

자기관리란 자신을 이해하고, 목표를 성취하기 위해서 자신의 행동 및 업무수행을 관리하고 조정하는 것이다. 자기관리는 자신에 대한 이해를 바탕으로 비전과 목표를 수립하며, 이에 대한 과제를 발견하고, 자신의 일정을 수립하고 조정하여 자기관리를 수행하고 이를 반성하여 피드백하는 과정으로 이루어진다.

■ **업무의 생산성을 높이기 위해서는 어떻게 해야 할까?**

•

•

•

③ 경력개발

경력은 일생에 거쳐서 지속적으로 이루어지는 일과 관련된 경험이며, 경력개발은 개인의 경력목표와 전략을 수립하고 실행하며 피드백하는 과정이다. 직업인은 한 조직의 구성원으로서 자신의 조직과 함께 상호작용하며 자신의 경력을 개발해 나가는 특징을 가진다. 경력개발은 자신과 상황을 인식하고 경력관련 목표를 설정하여 그 목표를 달성하기 위한 과정인 경력계획과, 이에 따라서 경력계획을 준비하고 실행하며 피드백하는 경력관리로 이루어진다.

▪ **경력개발과 관련한 나의 목표는 무엇인가?**

•

•

•

2) 자기개발 계획

(1) 자기개발의 설계전략

자기개발에 대한 계획을 수립한다고 해서 모든 목표를 달성할 수 있는 것은 아닙니다. 자기개발 목표를 성취하기 위해서는 다음과 같은 전략을 고려하여 목표를 수립하고 자기개발 방법을 선정하여야 한다.

① 장·단기 목표를 수립한다

장·단기를 구분하는 기준은 개인에 따라 중요한 생애전환기(결혼 취직 이직

등)를 기준으로 바뀔 수도 있으나 보통 장기목표는 5~20년 뒤를 설계하며 단기목표는 1~3년 정도의 목표를 의미한다. 장기목표는 자신의 욕구, 가치, 흥미, 적성 및 기대를 고려하여 수립하며 자신의 일 또는 미래의 목표와 관련한 직무의 특성, 타인과의 관계 등을 고려해야 한다. 단기목표는 장기목표를 이룩하기 위한 기본단계가 되며 이를 위해 필요한 직무관련 경험, 개발해야 될 능력 및 자격증, 인간관계 등을 고려하여 수립한다.

② 인간관계를 고려한다

우리는 가족, 친구, 직장 내의 보육교직원, 학부모 등 많은 인간관계를 맺고 살아가고 있으므로 이러한 관계를 고려하지 않고 자기개발 계획을 수립한다면 계획을 실행하는 데 어려움을 겪게 된다. 또한 다른 사람과의 관계를 발전시키는 것도 하나의 자기개발 목표가 될 수 있다.

③ 현재의 직무를 고려한다

직업인이라면 현재의 직무와 관계된 일을 계속하든 아니면 전혀 새로운 일을 탐색하여 수행하든지 현재의 직무 상황과 이에 대한 만족도가 자기개발 계획을 수립하는데 중요한 역할을 담당하게 된다. 따라서 현 직무를 담당하는데 필요한 능력과 이에 대한 자신의 수준, 개발해야 할 능력, 관련된 적성 등을 고려해야 한다. 현재의 직무와 관련되어 자기개발을 할 때 그 성취효과가 높게 나타난다.

④ 구체적인 방법으로 계획한다

계획을 할 때, 모호한 방법으로 하게 되면 실행단계에서 어떻게 해야 되는지 명확하게 알 수 없으므로 중간에 적당히 하게 되거나 효율적이지 못하게 되어 결과적으로 자신의 노력을 낭비하게 된다. 따라서 자신이 수행해야 할 자기개발 방법을 명확하고 구체적으로 수립하면 노력을 집중적이고 효율적으로 할 수 있고, 이에 대한 진행과정도 손쉽게 파악할 수 있다. 예를 들면, '상담 공부하기'라는 조금 추상적인 방법보다 '30분 일찍 출근하여 매일 상담 공부하기' 등 구체적인 방법으로 계획한다. 다만 장기목표일 경우, 때에 따라서는 매우 구체적인 방법을 계획하는 것이 어렵거나 바람직하지 않을 수 있다.

3) 자신을 브랜드화 하자

브랜드라고 하면 하나의 기업을 생각하기 쉬우며 개인의 브랜드화라고 하더라도 연예인이나 기업 CEO 정도로 생각하기 쉽다. 그러나 최근의 경쟁사회에서는 모든 직업인들이 자기개발을 넘어서 누구 하면 떠오르는 자신만의 이미지를 가지고 자신을 하나의 브랜드로 만들고 알려야 되는 시대가 왔다.

개인브랜드란 개인에 대해 일종의 고정관념을 갖게 하는 것이다. 개인에 대한 브랜드화는 단순히 자신을 알리는 것을 뛰어 넘어 자신을 다른 사람과 차별되는 특징을 밝혀내고 이를 부각시키기 위해 지속적인 자기개발을 하며 PR하는 것을 말한다.

(1) 자신을 브랜드화하기 위한 전제 조건

자신을 브랜드화하기 위해서는 먼저 자기개발이 선행되어야 한다. 자신이 만족할만한 상품을 만들어야 다른 사람에게도 추천을 할 수 있듯이 자기 브랜드에 있어서도 스스로 자신에게 만족하고 만족할 만한 노력을 하여야 한다.

(2) 자신을 브랜드화하기 위한 전략 : 차별성

사랑받는 브랜드의 조건을 안다면 이에 따라 자신을 차별적으로 브랜드화하기 위한 전략을 수립할 수 있다. 삼성경제연구소의 보고서에 따르면 사랑받는 브랜드의 요건으로 친근감, 열정, 책임감이 있다고 한다.

① 친근감

친근감이란 오랜 기간 관계를 유지한 브랜드에 대한 친숙한 느낌으로 자신을 브랜드화하기 위해서는 친근감을 주기 위한 노력이 필요하다. 따라서 다른 사람과의 관계를 돈독히 유지하기 위해 노력하고, 자신의 내면을 관리하여 긍정적인 마인드를 가지도록 한다. 또한 브랜드 PR을 통하여 지속적으로 자신을 다른 사람에게 알려 친근해지도록 한다.

② 열정

열정은 브랜드를 소유하거나 사용해보고 싶다는 동기를 유발하는 욕구이며 자신을 브랜드화하여 사람들로부터 자신을 찾게 하기 위해서는 다른 사람과 다른 차별성을 가질 필요가 있다. 다른 사람과 다른 차별성을 가지기 위해서는 시대를 앞서 나가 다른 사람과 구별되는 능력을 끊임없이 개발해야 한다. 즉, 최신의 중요한 보육정책 흐름을 알고 이에 대한 자기개발이 요구된다.

③ 책임감

책임감은 소비자가 브랜드와 애정적 관계를 유지하겠다는 약속으로 소비자에게 신뢰감을 주어 지속적인 소비가 가능하도록 하는 것이다. 자신을 브랜드화하기 위해서는 자신이 할 수 있는 일이 어떤 것인지를 명확하게 파악하고 자신이 할 수 있는 범위에서 최상의 생산성을 내는 일이 필요하다. 또한 지속적인 자기개발이 이루어질 수 있도록 장·단기 계획을 수립하고 시간약속을 지키는 등의 노력을 해야 한다.

(3) 자기 브랜드 방법 PR

자기개발을 통해서 능력을 신장시키고 다른 사람과 차별성을 가지더라도 이에 대한 PR을 하지 않으면 다른 사람들은 나의 브랜드를 알지 못한다. 기관에서 지금 원하는 인재가 나임을 각인시킬 필요가 있다. 따라서 다음과 같은 전략을 통해 자신의 브랜드를 알려보자.

① 인적 네트워크를 활용한다

사람들은 자신이 신뢰하는 다른 사람의 말은 비판 없이 받아들이고 수용하는 경향이 있다. 따라서 자신에 대한 긍정적인 말을 전하는 적극적인 지지자를 확보하고 인간관계를 잘 관리할 필요가 있으며 평상시에 보다 넓은 인적 네트워크를 형성하기 위한 노력이 필요하다.

② 경력 포트폴리오를 만들어라

경력 포트폴리오는 자신의 전문적인 능력이 무엇인지 자신이 그동안 어떻게 인간관계를 쌓아왔고 어떠한 자기개발 노력을 해왔는지를 다른 사람에게 명확하게 보여줄 수 있다. 또한 자신을 효과적으로 PR하는 것 외에 자신의 경력계획을 세우고 체계적으로 관리하는데 활용될 수 있다. 단순한 자신의 경험이라고 하더라도 포트폴리오를 만들면 경력이 될 수 있다. 포트폴리오는 꾸준히 업데이트하는 것이 필요하며 문자로만 만들지 말고 이미지나 그래픽 등으로 구성하면 더욱 효과적으로 보일 수 있다.

2 전문성개발

최근 급속한 사회변화와 전문 지식의 증가로 교사들은 지속적으로 전문지식을 습득하지 않으면 안 된다. 보육교사는 양질의 보육서비스를 제공하기 위해 전문성이 향상되도록 노력해야 한다. 보육교사의 전문성 개발을 위해서는 보육교사를 지원하는 체계적인 교사교육과 교사의 전문성을 지원하는 보육현장 환경조성이 필요하다. 이 장에서는 보육교사의 전문성에 대해 알아보고, 교사의 발달 단계에 기초한 전문성개발과 현장에서 실시할 수 있는 전문성 향상 방안에 대해 알아본다.

1) 보육교사의 전문성

보육교사는 영유아의 학습과 발달에 중요한 영향을 미치며, 교육의 질을 결정하는데 가장 중요한 요인이다(Katz, 1984). 보육교사들은 단순히 보호와 양육 같은 수동적인 역할만을 하는 것이 아니라 영유아의 발달을 촉진하고 미래를 준비하는데 결정적 영향을 미치므로 보육교사에게는 좀 더 풍부한 지식과 적절한 자질을 갖춘 전문성 발달이 요구된다(이은화 외, 2000). 전문성을 갖춘 교사가 되기 위해서는 교사로서나 개인으로서 지속적인 학습과 자기발전의 기회를 가져야 하며(Day, 2003), 자신의 교수 능력을 향상시키기 위해 끊임없이 탐구하며 새롭게 지식을 창조해 나가야 한다(Sachs, 2003).

교사의 전문성은 고정되어 있는 것이 아니라 교직생활을 하면서 개인적인 변인과 환경적인 변인에 의해 변화하게 되는데, 교사의 전문성발달은 지식과 기술, 환경, 그리고 자기이해 등 세 가지 측면을 통해 이루어진다(김지영 · 윤진주, 2011).

지식과 기술은 교사로서 필요한 전문적인 지식과 기술습득 측면을 강조하는 것이며, 환경은 교사의 교육을 지원하는 물리적 · 인적 환경을 강조하는 것이며, 자기이해는 자기이해를 기반으로 하는 교사로서의 자신감 증진, 긍정적 태도 향상을 말하는 것이다. 이 세 영역의 발달이 통합적으로 이루어질 때 교사의 전문성은 향상된다(Vonk, 1995).

(1) 보육교사의 관심사 발달에 따른 교사교육

교사는 교사양성과정에 입문하면서부터 전 교직생활을 통하여 지속적으로 성장, 발달, 퇴보한다(고정곤 외, 2016). 교사발달과정의 이해를 통해 교사는 스스로 성장하는 존재로 인식하고, 발달 단계에 따라 전문적인 목표를 세울 수 있게 된다. 이런 과정을 통해 교사로서 전문성이 급진적으로 발달되기보다는 단계적으로 발달됨을 인정하고 자신을 평생 학습자로 인식하게 된다. 또한 발달적 관점을 취함으로써 동료나 후배교사들이 전문성을 갖추도록 체계적인 조언과 지도를 할 수 있게 되며, 그들의 발달을 지지하게 된다. 발달 단계에 따라 지속적인 관심사와 요구가 변함을 인정함으로써 각 교사의 개인별 교사발달 수준이 다름을 인정하게 되어, 각 교사의 수준에 맞는 교육을 할 수 있게 된다. 이러한 교사 발달 단계에 대한 이론은 여러 가지가 있는데, 그 중 대표적인 Katz(1995)의 보육교사의 관심사 발달에 따른 이론을 살펴보자.

Katz(1995)는 보육교사들이 발달적 경로를 거쳐 전문가로 성장해나간다고 하였다. 생존기, 강화기, 갱신기, 성숙기로 구분되는 4단계의 교사 발달 단계에 맞춰 교사교육을 제공한다면 보육교사의 전문성개발을 효율적으로 도울 수 있을 것이다. 보육교사의 관심사 발달 4단계와 발달 단계에 맞춘 교사교육방법을 소개하면 다음과 같다(문혁준 외, 201; 김혜경 · 고미애, 2014; 고정곤 외, 2016).

① 1단계: 생존기(Survival)

교사가 된 후 첫 1년으로 어떻게 하면 교직생활에서 살아남을 수 있을 것인가가 최대 관심사이다. 초임교사에게 필요한 역할 수행 능력으로는 영유아 교수법, 보육과정 실제 내용 숙지, 보육교직원과의 원활한 소통, 직장문화에 대한 예의와 인성, 부모상담기술, 민첩성 등으로 나타났다(모아라, 2017). '과연 영유아들과 잘 지낼 수 있을 것인가? 동료교사나 선임교사와의 관계는 어떠할 것인가? 원장, 주임교사에게는 어떻게 보여야 할 것인가? 학부모들은 과연 나를 교사로 받아들일 것인가? 나는 과연 보육교사가 적성에 맞는가?' 등 수많은 질문에 직면하게 될 것이다. 학교에서는 가르쳐주지 못했던 여러 가지 갈등상황을 스스로 해결해 나가야 하는 과정에서 스스로의 자질을 의심하고 좌절을 겪기도 한다.

주변의 관심과 지지, 지원, 격려, 위로가 필요한 시기로 교사교육 역시 원장, 주임교사의 정서적 지지가 필요하다. 이와 함께 영유아 보육과 교육에 직접적으로 도움이 될 수 있는 구체적인 기술교육이 필요하다.

② 2단계: 강화기(Consolidation)

2~3년차의 시기로 어느 정도 생존에 대한 확신이 생기게 되면 교직에 대한 안정감을 갖게 되며, 생존에 대한 걱정이 줄고 개별 영유아 지도에 대한 세부적인 과제와 기술에 관심을 가지게 된다. 개별 영유아의 원내 생활이나 학우관계 등에 관심을 기울이고 어떻게 도움을 줄 수 있을지를 고민하게 된다. 생존기를 벗어났기에 스스로를 능력 있는 존재로 여기기도 한다.

이 시기의 교사에게는 교사로서 자신의 장점을 파악하고 같은 단계의 교사와 감정을 교류하는 것이 필요하다. 교사교육방법으로는 선임교사와 함께 특정문제

해결을 위한 세미나를 하거나 학급 영유아지도에 필요한 기술과 방법을 지도하는 것이 좋다.

③ 3단계: 갱신기(Renewal)

교직경력이 3~4년이 되면서 자신을 돌아보고 새로운 정보나 방법을 모색하는 시기이다. 기존에 익숙한 교육방식이나 반복되는 일과에 회의를 느끼고 개선점이나 변화를 추구하게 된다. 자신이 반복적으로 하던 패턴에서 벗어나 새로운 아이디어나 정보, 지식, 기술에 관심을 보이고 이를 습득하기 위해 다양한 시도를 하게 된다.

외부로부터의 자극이 필요한 시기로 적합한 교사교육방법은 교사연수에 참여하거나 수업참관, 외부의 전문적인 모임 참여, 우수 보육 어린이집 등의 타 기관 견학이 적합하다. 자신의 수업을 영상으로 찍어 스스로 또는 동료교사와 함께 분석해보는 것도 좋다.

④ 4단계: 성숙기(Maturity)

경력 5년 이상의 보육교사들은 영유아 교육에 대한 자신감이 생기며 자신을 나름의 안목을 가진 성숙한 교사로 인식하게 된다. 현장 수업을 위한 아이디어나 정보 차원의 기술습득보다 아동관이나 보육과 교육의 목적 등 근본적인 질문에 관심을 가지게 되는 시기이다.

자기철학의 정립과 함께 후배교사의 모범이 되어야 하는 시기이다. 즉, 자신의 발달을 위해 노력하는 학습자로서 뿐만 아니라 후배교사들을 가르치고 끌어 주는 교수자로서의 역할도 하게 된다. 후배교사를 위한 시범수업을 하거나 회의의 진행자, 세미나의 강사가 되는데, 시범수업을 준비하거나 다른 교사를 위한 강의를 준비하면서 많은 부분을 새로운 관점으로 바라볼 수 있게 된다. 업무적으로는 원장을 지원하면서 중간관리자로서의 역할을 하여야 하며, 개인적으로는 새로운 차원의 발달을 위해 학위 취득을 준비하거나 원장이 되기 위한 준비를 할 수 있는 시기이다.

(2) 보육교사의 역할과 전문성

보육은 교직과 일반직으로서의 전문성 모두에 해당하며, 특수아동이나 다문화아동을 포함한 개별아동의 발달요구에 부합해야 하고, 전적으로 의존적일 수밖에 없는 아동과 애착관계를 형성하게 되는 특수성이 내재되어 있는 매우 포괄이고 다면적인 전문직이다(육아정책연구소, 2009).

① 보육교사의 역할

보육교사의 역할은 전통적인 '영유아를 보호하는' 역할에서 영유아를 가르치는 역할, 평가하는 역할로 확대되었으며, 의사결정자, 연구자, 부모상담자, 정보관리자 등의 역할이 더해지고 있다(김은영, 2006). 또한, 육아정책연구소에서 연구한 6가지 보육교사의 역할에서는 교사, 대리양육자, 상담자 & 부모교육자, 사회복지실천가, 교류자, 근로자로서의 역할을 강조하고 있다(육아정책연구소, 2009).

② 보육교사의 전문성

한국직업능력개발원에서 수행한 보육교사 직무분석에서 보육교사의 책무를 학부모 요구 및 영유아 특성 파악, 보육계획, 건강과 안전 및 생활지도, 보육지도 및 연계, 평가 및 보육기관 운영의 5가지로 구분하고, 22개의 작업을 명시한 바 있다(한국직업능력개발원, 1999).

보육교사의 전문성을 훌륭한 보육교사가 지니고 있는 특성이나 능력으로 본다면, 보육교사의 전문성은 사회의 변화에 따라 달라질 수 있다. 보육교사의 전문성을 보육현장의 실천적 측면에서 정리한 내용을 소개하면 다음과 같다(고정곤 외, 2016).

가. 보육과정 편성능력

보육과정은 보육기관의 철학과 가치를 실현하는 종합계획이다. 학년 말에 각 기관별로 연령별 보육과정을 수립하는데, 보육과정을 보면 해당 어린이집의 보육 시책과 보육활동 내용을 알 수 있다. 이 보육과정은 보육기관을 알리는 객관적이고 중요한 자료로 보육교사는 보육과정을 편성할 수 있는 능력을 가지고 있어야 한다.

나. 보육과정 운영능력

보육과정이 개별 보육기관의 보육목표를 구현하기 위한 종합계획이라면 보육과정 운영은 수립된 보육목표를 실천하는 일이다. 짜인 보육과정에 맞춰 하루일과를 운영하며 프로그램 관련 행사를 준비하고 운영하는 능력으로, 보육교사는 보육과정을 운영할 수 있는 능력을 갖추어야 한다.

다. 교수 · 학습지도 능력

보육과정은 하루일과와 보육프로그램 관련 행사로 운영되는데 교수 · 학습지도를 통하여 구체화되고 실현된다. 훌륭한 교수 · 학습지도 능력이 있는 교사는 보육프로그램을 합리적으로 운영하여 어린이집이 설정한 보육목표를 효율적으로 구현시킬 수 있다.

라. 생활지도 기술

인성지도, 안전지도, 식사지도, 질서지도, 예절지도, 놀이지도, 성격지도 등 어린이집에서 이루어지는 생활지도의 범위는 매우 넓다. 광범위한 생활지도를 위해서는 다양한 기술과 능력을 가지고 있어야 한다. 올바른 생활지도를 위해서는 생활지도 시 영유아를 한 사람의 인격으로 존중해야 하며 각 영유아의 발달연령에 적합한 지도가 되어야 한다.

마. 보육환경조성 기술

보육환경은 어린이집에서 보육과정이나 보육프로그램을 운영하는데 필수적이다. 보육실은 영유아가 대부분의 시간을 보내는 공간으로 영유아의 성장과 발달, 정서형성에 지대한 영향을 준다. 때문에 보육교사는 보육환경조성을 위해 각 연령에 맞춰 영역별 환경구성을 할 수 있는 능력을 갖추어야 한다.

바. 교재 · 교구 기획 · 제작 · 관리 · 활용 기술

대부분의 교육프로그램은 교재 · 교구를 매개로 이루어진다. 교재 · 교구를 통해 영유아의 오감을 자극시키고 효과적인 학습지도를 할 수 있다. 보육교사는 교육목적과 영유아의 연령에 맞춰 교재 · 교구를 기획하고 제작 · 관리 · 활용할 수 있는 능력이 있어야 한다.

사. 상호교류자의 기술

보육활동은 영유아를 교육하고 보육하는 일만으로 이루어지는 것이 아니다. 효율적인 보육활동이 되기 위해서 보육교사는 학부모, 지역사회, 보육행정가 및 동료교사와 다양한 교류를 하여야 한다. 보육교사는 이들과 교류하기 위해 다양한 기술을 갖춰야 한다.

아. 보육평가의 기술

보육과정은 보육과정운영을 통해 실천되는데, 모든 계획과 실천에는 평가가 뒤따라야 한다. 당초 수립한 보육목표에 어느 정도 가까이 갔는지 평가하고 반성함으로써 다음번 보육과정에 발전적으로 반영할 수 있도록 하여야 한다.

2) 현장에서 실시할 수 있는 전문성 개발 방안

(1) 멘토링과 피드백

멘토링(mentoring)은 풍부한 경험과 지혜를 겸비한 사람이 1:1로 지도와 조언을 하는 것이다. 그리스 신화에서 유래한 말로 조력자의 역할을 하는 사람을 멘토(mentor), 조력을 받는 사람을 멘티(mentee)라고 한다(위키백과, 2018). 현대에는 1:1로 지도하는 것이 아니어도 선배가 후배에게 조언을 하는 자리나 행사, 프로젝트에도 멘토링이란 단어를 사용하고 있다. 멘토링 프로그램은 자존감 향상, 대인관계 능력 증진, 업무에 대한 흥미를 높이는 데 효과적이다. 또한 멘티의 변화과정을 거치면서 멘토의 성장에도 도움을 주는 선순환 효과도 있다.

멘토링은 1980년대 이후 교사교육 분야에 적극적으로 도입된 이후로 현재까지 교사를 지원하는 유용한 방식으로 사용되고 있다(황해익 외, 2015). 유아교육 및 교사교육과 교사의 전문성 강화에도 멘토링은 효과적인 방법인데, 교사연수나 보수교육, 장학과 같이 일방적인 설명방식이 아니라 멘토와 멘티의 상호작용을 통해 멘티의 개별적인 상황에 맞추어 적합한 지도와 조언이 가능하기 때문이다.

(2) 필요한 정보 찾아보기

스마트 기기의 보급으로 인터넷을 활용한 온라인 정보의 습득과 활용이 활발한 추세로(한국정보화진흥원, 2014). 보육교사들도 인터넷과 스마트폰을 이용한 보다 신속한 정보습득과 활용이 가능하게 되었다. 정보란 전통적으로는 올바른 해답과 적합한 자료를 도출해 줄 수 있는 사물이나 결과물을 말하는 것이었지만, 구성주의적 관점에서는 정보를 통해 학습을 하거나 구성체계까지도 변화시킬 수 있다고 보고 있다.

① 정보탐색과정 6단계

정보탐색의 과정을 다음과 같은 6단계로 설명할 수 있다.

가. **탐색착수(initiation) 단계** : 정보에 대한 요구를 인식하는 단계이다.

나. **논제선정(selection) 단계** : 찾고자 하는 포괄적인 논제를 확인하고 선택하는 단계이다.

다. **탐색조사(exploration) 단계** : 자신의 이해를 확장하기 위해서 포괄적으로 논제에 대한 정보를 파악하는 단계이다.

라. **초점형성(formulation) 단계** : 파악한 정보로부터 구체적인 논제의 관점에 초점을 맞추는 단계이다.

마. **정보수집(collection) 단계** : 구체적인 논제와 관련된 정보를 획득하는 단계로 적합성과 적절성을 기준으로 필터링한다.

바. **정보표현(presentation) 단계** : 정보탐색을 완료하고 결과물을 이용 및 제시 준비하는 단계이다.

② 보육정보탐색

보육과 관련한 정보를 탐색할 수 있는 유용한 홈페이지별 정보특징들을 다음에 소개해본다.

가. 중앙육아종합지원센터 http://central.childcare.go.kr

- **육아종합지원** : 법률상담, 노무상담, 다문화 양육상담, 장애아 보육상담, 아동 건강 및 의료상담, 어린이집 운영상담, 어린이집 건축상담, 아동발달 및 아동문제행동상담, 보육교직원 상담, 부모교육상담, 아동학대상담 등 각 영역별 온라인상담, 상담위원 안내
- **보육행정** : 영유아보육법, 관련법령, 지역조례 등 보육관련 법령이나 조례 제

공, 당해 연도 보육사업안내 및 각 자치구별 보육사업안내 파일 제공, 보건복지부, 통계청에서 발간한 보육 관련 통계 제공, 보건복지부에서 실시하고 있는 정책 안내

- **어린이집 운영** : 국공립, 사회복지법인, 법인·단체 등, 민간, 가정, 직장, 협동 어린이집 설치 관련 규정안내, 운영기준, 지도점검, 보육교직원 보수기준, 어린이집의 건강·급식·위생관리, 어린이집 아동학대 예방 및 조치 요령 등 어린이집 운영에 있어서 필요한 자료 제공, 보육교직원 자격기준, 자격정지, 자격취소 등 보육교직원 관련 내용 제공, 보육료, 가정양육수당, 어린이집별 예산지원, 어린이집 회계 원칙 제공, 3~5세 누리과정 개요, 어린이집 평가인증 안내, 각종 운영 서식 및 작성방법 제공
- **보육정보** : 표준보육과정 소개 및 자료실 제공, 어린이집 보육컨설팅 소개, 대체교사 지원사업, 장애아, 다문화 관련 정보 제공
- **육아정보** : 어린이집 이용 및 검색 제공, 식단·육아상식 등 육아에 필요한 정보 제공
- **나눔정보** : 중앙육아종합지원센터 공지사항 및 보육뉴스, 관련사이트 등 보육관련 정보 게시
- **인력뱅크** : 어린이집, 육아종합지원센터, 유관기관 구인·구직 안내
- **육아종합지원센터 E-러닝** : 온라인 교육, 집합교육 신청 사이트로 이동
- **보육프로그램 바로가기** : 표준보육과정에 기초한 보육프로그램 링크 제공
- **자료실** : 보육정책자료, 센터발간자료, 동영상 자료 페이지로 이동

나. 교통안전공단 어린이 세상 http://kid.ts2020.kr/main.jsp

다음과 같은 정보를 제공하며, 사이트 내 자료는 인쇄가 가능하고, 인터넷 연결 가능 시 동영상과 같은 자료를 영역별자료로 활용 가능하다.

- **내가 바로 안전 왕** : 안전이야기, 교통안전 여행기 및 웹툰, 어린이 철도안전,

교통안전 노래 제공

- **교통안전 게임방** : 퀴즈, 교통표지판, 채점왕, 보호장구, 틀린그림찾기 등 교통안전을 테마로 한 게임 제공
- 연도별 어린이 교통안전 관련 뉴스레터 제공
- 교통사고 통계, 교통사고 유형, 교통안전 수칙, 유아 보호 장구, 자전거 자격증, 유익한 홈페이지관련 정보제공

다. 질병관리본부 http://www.cdc.go.kr/CDC/main.jsp

- 각종 질병 안내
- 계절별 유해 요인 파악 및 감염예방 자료
- 예방접종 안내
- 홍보 동영상을 활용한 부모교육

라. 보육인력 국가자격증 http://chrd.childcare.go.kr

- **사업안내** : 자격증 교부 사업이란?, 연혁, 법적근거, 연도별 교부현황 제공
- **자격증종류 및 자격기준** : 자격증 종류, 보육교사 자격기준, 어린이집원장 자격기준 제공
- 자격증 신청
- **자료실** : 공지사항, 정책자료, 홍보자료, 통계자료, 서식자료

마. 어린이집안전공제회 http://www.csia.or.kr

- **공제상품안내** : 영유아생명신체담보, 화재(건물/집기), 놀이시설배상책임, 가스사고배상책임, 보육교직원상해, 보증공제, 회원가입 및 상품가입 안내, 사고처리절차
- 어린이집 안전사고 예방 정보제공
- 안전관련 자격증 신청

- 안전관련 설문조사, e-book, 홍보 동영상, 예방자료실 제공

(3) 원내교육과 외부교육

① 원내교육

어린이집 또는 개인이 주관할 수 있으며, 보육교사가 소속된 기관 또는 교사 개인이 자율적으로 연수 프로그램을 개발하거나 연구수업 또는 공개수업을 계획하여 수업에 대해 평가하고 토론하는 것이다. 후임교사를 지도하고 평가할 수 있는 선임교사가 있을 때 효과적이며, 공개수업의 경우는 원내에서도 이루어질 수 있으나 외부기관을 방문할 수도 있다(박세정 외, 2014). 또, 외부강사를 초빙하여 강의나 세미나를 열 수도 있다.

영유아 보육은 미성숙한 영유아를 대상으로 보호 및 교육을 제공하는 일이기에 교사의 전문성과 동시에 강조되어야 할 요소는 해당 영유아와 직접적으로 교류하는 보육교사가 지닌 인성이다. 교사의 바람직한 인성은 교과목 이수만으로 터득될 수 있는 것이 아니라, 보육교사 본인이 지닌 성향, 직무 적성, 영유아 발달에 대한 이해도 등이 종합적으로 상호작용하여 발현되는 것이다(보건복지부 · 육아정책연구소, 2015). 따라서 원내의 교육은 일방적으로 중간관리자나 선임교사가 그 내용을 일방적으로 선정하는 것보다, 교육대상자의 의견을 수렴하여 실제로 필요한 내용을 위주로 이루어지는 것이 바람직하다.

② 외부교육

보육교사를 위한 외부교육에는 대표적인 것이 보수교육이다. 보수교육은 보육교직원의 자질향상을 위해 실시하는 교육으로, 보육에 필요한 지식과 능력을 유지하고 개발하기 위해 정기적으로 받는 직무교육과 보육교사가 상위자격을 취득하기 위해 받는 승급교육으로 이루어진다(영유아보육법 제23조, 시행규칙 제20조,

제39조의3). 보육서비스는 무엇보다 현장의 중요성이 높으므로, 재직 이후에도 지속적인 보수교육을 통해 실질적인 직무역량을 향상시켜 나갈 수 있도록 지원해야 한다(한국보육진흥원, 2015).

보건복지부는 2016년에 보수교육과정을 개정하면서 기존에 인성 함양 위주의 보수교육에 현장의 어려움을 반영한 전문성 향상을 병행하도록 하였다. 즉, 보육교직원들이 지닌 현장감을 최대한 활용할 수 있는 교육내용의 구성과 실제 적용 가능한 지식을 위주로 보수교육 내용을 전면 개편하여 교사의 전문성 향상을 도모하도록 하였다(보건복지부 · 육아정책연구소, 2015).

승급교육은 2급 승급교육과 1급 승급교육으로 이루어지며, 보육교사를 대상으로 하는 일반직무교육은 2016 개편과정부터 기본과정과 심화과정으로 나뉘었다.

교육구분별 보수교육 대상자와 교육시간은 다음과 같다.

<table>
<tr><th colspan="3">교육구분</th><th>교 육 대 상</th><th>교육
시간</th><th>비 고</th></tr>
<tr><td rowspan="5">직무
교육
과정</td><td rowspan="2">일반
직무
교육</td><td>보육교사
과정</td><td>현직에 종사하고 있는 보육교사로서 보육업무 경력이 만 2년을 경과한 자와 보육교사 직무교육(승급교육 포함)받은 해부터 만 2년이 경과한 자</td><td>40시간</td><td>매3년
(만2년)마다</td></tr>
<tr><td>원장과정</td><td>현직에 종사하고 있는 원장으로서 어린이집 원장의 직무를 담당한 때부터 만 2년이 지난 사람과 어린이집 원장 직무교육을 받은 해부터 만 2년이 지난 사람</td><td>40시간</td><td>매3년
(만2년)마다</td></tr>
<tr><td rowspan="3">특별
직무
교육</td><td>영아
보육</td><td>영아보육을 담당하고 있거나 담당하고자 하는 보육교사 및 원장</td><td>40시간</td><td>이수희망자</td></tr>
<tr><td>장애아
보육</td><td>장애아보육을 담당하고 있거나 담당하고자 하는 보육교사 및 원장</td><td>40시간</td><td>이수희망자</td></tr>
<tr><td>방과후
보육</td><td>방과후보육을 담당하고 있거나 담당하고자 하는 보육교사 및 원장</td><td>40시간</td><td>이수희망자</td></tr>
</table>

승급 교육 과정	2급 승급 교육과정	보육교사 3급의 자격을 취득 후, 보육업무 경력이 만 1년이 경과한 자	80시간	이수희망자
	1급 승급 교육과정	보육교사 2급의 자격을 취득한 후 보육업무 경력이 만 2년이 경과한 자와 보육교사 2급 자격 취득후, 보육 관련 대학원에서 석사 이상의 학위를 취득한 경우 보육업무 경력이 만 6개월 경과한 자	80시간	이수희망자
사전 직무 교육	원장 사전직무 교육	영유아보육법 시행령 [별표1] 제1호의 가목부터 라목(일반, 가정, 영아전담, 장애아전담 어린이집 원장)까지 어느 하나의 자격을 취득하고자 하는 자	80시간	원장 자격증 신청자

출처 : 한국보육진흥원(https://www.kcpi.or.kr).

(4) 장학

장학(supervision)은 학생의 학습행위를 돕는 교사의 교수활동을 향상시키는데 필요한 전문적·기술적·봉사적 활동이다. 장학의 어원을 보면 장학(supervision)은 'superior'와 'vision'이 합쳐진 말로 '우수한 사람이 본다'라는 뜻이 있어 감독의 의미가 있다. 장학의 개념은 단어의 원래 의미와 같이 초기에는 장학사 등 상급기관이 주체가 된 감독, 감시, 지도 등의 의미로만 사용되다가 타율과 자율이 모두 포함되어 교사나 학습자의 전문성을 향상시키는 체계적인 활동의 의미로 확대되어 사용되었으며, 근래에는 외부 감독의 의미가 배제된 자기장학이란 개념도 생겨났다.

장학도 그 내용에 따라 여러 종류로 나뉠 수 있는데, 장학의 주체나 대상에 따라 임상장학, 동료장학, 자기장학, 자율장학, 약식장학, 자체연수로 나뉘기도 하고, 장소나 도구에 따라 현장장학, 비디오장학으로 나뉘기도 한다. 이 중에서 세 가지를 소개하고자 한다.

① 자기장학

자기장학은 교사 개인이 자신의 전문성발달을 위해 계획을 세우고 이를 실천하며 스스로를 평가하는 것이다. 본래 '장학'의 의미에는 타율적인 감독의 의미가 있는데, 자기장학은 완전히 자율적인 개념으로, 스스로 계획을 세우고 자기 자신을 평가함으로써 자신의 교수학습능력을 키우는 것이다. 자기장학의 방법으로는 기록하는 방법에 따라 저널쓰기와 비디오 장학 등이 있다. 넓은 의미로는 관련서적을 탐독하거나 외부기관 방문, 세미나 참석, 연수, 학위 취득도 자기장학에 포함되는데, 공통적인 것은 반드시 반성적 사고를 통하여 문제점이나 개선점을 파악하고 평가함으로써 실질적인 자기발전의 기회로 삼아야 한다는 것이다.

② 동료장학

동료장학은 동료와 함께 계획을 세우고 서로 평가하는 것으로, 자기장학과 비교한다면 좀 더 객관적이고 다른 시점의 평가를 할 수 있다. 동료장학으로 동료교사들의 전략과 장점을 서로 공유하고 문제점을 같이 고민하고 토론함으로써 동료 간 유대감이나 공동체의식을 형성한다는 장점도 있다(임부연 외, 2014).

동료장학도 내용에 따라 여러 유형으로 나타나는데, 교수능력의 개선을 위한 수업연구중심 동료장학, 공동과제 및 관심사에 대해 협의하고 정보를 서로 공유하는 협의중심 동료장학, 시범과제를 통해 공동연구를 하는 연구과제중심 동료장학, 1:1로 짝을 이루어 서로의 수업을 공개하고 상호 평가하는 일대일 동료장학 등이 있다(이윤식, 1999).

③ 자율장학

자율장학이란 교육활동 개선을 위해 관리자(원장, 주임교사)를 중심으로 교사들 간에 지도·조언하는 활동을 의미한다. 자율장학은 교사들의 상호 이해와 협력을 기초로 전문성을 향상시킬 수 있는 지식, 정보, 기술, 사례를 공유하고 서로 조언과 개선책을 고민하는 활동이다(송준석 · 송순옥, 2016).

(5) 반성적 사고와 저널쓰기

① 반성적 사고

전문가로서 교사의 질적 수준 향상은 보육의 질을 결정하는 가장 중요한 요소이다(이세나, 2004). 교사의 질적 수준 향상은 성공한 경험으로만 이루어지는 것이 아니라 실패한 경험 후라도 반성적 사고를 통해 자기만의 지식을 형성함으로도 이루어질 수 있다(서혜성, 2011). 교사들은 교수경험을 통해 실천적 지식 형성이 급속도로 발달하는데(이은화 외, 2000) 이러한 실천적 지식은 경험 자체가 아닌 경험에 대한 반성적 사고를 통해 얻어지는 것이다. 때문에 반성적 사고는 전문가인 교사의 질적 수준 향상을 위해 반드시 필요한 능력이다(Schon, 1987).

Dewey(1933)의 "How We Tink"에서 기원하여 1980년대 이후 영미권에서 교사교육의 개선을 위해 '반성(reflection)'이 강조되는 '반성적 교사교육'이 대두되었고, Dewey(1933)의 반성적 사고는 대안적 교사교육의 패러다임으로 평가받고 있다(서혜성, 2011). Schon(1983)은 Dewey의 반성적 사고 개념을 전문직의 중요한 특성으로 보고 전문직에 적용하였다. Schon은 불확실성을 포함한 갈등상황에서 반성적으로 사고하고 실천하는 사람을 전문가로 보았다. 특히 교직은 여러 문제를 능동적으로 해결해야 하기에 경험과 반성적 사고를 통해 전문지식을 획득한다고 하였다.

영유아교사의 반성적 사고경험은 교사에게 교육활동 중 보다 신중하고 계획적인 방법을 사용하게 하며, 알고 있는 지식을 단순하게 적용하는 수준을 넘어 실천적 지식을 구성하는 것을 돕는다(서혜성, 2011). 반성적 사고는 교사에게 주어진 환경에 안주하기보다는 문제의 원인을 인식하고 적극적인 해결을 하도록 함으로써 전문가로서 성장을 돕는다(정현숙, 2002). 이론을 현장에 적용하는 실천적 지식이라는 교직의 특성상 반성적 사고는 유아교육에 매우 필수적인 과정이다(서혜성, 2011).

교사의 반성적 사고를 촉진하는 방법은 기록을 통한 방법, 자신의 교수행동을 확인, 전문가와의 대화, 동료와의 협력 등으로 범주화할 수 있다. 기술적 탐구방법인 저널쓰기는 반성적 사고를 기르기 위한 매우 효율적인 방법이다.

② 반성적 저널쓰기

저널쓰기(journal writing)는 자신의 실천행위를 개인적 관점으로 기록하는 글쓰기로, 개인적 관점에게 기록한다는 점에서는 일기와 비슷하지만 개인적 사생활을 기록하는 일기와는 달리 전문가인 교사로서 의견을 기록하는 것이다. 반성적 저널쓰기는 현장의 경험을 재구성함으로써(Walker, 1985) 실패의 반복을 줄이고 상황에 따른 분석력을 높인다. 때문에 반성적 저널쓰기는 교사로서의 질적 수준 향상에 매우 효과적인 방법으로 적용되고 있다.

반성적 저널쓰기는 다양한 방법이 있는데, 그 중 몇 가지를 소개해본다. 어떤 방법을 선택하던 가장 중요한 것은 자신이 경험한 것을 우선 기술하고 기술한 내용을 비판적으로 분석한 후 앞으로 취해야 할 행동과 그 행동의 결과를 예측하여 기록하는 것이다(서혜성, 2011).

가. 반구조적인 방법과 구조적인 방법

저널쓰기의 방법에는 반구조적인 방법과 구조적인 방법이 있는데, 이 두 가지는 함께 적용될 수 있다. 반구조적 저널쓰기는 특별한 주제나 형식 없이 자연스럽게 저널을 쓰는 것으로 개념수준이 높은 사람에게 적합하다. 구조적 저널쓰기는 단순한 경험 기술, 경험에 대한 의미와 분석, 취해야 할 행동 및 행동에 대한 결과를 쓰도록 저널쓰기의 단계를 제안 및 지정해주는 것이다(Reiman &

Theis-Sprinthall, 1998).

나. 의문 가지기–가설 세우기–해결책 찾기

Dewey(1933)는 반성적 사고는 내용과 과정으로 구성되어 있다고 보았다. 반성적 사고의 과정이란 교사들이 어떤 방법으로 미래의 행동을 위한 결정에 이르렀는지를 의미하고, 내용이란 그 사고의 본질을 의미한다. 이러한 Dewey의 반성적 사고개념에 기초한 저널쓰기는 첫째, 어떤 상황에 의문을 가지기, 둘째, 가설 세우기, 셋째, 해결책 찾기의 세 단계로 이루어진다.

다. 반응(reaction)–확장(elaboration)–결과에 대한 고려(contemplation)

Surbeck과 동료들(1991)은 '반응–확장–결과에 대한 고려' 세 단계의 저널쓰기 순서를 제시하였다. 첫째, 반응의 단계에서는 교사가 문제로 인식한 상황에 대한 기술이나 반응을 기록한다. 이때 교실의 상황, 동료, 환경, 교수자, 활용 등에 대한 자신의 긍정적 느낌과 부정적 느낌의 이유를 기록한다. 둘째, 확장의 단계로 앞에서 보였던 반응에 대해 감정 설명하기, 자신의 의견 정당화하기, 예를 제시하기, 유사상황과 비교하기, 혹은 이론적으로 설명하기 등과 같은 과정을 통해서 자신의 반응에 대한 원인을 찾거나 반응을 확대시킨다. 이 확장의 단계에서는 구체적 확장, 비교적 확장, 일반화 확장의 내용으로 나누어 기록한다. 마지막은 결과에 대한 고려의 단계로 문제를 제기하고 그 원인을 다양한 각도에서 찾아본 후 자신이 그 상황에 처하거나 같은 일이 반복된다면 어떻게 하겠는가를 개인적 측면과 전문가적인 측면, 사회·윤리적 측면에서 생각해 보는 것이다.

라. Wodinger의 방법

Wodinger(1990)는 좀 더 확장된 개념으로서 저널쓰기 방법의 과정을 제시하였다. 그는 교사들에게 저널을 쓸 때 우선 사건이 일어나고 있는 배경에 대한 진술을 하고, 사건을 객관적으로 기술한 후, 객관적 사실을 자신의 해석에 기초하여

분석하도록 하였다. 그리고 마지막으로 저널을 기록하는 과정에서 학습한 내용을 기술할 것을 제시하였다.

마. Clark의 방법

Clark(1994)도 다음의 세 가지 순서로 저널을 기록하도록 하였다. 첫째, 경험한 내용에 특별한 의미를 부여하거나 해석하지 않고 그대로 기록한다. 둘째, 관찰한 내용이나 경험한 내용의 의미를 찾는다. 마지막으로 관찰하고 경험한 내용을 저널에 기록하는 전 과정을 통하여 학습한 내용을 기록한다.

Chapter

12

보육교사의 스트레스관리

학습목표

1. 스트레스의 개념을 이해할 수 있다.
2. 보육교사직을 수행하기 위한 스트레스 관리를 할 수 있다.
3. 보육교사로서 업무계획을 수립할 수 있다.
4. 보육교사로서 시간관리를 할 수 있다.

보육교사의 보육활동이 보육의 질이라는 등식이 성립할 정도로 보육에서 보육교사의 영향력은 매우 크기 때문에 보육교사가 안정적으로 근무하는 것은 보육의 질을 결정하는 매우 중요한 요소이다(백영숙, 2014). 보육교사의 스트레스는 잦은 이직으로 이어지고, 잦은 이직은 보육서비스의 질을 떨어뜨려 결과적으로 아동의 성장과 발달에 부정적인 영향을 미치게 된다(정경진, 2009; Curbow, Spratt, Ungaretti, McDonnell, & Brecker, 2000). 따라서 보육교사의 스트레스 요인을 파악하고 이를 관리해주는 것은 영유아의 안정적인 발달에 매우 중요하다.

1 스트레스관리

1) 스트레스 요인

스트레스란 외부에서 오는 압력에 적응하기 위한 심리적・사회적 변화과정으로 환경의 요구가 지나쳐서 개인이 처리할 수 있는 능력의 한계를 벗어날 때 발생하는 개인과 환경의 불균형상태이다(박응열, 2010). 스트레스(stressor)란 원래 물리학용어로 '왜곡되다. 삐뚤어지다'는 뜻을 가진 말이다. 1936년 병리학자인 셀리에(H. Selye)가 현대 의학에 도입하면서, 몸 안에 일어나는 비정상적인 반응을 일컫는 말로 사용되기 시작되었다(손재석・권성민, 2012).

스트레스에는 유용한 스트레스(useful stress)와 해로운 스트레스(harmful stress)로 나뉘는데, 여기서는 보육교사가 느끼는 해로운 스트레스에 대해 살펴본다.

보육교사들은 직무 수행 시 다양한 이유로 스트레스에 노출될 가능성이 높다.

보육교사의 스트레스 원인 역시 다양한 이유가 있지만 어린이집의 특성을 고려하여 직무관련 스트레스, 인간관계에 의한 스트레스로 나누어볼 수 있다.

(1) 직무 관련 스트레스

직무와 관련하여 보육교사들은 교육자료 준비, 영유아수첩 작성 등 기록을 위한 시간과 전문성의 부족, 교사와 아동의 비율, 영유아의 안전사고 위험, 학부모들의 다양한 요구, 아동학대에 대한 사회적 관심, 개인시간의 부족으로 인해 스트레스를 느낀다(송선화, 2012; 도명애, 2009). 보육교사들은 과노동과 저임금에도 불구하고 일정시간 이상 아이들을 돌봐야 하고, 낮은 사회적 인식으로 직무에 만족감을 느끼지 못하여 높은 스트레스를 경험할 가능성이 높다(백영숙, 2014).

(2) 인간관계에 의한 스트레스

보육교사는 원장, 중간관리자, 동료교사, 학부모와 친밀한 관계를 유지하기 위해 지속적으로 긴장상태에 놓여 있으며, 이들과의 복합적인 상호작용을 해야 하기 때문에 보육교사의 직무스트레스는 더욱 가중된다(김신혜. 2007).

2) 스트레스관리

영유아와 직접적으로 상호작용을 해야 하는 보육교사는 영유아에게 영향을 미치므로 스트레스를 적절히 관리하여 최대한 스트레스 없는 정신적·신체적 상태를 유지하여야 한다. 본 저서에서는 앞 장에서 정리한 보육교사의 스트레스 요인별로 스트레스 관리방법을 제시해본다.

(1) 직무 관련 스트레스관리

① 시간부족으로 인한 스트레스 관리

모든 직장인들이 시간부족으로 인해 스트레스를 느끼지만, 보육교사는 보육업무의 특성상 일반직장에 비해 일찍 출근하고 늦게 퇴근해야 하며 보육과 교육을 함께 진행하기에 항상 시간에 쫓기게 된다. 누구에게나 한정된 시간을 늘릴 수는 없고, 시간관리를 통해 시간을 효율적으로 쓰는 것이 최선이다. 효율적인 시간관리를 위한 여러 가지 방법들이 알려져 있는데, 그 중 보육교사들에게 도움이 될 만한 몇 가지 방법을 '3. 시간관리'에서 소개하고자 한다.

② 전문성 부족으로 인한 스트레스 관리

보육교사의 전문성 부족으로 인한 스트레스는 1년 미만의 교사에게 가장 많이 나타나고, 경력이 많을수록 적어지며 7년 이상 경력 교사가 가장 낮다(최영, 2005). 따라서 경력이 낮은 교사에게 보수교육의 기회를 먼저 주는 것과 선임교사의 세심한 지도가 필요하다.

특히, 보육현장을 처음 접하는 신입교사에게는 매우 어려운 상황이 될 것인데, 보육현장에는 학교에서 가르치지 못하는 부분이 반드시 존재하기 때문이다. 이 경우에는 선임교사의 지도가 더욱 중요하다. 구조상 신입교사 스스로가 문제해결을 하는 데는 한계가 있으므로 원에서 먼저 '멘토링' 제도를 도입할 것을 권유한다. 경력 많은 선임교사가 전담 멘토가 되어 지지하고 조언해준다면 전문성 부족으로 인한 스트레스는 상당부분 줄어들 것이다.

경력교사에게는 멘토링보다 보수교육이나 세미나 등을 통한 자기계발이 필요하다. 이 과정을 통해 새로운 정보를 습득하고 전문성에 대한 자신감도 획득할 수 있다. 경력교사의 경우도 동료교사나 관리자의 지지는 매우 중요하다.

(2) 인간관계에 의한 스트레스관리

① 인간관계도 기술이다.

인간관계는 타인의 평가로 이루어진다 해도 과언이 아니다. 인간관계는 진심도 중요하지만 그 방법과 기술을 안다면 훨씬 성공할 확률이 높다. 미국의 사회학자 마이켈슨(Michelson)은 인간관계기술은 학습을 통해서 획득된다고 하였다. 인간관계 단계와 기술을 소개하자면 다음과 같다(손재석 · 권성민, 2012).

가. 인간관계의 단계

- 호감 형성 : 사람을 처음 만나 형성되는 첫인상으로 인간관계의 시작이다.
- 기대감 형성 : 처음 대면 시 기대감이 형성되어야 인간관계가 발전될 수 있다.
- 공감 형성 : 인간관계가 지속되었을 때는 상대방과 말, 생각, 감정이 통해야 한다.
- 친밀감 형성 : 인간관계의 심화를 위해서는 서로 유대감과 친근감을 가져야 한다.
- 신뢰감 형성 : 인간관계의 마지막 단계로 상대방을 위한 책임과 희생이 바탕이 된 믿음이 생겨야 한다.

나. 인간관계의 기술

- 내 마음을 보여줘라.

  닫힌 마음의 빗장을 여는 방법은 내 마음의 빗장을 먼저 여는 방법뿐이다. 상대방에게 관심을 보여야 하며, 믿음과 존중을 전달해야 한다. 시간을 가지고 끈기와 인내로 마음의 문을 열어야 한다. 자기공개가 많으면 많을수록 친밀감을 쌓을 수 있는데, 이 역시 인간관계가 깊어짐에 따라 수준을 달리하여야 한다. 또 자신이 마음을 여는 것에 정비례해서 상대방도 마음의 문을 여는 것은 아니라는 것을 명심하자. 성격유형에 따라 마음을 여는 정도가 다를 수 있음을 인정하자.

- 경청하라.

  대화를 잘하는 방법은 '경청하기'이다. 자신의 생각으로 가득 채워진 마음을 비우고 상대방의 말에 진심으로 귀 기울이는 '경청'이야말로 사람의 마음을 얻는 최고의 방법이다. 역사적으로 위대한 지도자들은 말을 잘하는 사람이 아니라 잘 듣는 사람들이었다. 인간관계는 화술이 아니라 경청에 달려있다. 경청을 할 때는 단순히 건성으로 듣거나 아무런 반응 없이 수동적으로 들어서는 안 된다. 상대가 전달하려는 의도를 파악하려는 자세로 '적극적 경청'을 넘어 상대의 마음까지 듣는 '맥락적 경청'을 하여야 한다. 맥락적 경청을 하려면 집중력을 키우고, 눈을 맞추고 추임새를 넣는 등 몸동작으로 반응하며, 고정관념이나 편견을 버려야 한다.

- 공감하라.

  상대방의 경험, 정서상태, 생각 등을 상대방의 관점에서 이해하고 느끼는 감정적 공유상태가 공감(empathy)이다. 공감을 하기 위해선 상대방의 주파수에 내 주파수를 맞추려는 노력을 하여야 한다. 상대방의 감정을 나의 감정으로 이입하기 위해서는 무엇보다 상대방의 내면적 정보를 많이 수집하는 것이 필요하다. 충분한 대화와 질문으로 상대방에 대한 사전정보를 최대한 많이 수집해야 공감형성에 성공할 수 있다.

② 나와는 다른 남을 이해하자.

인간관계에서 중요한 것 중 하나는 상대방을 이해하고 인정하는 것이다. 상대방과 나는 생각과 가치관이 다를 수 있고, 표현방식도 다를 수 있음을 인정하여야 한다. 나와 다르다고 하여 부정하거나 무시하지 않고 상대방의 입장에서는 충분히 일리가 있다는 것을 이해하려는 노력이 필요하다. 다른 사람의 가치관을 인정하지 못하는 사람은 보조를 맞추지 못하여, 결과적으로 원만한 인간관계를 형성하기 어렵다. 특히 자신의 가치관과 신념을 절대적으로 확신하며 타인에 대해 편견과 아집에 사로잡히게 되면 보조를 맞추기보다는 억지로 상대방을 끌고 가려 한다. 그러나 이런 방법으로는 성공적인 인간관계를 유지할 수 없다. 어린이집은 다른 조직과는 달리 규모가 작고 인간관계의 친밀도가 높은 조직이기 때문에 어린이집 내의 모든 보육교직원들과 잘 지내기 위해서는 상대방을 이해하는 것이 중요하다(모아라, 2006). 이렇게 하였을 때에 상호작용하는 조직체제로 성장할 수 있을 것이다.

3) 보육교사직과 몰입

보육교사의 이직의도를 감소시키는 요인으로는 교사의 조직몰입, 교사효능감, 임파워먼트, 전문성과 같은 개인적 보호요인과 원장의 리더십, 근무환경 등과 같은 환경적 보호요인이 있다.

이 중 조직몰입이란 조직에 대한 단순한 충성도를 넘어 조직의 목표와 가치를 믿고, 조직을 위해 기꺼이 노력하고, 조직 구성원의 지위를 유지하려는 강한 욕구를 지니는 지속적인 과정을 의미한다. 조직몰입이 높을수록 직무스트레스가 이직의도에 미치는 영향이 감소된다(이혜원, 2011).

2 업무계획

많은 직장인들이 매일 반복되는 업무에 지쳐, 업무효율을 고려하지 않고 생각 없이 업무를 수행하곤 한다. 부족한 업무능력을 향상시키기 위해 시간을 내어 자기개발을 하고자 하지만 이마저도 시간이 부족하다. 자기개발을 통해 업무능력을 향상시키는 것도 중요하지만 주어진 업무환경을 개선하고 업무효율을 높이는 것도 자기개발 못지않은 효과를 낼 수 있다. 업무효율을 높인다면 업무 중에 느끼는 스트레스도 상당부분 경감될 수 있을 것으로 업무수행 성과를 높이기 위한 방법과 전략에 대해 살펴보겠다(김경진 외, 2017).

1) 업무수행 성과를 높이기 위한 방법

(1) 창의적 사고능력과 실행능력

우리는 보육을 항상 생각하고 고민하는 것이 우리의 직업을 사랑하는 일이며, 다양하게 고민해보고 연구할 때 날마다 마주치던 것도 새롭게 보인다.

아이디어의 실행을 위해서는 동료와 의견을 나누고, 업무가 완성될 때까지 실행 가능성을 염두에 두고 꼼꼼히 관리하는 것이 필요하다.

(2) 풍부한 지식과 커뮤니케이션

업무수행 성과를 높이기 위해는 자기분야에 대한 전문성과 함께 풍부한 상식이 있어야 한다. 관련 서적과 정보탐색을 통해 관련 상식을 늘리고 매해 변하는 보육정책도 꼼꼼하게 챙겨야 한다. 변화하는 사회의식을 쫓아가기 위해서는 동료뿐 아니라 원장, 중간관리자, 학부모 및 주변사람과도 끊임없이 교류하는 것이 필요하다.

(3) 정체성과 유연성

단체행동을 많이 하는 보육조직 내에서 자신만의 색깔을 가지기란 쉽지 않다. 그럼에도 불구하고 어린이집 분위기를 흐트러뜨리지 않는 범위 내에서 자기 색깔과 정체성을 가져야만 발전을 가져오는 것은 분명하다. 자기 색깔을 드러내는 과정에서 이것을 싫어하는 사람들과 마주칠 수 있는데, 이에 대해서는 융통성과 유연한 사고를 가져야 한다.

(4) 열정

'사람들 간에 거의 차이가 없으나 작은 차이가 커다란 차이를 만든다. 이 작은 차이는 태도인데, 태도가 적극적이냐 소극적이냐 하는 것이다.'라고 말한 클레멘트 스톤(1970년대 미국 포춘지 선정 50대 부자)의 말에서 알 수 있듯이 '열정'이라고 불리는 작은 태도의 차이가 업무의 결과를 달리한다. 열정을 느끼기 위해서는 보육업무가 단순한 '일'이 아니라 인생의 '성공'을 위해 내가 선택한 길이라는 자기만족과 사명감이 필요하다.

(5) 겸손

보육업무는 일반적인 업무능력부터 미술, 음악, 소통능력, 조직관리, 교수방법 능력 등 여러 분야의 능력이 필요하다. 어떤 업무는 자신이 있지만 어떤 업무는 항상 부족하고 두렵기만 하다. 주변의 협조와 협력이 없이는 모든 일이 원활하게 돌아갈 수 없기 때문에 항상 겸손한 마음으로 주변과 협력하여 시너지를 이루어야 한다.

2) 업무수행 능력향상을 위한 행동전략

(1) 일을 미루지 않는다.

업무에서 갖추어야 할 가장 중요한 습관 중의 하나가 일을 미루지 않는 것이다. 보육업무는 매일 반복되는 업무가 많기 때문에 한 번 일이 미루어지기 시작하면 다음 일도 밀리게 되고, 업무처리에 최선을 다하지 못하게 된다. 따라서 해야 할 일은 바로바로 하는 습관을 가져야 한다.

(2) 업무를 묶어서 처리한다.

일을 하는데도 효율적인 방법이 있다. 무턱대고 들어온 순서대로 일을 하다보면 업무에 허덕이고 있는 자신을 발견할 것이다. 비슷한 업무를 묶어서 처리해라. 10개의 비슷한 업무를 묶어서 한꺼번에 처리하면 나중에 하는 일은 처음 하는 데 드는 시간의 20% 정도밖에 걸리지 않는다는 전문가들의 의견도 있다. 또, 팀이나 조를 짜서 업무를 처리하는 것도 좋은 방법이다. 혼자 하면 1시간 걸릴 일도 둘이 하면 30분보다 짧게 끝나며 업무에 대한 스트레스도 줄어든다.

(3) 남과 다른 방식으로 일한다.

늘 익숙한 방식으로 일을 하기보다는 남들과 다른 방식으로 생각하고 일을 하려고 할 때 새로운 해결책이 발견되기도 한다. 일의 순서를 바꾼다던지, 영유아나 학부모의 입장이 되어보는 가운데 새로운 방법을 찾을 수 있다. 새로운 분야의 책을 읽거나 나와 입장이 다른 사람과 소통해보는 것도 좋은 방법이다.

(4) 조직의 업무지침을 따른다.

아무리 열심히 일하거나 새로운 방법을 시도한다 하더라도 조직의 목표나 업무지침에서 크게 벗어난다면 업무수행능력을 제대로 인정받기 어렵다. 따라서 조직에서 수행하는 모든 행위는 조직의 기본 목표와 업무지침을 항상 염두에 두고 이루어져야 한다.

(5) 역할모델을 설정한다.

보다 쉽게 업무성과를 내려면, 조직 내에서 업무평가가 좋은 사람을 찾아보자. 그 사람이 영유아와 어떻게 관계하고 이끄는지, 원장, 동료, 학부모와 어떻게 대화하는지, 업무처리는 어떻게 하는지 분석하고 닮도록 노력해보자. 자신도 모르는 사이에 그 사람과 같은 평가를 받고 있는 자신을 발견할 수 있을 것이다.

3 시간관리

1) 계획하는 1시간이 일하는 10시간을 좌우한다.

많은 시간관리 연구서들이 공통적으로 얘기하는 것이 계획이다. 체계적으로 계획을 세운다면 계획에 소비되는 시간의 3~4배를 절약하는 효과를 볼 수 있다(조주연, 2010). 계획을 세울 때는 한 번에 완벽한 계획표를 만들려할 필요는 없다. 다만 계획을 실천해가면서 부족한 부분을 그때 그때 고쳐나가는 지속적인 계획이 되어야 한다.

2) 자신이 첫 번째가 되는 계획의 우선순위를 정하라.

우선순위를 정하는데 있어서 업무뿐 아니라 개인도 포함시켜야 한다. 보육업무는 동료들과 협력해서 진행되는 경우가 많다보니 '개인'은 사라지고 '단체'만 강조되기가 쉽다. 하지만 이것이 지속되면 개인의 삶에 대한 결핍이 생겨 스트레스로 연결되기가 쉽다. 때문에 모든 계획에 개인의 욕구도 포함시켜야 한다. 뿐만 아니라 우선순위에서 자신이 첫 번째가 되어야 한다. 인생에서 자신이 첫 번째가 되지 못한다면 장기적으로 생산적인 사람이 될 수 없다(케빈호건, 2011).

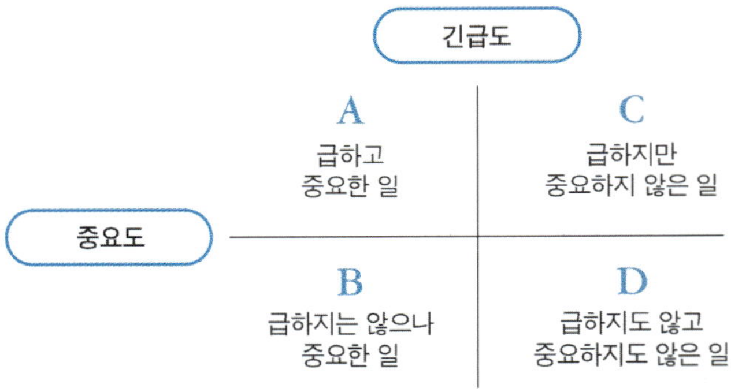

[그림 12-1] 시간관계 메트릭스

스티븐코비는 우선순위를 정하는 데 있어 긴급도와 중요도에 따라 시간관리 메트릭스를 제시하였다[그림 12-1]. 여기서 A는 보통 우리가 '위기' 또는 '문제'라고 부르는 것들이다. 분명 매우 급하고 중요한 일이지만 우리가 A에만 관심을 가진다면 인생이 피로하고 시간에 끌려 다니게 된다. A, C, D를 줄이고 B에 집중하는 것이 인생에 있어 성공적인 시간관리가 된다는 것이다. B에 해당하는 것은 자기계발이나 인간관계 구축, 새로운 기회 발굴, 중장기 계획과 같은 능률 및 자질향상을 위한 각종 활동이다. 예를 들자면 영어공부나 배낭여행이 여기에 해당한다(스티븐코비, 2017).

3) 자신에게 맞는 계획을 세워라.

계획을 세울 때에는 연간, 월간, 주간, 일일 계획 순으로 세우는 것이 좋다. 연간, 월간 계획은 목표가 되고 주간, 일일 계획은 실행 계획이 된다. 다만, 너무 세밀하거나 완벽한 계획이 될 필요는 없다. 시행착오를 거쳐 자신에게 맞는 계획표를 만들어나가는 것이 중요하다. 계획표의 형식 역시 수첩을 사용하던 어플을 사용하던 자신에게 맞는 방법을 찾아나가야 한다.

계획의 시간 단위 역시 자신에게 맞도록 정하여야 한다. 짧게는 10분에서 길게는 한 시간 단위까지 목표의 성격에 맞춰 계획을 세워야 계획을 위한 계획이 되는 오류에서 벗어날 수 있다.

하루의 시작점보다는 하루를 마칠 때 계획을 세우는 것이 하루의 반성과 함께 훨씬 여유 있는 계획이 된다. 또 꼼꼼한 계획보다는 여유 있는 계획이 되어야 예상치 못한 일에 대비할 수 있다. 처음 계획을 세울 때에는 일주일 정도 자신의 시간 사용을 모두 적어보는 것도 도움이 된다. 이를 잘 분석해 업무에 적용해보면 더 큰 업무 능력과 여가 시간을 갖게 될 것이다(케빈호건, 2011).

참고문헌

고정곤 · 고선영 · 이영희 · 최철용(2016). **보육교사론**. 파주: 양성원.

공인숙 · 한미현 · 김영주 · 권기남(2013). **최신보육학개론**. 파주: 교육과학사.

김경진 · 금진호 · 김유진 · 서순해 · 임영수(2017). **NCS 직업기초능력 ; 자기개발능력**. 파주: 양성원.

김동선(2018). 어린이집 하루일과의 수 관련 활동 과정에서 나타나는 영아와 교사의 변화. 한국교원대학교 대학원 석사학위 청구논문.

김명숙(1998). 교원의 권리, 의무에 관한 법의식 수준. **교육법학연구**, 10, 155-186.

김보영(2011). 보육교사의 권리와 의무 인식 조사연구. **유아교육 · 보육행정연구**, 15(2), 7-24.

김성희(2003). 초등학교 조직풍토와 교사 자기개발욕구에 관한 연구. 경인교육대학교 교육대학원 석사학위논문.

김소희(2006). 초등학교 교사의 교직발달단계와 자기 개발욕구간의 관계. 고려대학교 교육대학원 석사학위논문.

김신혜(2007). 유치원 교사의 직무스트레스 관련 변인 연구, 연세대학교 교육대학원 석사학위논문.

김은영(2006). 유치원 교사의 직무 분석. 이화여자대학교 박사학위논문.

김정원 · 김유정 · 이효정(2008). **영유아를 위한 교수-학습방법**. 공동체.

김종운(2013). **상담심리학의 이론과 실제**. 동문사.

김지영 · 윤진주(2011). 보육교사의 전문성 발달과 효능감, 역할 수행간의 관계. **아동교육**, 20(4), 127-137.

김혜경 · 고미애(2014). **보육교사론**. 서울: 창지사.

김혜경 · 고미애(2016). **보육교사론**. 서울: 창지사.

김혜경 · 김혼은 · 문혁준 · 박은혜 · 유애열 · 임혜영 · 장영희 · 조혜진(2008). **효과적인 영아보육을 위한 지침서**. 서울: 다음세대.

대동대학교 교수학습센터(2014). 직업기초능력 향상을 위한 인성 및 직업 소양교육 프로그램개발연구.

도명애(2010). 유아교육교사의 직무스트레스 및 대처방식. 대구대학교 박사학위논문.

모아라(2006). 4RL에 기반한 유아교육기관 주임교사의 리더십과 직무만족도에 관한 연구. 숙명여자대학교 일반대학원 석사학위논문.

모아라(2017). 어린이집 중간관리자가 인식한 초임교사에게 필요한 역할 수행 능력 탐색. **아동교육**, 26(4), 207-218.

문미선(2007). 보육교사의 이직의도와 근무환경 및 직무만족도와의 관계 연구. 덕성여자대학교 석사학위논문.

문혁준 · 김정희 · 김혜연 · 서기남 · 이성복 · 정다운(2015). **어린이집 운영관리**. 창지사.

문혁준 · 신혜원 · 민성혜 · 김의향 · 신윤승(2016). **보육교사론**. 파주: 양서원.

문혁준 · 안효진 · 김경회 · 김영심 · 김정희 · 김혜연 · 배지회 · 서소정 · 이미정 · 이희경 · 정다운 · 조혜정(2016). **보육교사론**. 서울: 창지사.

문혁준 · 안효진 · 김경희 · 김영심 · 김정희 · 김례연 · 배지희 · 서소정 · 이미정 · 이희경 · 정다운 · 조혜정(2011). **보육교사론**. 서울: 창지사.

민성혜 · 김의향 · 신윤승(2016). **보육교사론**. 양서원.

민성혜 · 신혜원 · 김의향(2012). **보육교사론**. 파주: 양서원.

박세정 · 박지영 · 석은조 · 오성숙(2014). **보육교사론**. 고양: 공동체.

박웅열(2010). 사회복지담당공무원의 직무스트레스요인과 조직효과성 간의 관계: 스트레스 매개효과 및 사회적 지지의 조절효과를 중심으로. 청주대학교 박사학위논문.

박은혜(2007). **유아교육론**. 창지사.

박의수 · 강승규 · 정영수 · 강선보(2017). **교육의 역사와 철학**. 서울: 동문사.

박찬옥 · 김낙흥 · 구수연 · 이옥임 · 노희연 · 이선영 · 이예숙(2017). **보육과정**. 정민사.

박철우(2018). 4차 산업혁명과 미래의 상담. 2018년 한국아동학회 춘계학술대회(pp.105-119)

박철홍(2016). 듀이의 자연관에 비추어 본 '성장으로서 교육'의 의미와 교육사적 의의, 교육사상연구 제30권 제4호, 45~68.

방인옥 · 박찬옥 · 이기현 · 김은희(2009). **유아교육과정**. 서울: 정민사.

백영숙(2014). 보육교사의 직무스트레스와 이직의도의 관계에 미치는 개인적 · 환경적 보호요인의 조절효과 연구. 숙명여자대학교 대학원 박사학위논문.

백혜리(1990). 유아교사의 전문성에 관한 연구. 이화여자대학교 대학원 석사학위논문.

백혜리(2008). **보육교사론**. 서울: 동문사.

법제처 국가법령정보센터(2016). 영유아보육법 시행규칙.

법제처 국가법령정보센터(2018). 근로기준법.

법제처 국가법령정보센터(2018). 남녀 고용평등과 일·가정 양립 지원에 관한 법률.

보건복지부 육아정책연구소(2015). **보수교육과정 매뉴얼(2016 개정)**. 세종특별자치시: 보건복지부 보육사업기획과.

보건복지부(2012). 5세누리과정에 기초한 어린이집 프로그램 ①. 보건복지부.

보건복지부(2013). 3-5세 연령별 누리과정 해설서. 보건복지부.

보건복지부(2013). 3세 누리과정에 기초한 어린이집 프로그램 ①. 보건복지부.

보건복지부(2013). 어린이집 표준보육과정에 기초한 영아보육프로그램 운영의 이해. 보건복지부.

보건복지부(2018). 2018년 보육사업안내. 보건복지부.

보건복지부(2018). 6월22일 보도자료(어린이집 교사의 쉼(休)을 위해, 보조교사 6000명 추가 채용한다.)

보건복지부(2018). 보육사업안내.

보건복지부(2018). 제3차 어린이집 평가인증 안내.

서영숙·김경혜(1996). **보육학개론**. 서울: 양서원.

서울시여성가족재단(2016). **세살 성평등, 세상을 바꾼다**. 성평등 의식개선을 위한 교육가이드북.

서울시여성가족재단(2018). 보육교사 전문성 및 역량강화 시리즈2「인권감수성」, 101-106.

서혜성(2011). 표준보육과정 적용 그림책 활동에서 교사의 반성적 저널쓰기 효과. 숙명여자대학교 대학원 박사학위논문.

성미영·김진경·서주현·민미희·김유미(2015). **보육교사론**. 서울: 학지사.

손재석·권성민(2012). **인간관계가 어렵게 느껴지는 이를 위한 행복한 인간관계론**, 파주: 정민사.

송선화(2012). 보육교사의 직무스트레스가 직무만족에 미치는 영향: 인간관계의 매개효과를 중심으로. **한국유아교육·보육행정연구**, 16(1), 133-151.

송준석·송순옥(2016). **예비교사를 위한 영유아교사론**. 서울: 신정.

스티븐 코비(2017). **성공하는 사람들의 7가지 습관**. 파주: 김영사.

신혜원·민성혜·김의향·신윤승(2016). **보육교사론**. 파주: 양서원.

심영희·성소영(2013). 영아교사와 유아교사 역할수행에 관한 보육교사의 인식차이. **아동교육**,

22(2), 121-138.

안인희(1989). **교육고전의 이해**. 이화여자대학교 출판부.

안인희(1993). **현대교육고전의 이해**. 이화여자대학교출판부.

양연숙(2012). 어린이집 전문성지원환경과 보육교사의 이직의도 및 전직의도의 관계에서 보육효능감의 매개효과. **한국보육지원학회지**, 8(6), 241-256.

양옥승 · 최경애 · 이혜원(2015). **영유아교육과정**. 서울 : 학지사.

유수경 · 황해익(2009). 유아교육분야에 나타난 교사 전문성 관련 연구 동향 분석. **열린유아교육연구**, 14(3), 293-314.

육아정책연구소(2009). **보육종사자 전문성 제고 방안 연구**. 보건복지부 육아정책연구소.

육아정책연구소 · 보건복지부(2013). 영유아문제행동 지도를 위한 어린이집 보육교사 지침서 2.

윤애희 외(2006). **보육학개론과 영유아보육프로그램**. 창지사.

윤애희 · 김온기 · 박정민 · 곽윤숙 · 주영은 · 박정문 · 임명희 · 정지명(2006). **보육학개론과 영유아보육프로그램**. 서울: 창지사.

윤운성(2001). **에니어그램의 이해; 나를 찾아 떠나는 여행**. 서울: 한국에니어그램교육연구소.

이경미(2009). 유아교육기관에서 유아가 경험하는 하루일과에 대한 연구. 이화여자대학교 대학원 석사학위 청구논문.

이경우 · 이인용(2010). **당신도 유능한 부모가 될 수 있다**. 창지사.

이기숙(2013). **유아교육과정**. 교문사.

이명순 · 염지숙 · 조형숙 · 김현주(2016). **인성에 기초한 보육교사론**. 파주: 정민사.

이세나(2004). 유치원 교사의 반성적 사고 경험이 반성적 사고 능력과 문제해결 능력에 미치는 영향. 성균관대학교 대학원 박사학위 논문.

이순형 · 권기남 · 김진욱 · 민미희 · 김정민 · 김은영 · 이성옥 · 정현심 · 심도현 · 안혜령(2013). **보육교사론**. 파주: 양서원.

이순형 · 이성옥 · 권혜진 · 황혜신 · 이혜승 · 한유진 · 정윤주 · 이영미 · 이옥경 · 성미영 · 권기남 · 김지현(2013). **보육과정**. 학지사.

이영석(2001). **신유아교육론**. 서울: 작은곰자리.

이영석 · 임명희 · 이정화(2000). **유아교육과정**. 서울: 작은곰자리.

이윤식(1999). 교사발달의 관점에서 본 장학. **한국교원교육연구**, 16(2), 1-27.

이은화 · 배소연 · 조부경(2000). **유아교사론**. 서울: 양서원.

이혜원(2011). 보육교사의 조직몰입과 경력몰입, 직무만족이 이직의도에 미치는 영향. **한국유아교육보육행정연구**, 15(2), 109-126.

임부연 · 김성숙 · 송진영(2014). **유아교사론**. 서울: 양성원.

임승렬(2002). 유아교사의 교직윤리에 관한 연구, 한국교원교육연구 제19권 제1호, pp.157~173.

임승렬(2007). 교원의 권리와 의무에 관한 유치원 교원의 인식 수준에 관한 연구. **열린유아교육연구**, 12(3), 1-18.

장수연(2015). NCS 직업기초능력의 자기개발능력 교양교과 수강유무에 따른 자기성찰능력과 진로준비행동 증진 효과검증. **고용직업능력개발연구**, 18(3), 179-209.

전선영 · 최혜순(2013). 원장의 리더십 및 보육교사의 심리적안녕감과 이직의도의 관계. **어린이미디어연구**, 12(1), 203-220.

정경진(2007). 직무스트레스와 자기효능감이 보육교사의 직무만족과 이직의도에 미치는 영향. 충북대학교 교육대학원 석사학위논문.

정병수(2018). **영유아교육과 인권감수성**. 2018년 한국영유아교육교육학회, 61-66.

정창우(2016). **인성교육의 이해와 실천**. 파주: 교육과학사.

정현숙(2002). 예비유아교사의 반성적 사고에 관한 연구. **상지영서대학논문집**, 21, 211-240.

조미숙(2016). 만 1세 영아반 교사가 하루일과에서 경험하는 어려움. 성신여자대학교 대학원 석사학위 청구논문.

조주연(2011). **하루 1440분 시간관리**. 부천: 매월당.

조혜경 · 구경선 · 곽혜경(2017). **보육교사론(개정판)**. 서울: 창지사.

천세영 · 김왕준 · 성기옥 · 정일화 · 김수아(2012). **인성교육 비전 수립 및 실천 방안 연구**(정책연구 2012-41). 교육과학기술부.

최보가 · 전귀연(1993). 자아존중감 척도 개발에 관한 연구(I). **대한가정학회지**, 31(2), 41-54.

최영(2005). 보육교사의 전문성 인식과 직무스트레스간의 관계. 성균관대학교 대학원 석사학위논문.

최윤희 · 고은희 · 김성경 · 김혜영 · 남궁선혜 · 류하나 · 시옥진 · 오새니(2018). **보육교사인성론**. 파주: 양성원.

케빈 호건(2011). **168시간 일주일 사용법**. 서울: 비전코리아.

쿠키뉴스(2019. 1. 16). "일자리 잃을까봐"…아동학대 신고 주저하는 의무자들.

통계청(2018). 2017 한국의 사회지표.

표갑수 · 황영자(2011). 중소도시 보육교사의 직무스트레스가 이직의 도에 미치는 영향 : 시설장 리더십의 조절효과를 중심으로. **한국영유아보육학**, 66, 1-23.

한국보육진흥원(2011). 보육교사 승급교육교재. 한국보육진흥원.

한국보육진흥원(2013). 보육교사를 위한 보수교육과정. 한국보육진흥원.

한국보육진흥원(2015). 어린이집 평가인증 안내, 한국보육진흥원 보육인력국가자격증 홈페이지.

한국보육진흥원(2015). **표준보수교육과정**. 서울: 한국보육진흥원.

한국보육진흥원(2016). 보육교사 자격기준 변경안내.

한국보육진흥원(2018). 보육교사 자격기준 설명회 안내.

한국보육진흥원(2018). 제3차 어린이집 평가인증 안내(통합지표). 한국보육진흥원.

한국정보화진흥원(2014). 2013 **정보격차지수 및 실태조사**. 서울: 미래창조화학부.

한국직업능력개발원(1999). **보육교사 직무분석**. 서울: 한국직업능력개발원.

한수진(2001). 어린이집 교사 자질에 대한 기대수준 및 자기평가 연구. 성균관대학교 교육대학원 석사학위논문.

허미경(2014). 유아교사의 윤리적 딜레마 해결력 증진 프로그램 개발 및 적용. 덕성여자대학교 대학원 박사학위논문.

현은자 · 김세희 · 고선주 · 오연주 · 이성엽 · 조은숙 · 마사키 · 김민건(2008), **세계그림책의 역사**. 학지사.

현정환(2013). **상담이론, 실제, 연습 : 상담심리학**. 양서원.

홍석영(2012). 어린이집교사의 직무스트레스와 교사효능감이 이직의도에 미치는 영향: 몰입의 매개효과를 중심으로. **교사교육연구**, 51(2), 271-281.

황해익 · 송연숙 · 정혜영 · 남미경 · 유수경(2016). **보육교사론**. 파주: 정민사.

황해익 · 송연숙 · 정혜영 · 남미경 · 정혜영 · 유수경(2015). **보육교사론**. 파주: 정민사.

황혁(2014). 어린이집 유아반 하루일과 유형과 물리적 보육환경과의 관계. 한남대학교 대학원 석사학위 청구논문.

황혜경 · 김용희 · 김지영 · 심윤희 · 김보영 · 이회현(2016). **영유아보육과정**. 양서원.

Bredekamp, S. & Copple, C. (1997). *Developmentally Appropriate Practice in Early Childhood Eduaction*. NAEYC.

Clark, C. M. (1996). *Thoughtful teaching*. NY: Teachers College Press.

Curbow, B., Spratt, K., Ungaretti, A., McDonnell, K., & Breckler, S.(2000). Development of the child care worker job stressinventory. *Early Childhood Research Quarterly, 15*(1), 515-516.

Day, C. 2003. Revisiting the purpose of continuing professional development. In C. Day, and M. Hadfield(Eds.), Learning through networks: Trust, partnerships and the power of action research. *Educational Action Research, 12*(2), 575-58.

De Shipper, J. C., Stolk, J., & Schuengel, C. (2006). Professional caretakers as attachment figures in day care centers for children with intellectual disability and behavior problem, *Research in Developmental Disabilities, 27*, 203-216.

Dewey, J. (1933). *How we think, are statement of the relation of reflection of reflective thinking to the educative process*. In. Boston, D. C: Hearh.

Dewey, J. (1902). The Child and the Curriculum. Univ. of Chicago Press. 박철홍(역)(2002). 아동과 교육과정 · 경험과 교육. 서울: 문음사.

__________(1938a). Experience and Education. New York: Collier Book. 박철홍(역)(2002). 아동과 교육과정·경험과 교육. 서울: 문음사.

Frost, J. L. & Kissinger, J. B. (2011). *The young child and the educative process*. Holt, Rinehart & Winston.

Goffin, S. G., & Day, D. E. (1994). 조부경 · 이정미 역(2001). 유아교사교육의 새로운 접근. 서울: 파란마음.

Jalongo, M. R., & Isenberg, J. P. (2004). *Exploring your role: A practitioner's Introduction to early childhood education*(2nd ed.). Pearson Merrill Prentice Hall.

Johnson, A. (1955). Educating professional social workers for ethical practice. *Social Service Review, 29*, 125-136.

Katz, L. (1995). Talks with teachers of young children: A Collection. Norwood, NJ: Ablex.

Katz, L. G. (1984). *Advances in teacher education*. Norwood: Albex.

Katz, L. G. (1995). *Talks with teachers of young children: A collection.* Norwood, NJ: Ablex Publishing.

Katz, L., & Ward, E. (1991). Ethical behavior in early childhood education. Expanded ed. Washington, D.C.: NAEYC.

Kim, H. J. (2003). A study the daily life of child in Korea. Unpublished doctoral dissertation, Ewha Womans University, Seoul, Korea.

Lickona T., & & Davidson, M. (2005). *Smart & Good High Schools: Integrating Excellence and Ethics for Sucess in School, Work, and Beyond.* Cortland: Center for the 4th & 5th Rs(Respect and Responsibility).

Lickona, T. (2004). *Character matters.* NY: Simon & Schuster. 유병열 외 역(2006). 인격교육의 실제. 파주: 양서원.

Parten, M. B. (1932). Social participation among pre-school children. *The Journal of Abnormal and Social Psychology*, 27(3), 243-269.

Reiman, A. T., & Thies-Sprinthall, L. (1998). *Mentoring and supervision for teacher development.* New York :Addison Wesley Longman, Inc.

Rousseau, J. J. (1979). Emile. (translated and notes by Allan Bloom). Basic Book. 김종현(옮김)(2003). 에밀. 경기: 한길사.

Sachs, J. (2003). Teacher professional standards: Controlling and developing teaching. *Teachers and Teaching Theory and Practice, 9*(2), 175-185.

Saracho, O. N., & Spodex, B. (2003). Improving teacher quality. In O. N. Saracho & B. Spodex(Eds.), *Studying teachers in early childhood settings*. (pp. 209-221). Information Age Publishing, Inc.

Schon, D. (1987). *Educating the reflective practitioner: Toward a new design for teaching and learning in the professions*. Jossey-bass publishers, San Francisco; CA.

Schon, D. A. (1983). *The reflective practitioner: How professionals think in action.* NY: Basic books.

Seefeldt, C. (1980). *Teaching Young Children*. Englewood Cliffs, NJ: Prentice Hall, Inc.

Surbeck, E., & Han, E. (1991). Assessing reflective response in joournals. *Educational Leadership, 48*(6), 25-29.

Thomas, K. W. (1992). Conflict and negotiation processes in organizations. In M. D. Dunnette & L. M. Hough (Eds.), *Handbook of Industrial and Organizational Psychology* (pp. 651-717). Palo Alto, CA: Consulting Psychologists Press.

Tjosvold, D. (1991). *Team organization: an enduring competitive advantage*. Chichester, England: Wiley.

VIA Institute on Character http://www.viacharacter.org

Vonk, J. H. (1995). *Conceptualizing novice teacher' professional: A base for supervisory interventions*.

Washington, DC: ERIC Clearinghouse.

Walker, D. (1985). Writing and reflection. In D. Boud, R. Keogan, & D. Walker(Eds.), *Reflection: Turning Experience into learning*. New York: Kogan & Page Publishers.

국가법령정보센터.www.law.go.kr

보육교사와 원장과의 관계 |작성자 러브키즈

사회보장정보원(2017). 2016년 보육통계. http://www.ssis.or.kr

위키백과(2018). https://ko.wikipedia.org/wiki/멘토링

중앙육아종합지원센터(2018). http://central.childcare.go.kr

표준국어대사전. www.korean.go.kr

한국보육진흥원(2018). http://chrd.childcare.go.kr

한국보육진흥원(2018). https://www.kcpi.or.kr

한국산업인력공단(2015). 자기개발능력: 교수자용. http://www.ncs.go.kr/ncs/

http://blog.naver.com/henermi_kids/20014760655

찾아보기

[인명]

[내용]

저/자/소/개

- **정희정** 백석문화대학교 사회복지학부 교수
- **박주현** 백석문화대학교 사회복지학부 및 백석대학교 평생교육원 교수
- **모아라** 연성대학교 사회복지과 아동보육복지전공 교수
- **박은미** 서울시보육서비스지원센터 센터장
- **이소현** 경동대학교 유아교육과 교수
- **조아라** 우송정보대학 사회복지과 교수

보육교사인성론

1판 1쇄 인쇄 – 2019년 3월 4일
1판 1쇄 발행 – 2019년 3월 8일

저　　자 - 정희정　박주현　모아라　박은미　이소현　조아라
발 행 인 - 강철원
발 행 처 - 양성원
주　　소 - 경기도 파주시 검산로 173번길 29-20
전　　화 - 031-946-3861(代)
팩　　스 - 031-946-3864
이 메 일 - tnwpub@naver.com
홈페이지 - tnwpub.co.kr
출판등록 - 2015년 8월 31일 제 2015-000211 호

ISBN 979-11-6126-155-3

정가 18,000원